住民投票運動とローカルレジーム

新潟県巻町と根源的民主主義の細道, 1994-2004

［増補第2版］

中澤 秀雄 著

東信堂

増補第2版へのはしがき

　本書初版は、この「はしがき」の後に収録された「はじめに」から始まっているが、20年間が経過して刊行される第2版なので若干の注釈が最初に必要だろう。

　本書のもとになったのは筆者の博士学位論文（2001年、東京大学）である。その後も追加調査を行い、第5・6章を書き下ろすなどの全面的改稿を経て2005年10月にハーベスト社から出版され、幸いにも翌年3つの賞を頂くことができた。第1回日本都市社会学会若手奨励賞、第32回東京市政調査会藤田賞（当時）、第5回日本社会学会奨励賞である。2006年夏から著者は英国ケント大学でVisiting Research Fellowとして過ごすことになったため、このうち日本都市社会学会の授賞式には出席できず、挨拶をハーベスト社小林達也社長に代読いただいた。

　ハーベスト社は小林社長の「ひとり出版社」で、小林達也氏は編集から発送まで全業務を一人で行っていた。他方、社会学分野の若手発掘に意欲的で、その後、多くの名著を世に送り出し、2010年代にはハーベスト社から出版することが若手の登龍門と言われるようになった。本書初版はそのような活況を呈する前に出版されたもので、経営に苦しむ小林社長は日本学術振興会研究成果公開促進費を獲得した際、「小社にとって干天の慈雨です」と書いてよこした。

　高額だったので売切るのに時間を要したが、2018年秋には小林社長から「そろそろ品切れになるので再版を考えましょう」と声をかけられていた。在庫長期化に伴う税負担を同社にかけてしまったなと思いながらも、大変ありがたかった。著者の手元にも残部が1冊しかなく、頻繁に在庫の問い合わせを頂いていたからでもある。

　ところが小林達也氏は2019年10月に急逝された。通夜会場で、やはりハーベスト社からキャリア最初の書籍を刊行した茅野恒秀氏らにお会いした。

この当時、著者は多忙を極めていたが、ともかく第2版を出さなければと思い続け、2023年秋の日本社会学会大会書籍販売会場で小林千鶴子氏にお目にかかって、他出版社から再版することを快諾いただいた。その後、地域社会学関係の書籍を多く手がける東信堂の下田勝司社長に好意的に対応いただいて、ようやく第2版刊行に漕ぎ着けることができた。故・小林達也社長との約束を果たすことができ、また在庫切れで読者にご迷惑をかけ続けてきた事態が改善され、東信堂には深く感謝する。

　以上の事情から、第2版刊行にあたって大きな改変を加えることは避けた。この「はしがき」と「第2版へのあとがき」以外の本文については誤植等の訂正、そして若干の図表の入替や再トレース程度に止めている。ただし、東日本大震災に伴う福島第一原発事故を踏まえて追加調査を行い『現代思想』に投稿した原稿(2013年)があるので、それを増補論文として収録した。

　改めて、未熟な都会の若者のインタビューに応じていただいた柏崎・巻の皆様に深謝申し上げる。何人かは故人となってしまったが、再訪したさい(多くの関連文献が出版されたが)「結局あんたの本が一番詳しかったな」などと言っていただけたのは大変有り難かった。2004年には巻町で集票調査(標本抽出法、1045票発送)を行い、40.4%の町民に回答いただいた。これについても回答者の皆様に御礼申し上げる。この集票調査については、初版には自由回答まで含めて収録したが第2版では紙幅を考慮して削除した。他方、Appendix1の調査記録については、初版出版当時はフィールドへの影響を考慮として匿名表記としたが、20年が経過した第2版では実名表記としている。増補第2版の版下作成にあたっては、上智大学個人研究成果発信奨励費からの助成を受けた。記して感謝する。

2024年春　著者

1999年、角海浜

2004年、ほぼ同位置から撮影

目次／住民投票運動とローカルレジーム［増補第2版］
——新潟県巻町と根源的民主主義の細道，1994-2004——

増補第2版へのはしがき ……………………………………………… i
　図表一覧　vii
　凡　例　x

はじめに ……………………………………………………………… 3
　対象地域と本書の構成 …………………………………………… 7
　「地域」をめぐる用語について ………………………………… 8

第1章　「巻町」という事件と戦後地域史 ……………………… 13
　1節　「巻町」はなぜ事件となったのか ……………………… 14
　2節　地域の戦後史と成長主義 ………………………………… 20
　3節　ローカルレジームの諸形態 ……………………………… 25
　4節　本書の意義と方法 ………………………………………… 34

第2章　「角栄の風土」の原発都市 …………………………… 45
　1節　「陸の孤島」の悲願と原発 ……………………………… 46
　2節　意図せざる電源三法 ……………………………………… 65
　3節　「原発レジーム」のバランス・シート ………………… 74
　4節　プルサーマル計画への住民投票運動 ………………… 86
　小括 ……………………………………………………………… 93

第3章　「西蒲選挙」の町の住民投票 ………………………… 103
　1節　穀倉地帯の文化圏 ……………………………………… 104
　2節　住民投票運動の展開 …………………………………… 124
　3節　制度政治と政治領域 …………………………………… 145
　小括 ……………………………………………………………… 154

目次 v

第4章　巻・柏崎の対照的選択とレジーム移行 …………… 165

1節　比較の方法 ……………………………………… 166

2節　ローカルレジームの変動と失敗 ……………… 171

3節　運動をとりまく諸変数 ………………………… 176

4節　レジーム移行とマクロ要因 …………………… 179

小括 …………………………………………………… 187

第5章　「実行する会」という仕掛け ………………………… 193

1節　巻住民投票の特異性 …………………………… 194

2節　「過程」を問題化する根源的民主主義 ………… 196

3節　臨界量としての「実行する会」 ……………… 203

4節　閾値 (Threshold) の乗り越え ………………… 208

小括 …………………………………………………… 214

第6章　根源的民主主義の細道 ………………………………… 217

1節　根源的民主主義からゲーム論的対立へ ……… 220

2節　町村合併問題と内発的発展の不発 …………… 228

3節　原発白紙撤回と合併の政治過程 ……………… 236

小括 …………………………………………………… 242

結　論 …………………………………………………………… 247

文　献 …………………………………………………………… 252

Appendix 1　調査記録 ………………………………………… 259

Appendix 2　巻原発関連年表 (1969-2004) ………………… 261

初版へのあとがき ……………………………………………… 271

増補論文：原発立地自治体の連続と変容……………………… 276

  1　原発立地自治体の変容　………………………… 277

  2　三次元的権力による構造化・主体化　………………… 284

  3　リスク文化とまちづくり　…………………… 287

増補第2版へのあとがき ……………………………… 293

人名・地名索引 ……………………………………… 297

事項索引 …………………………………………… 299

図表一覧

口絵写真

1999 年、角海浜

2004 年、ほぼ同位置から撮影

はじめに

扉図　巻町詳細図……………………………………………………………… 3

表 0-1　本書で扱う 5 つの住民投票 ………………………………………… 5

表 0-2　総務省（旧自治省）のもちいる都市区分…………………………… 10

表 0-3　2 つの都市のプロフィール（1997 年度）…………………………… 10

第 1 章

扉図　新潟県概略図と旧選挙区割り ……………………………………… 13

図 1-1　巻・柏崎刈羽の住民投票に関する報道（朝日新聞全国版の例）………… 15

表 1-2　公共性の時期区分 …………………………………………………… 16

表 1-3　ストーンによるレジームの諸形態 ………………………………… 27

表 1-4　日本におけるローカルレジームの類型設定 ……………………… 28

第 2 章

扉図　柏崎市周辺図………………………………………………………… 45

表 2-1　昭和 20 年代における柏崎の選挙結果 …………………………… 50

図 2-2　柏崎市財政の推移（1950–1960s）………………………………… 52

表 2-3　総選挙と柏崎地区の田中得票率（1958–1983）………………… 54

表 2-4　柏崎における資本金 3000 万円以上の企業 ……………………… 56

表 2-5　柏崎市長選挙の結果（1963–1999）……………………………… 64

表 2-6　日本の原発立地点における計画表面化時期と現況（1997 年 12 月現在）66

図 2-7　電源三法の概要と交付金対象施設一覧 ………………………… 68

表 2-8　電源三法交付金による開発計画に関する柏崎市民の意見 …………… 71

図 2-9　拠点開発の論理と現実 …………………………………………… 75

図 2-10　地域開発レジーム財政の例（水島地区公共投資総括表 1953–69）…… 76

図 2-11　原発投資の論理 …………………………………………………… 78

図 2-12　柏崎の人口、雇用、所得の推移 ………………………………… 81

図 2-13　柏崎市における原発財源額（三法交付金＋固定資産税）予測 ………… 85

図 2-14　長期振興交付金も含めた、原発関連の交付金の流れ ……………… 85

viii

図 2–15　柏崎刈羽原発をめぐる「民意」の変化　……………………………… 91

表 2–16　プルサーマル問題に関して発行されたビラ　………………………… 92

第 3 章

扉図　新潟県巻町の位置……………………………………………………………… 103

扉写真　巻町南部から角田山をのぞむ (2004 年撮影) ………………………… 103

図 3–1　巻町合併史 ………………………………………………………………… 105

表 3–2　巻町・柏崎市等の農業指標 (1997 年)　……………………………… 107

表 3–3　新潟一区総選挙の結果 (55 年体制下における)　…………………… 110

図 3–4　巻町名望家レジームの統治連合 ……………………………………… 111

図 3–5　反対運動の展開過程図 (立地点運動期) ……………………………… 112

図 3–6　推進運動の展開過程図 ………………………………………………… 115

図 3–7　原発立地に関わる行政手続の概要 …………………………………… 116

表 3–8　82 年までの巻町長選挙結果…………………………………………… 119

図 3–9　巻原発計画用地の土地関係図 (1992 年時点) ……………………… 122

図 3–10　各地の原子力発電所立地の段階 (1999 年時点) …………………… 122

図 3–11　巻町財政の推移 ………………………………………………………… 123

表 3–12　94 年までの巻町長選挙結果 ………………………………………… 126

表 3–13　「青い海と緑の会」ビラの見出し分析 ……………………………… 128

図 3–14　住民投票にかかわる組織連関図 …………………………………… 134

表 3–15　91 年および 95 年巻町議選における得票と、新議員の会派………… 141

表 3–16　住民投票に先だって巻町で開催された講演会等 (1996 年 4–8 月) … 146

図 3–17　97 年 1 月世論調査の結果 …………………………………………… 148

表 3–18　巻町における資本金 3000 万円以上の企業 ………………………… 163

図 3–19　巻町第三次総合計画財政見通しと実績との比較 ………………… 163

第 4 章

扉写真　巻町内に立てられた推進派の看板 (1998 年撮影) ………………… 165

表 4–1　東京電力・東北電力の電源構成 ……………………………………… 173

図 4–2　笹口町長期における財政状況の推移 ………………………………… 175

表 4–3　巻町反対運動にとっての政治的機会の変化 ………………………… 177

表 4–4　「市民ネット」支持者の社会的背景 …………………………………… 179

表 4–5　巻・柏崎の地域類型 …………………………………………………… 181

表 4–6　2 つの都市における「レジーム」の移行 ……………………………… 181

表 4–7　日本におけるレジームの類型設定 (再掲)…………………………… 182

表 4-8	巻・柏崎における運動の展開過程	………………………	184
図 4-9	7つの地域類型の成立系譜	…………………………………	185
表 4-10	6地域類型における経済・社会・権力構造	………………	186

第 5 章

扉写真	「実行する会」のプレハブ事務所 (1999 年撮影)	…………………	193
表 5-1	代表的な住民投票運動の署名数と結果	……………………	195
図 5-2	臨界量のための閾値に関するコンピュータ・シミュレーション	……	208
表 5-3	1993 年以降の各政権の公共事業発注額	…………………	210
図 5-4	巻町・柏崎における「民意」の動き	………………………	213

第 6 章

扉写真	巻町役場 (2004 年 9 月撮影)	…………………………	217
表 6-1	96 年と 04 年の住民投票の結果	…………………………	219
表 6-2	巻町 1999 年町議会選挙結果	……………………………	222
図 6-3	巻原発予定地内の土地保有状況 (2001 年時点)	………………	224
図 6-4	「不当売却」を宣伝する看板 (2003 年 1 月)	…………………	225
表 6-5	「実行する会」にとってのハードルと政治的機会／脅威	………………	227
図 6-6	合併推進派のチラシ (2002/2/17)	………………………	231
図 6-7	新潟地域合併問題協議会を構成する市町村	………………	242
図 6-8	「平成の大合併」終了後の新潟県の姿	…………………	243

結論

扉図	東北電力から巻町議会に示された原発計画図 (1967 年)	………………	247

【凡例】

(1)　文中に登場する関係者やインタビュー対象者の名前は、原則として本名であるが、当該人物や組織に不利益が生じるおそれがある場合には、「推進派」「元市議」など、ぼかした表現になっている。また Interview 99/3 というような書式で、筆者自身のインタビューであることと、聞き取りが行われた年月を示している。

(2)　文献やインタビュー等の引用文中、[　]内は引用者(中澤)の補足である。また(…)とあるのは「中略」の謂である。

(3)　引用文献の挙示は原則として本文中に埋め込む方式とした。つまり、(著者名 発行年：引用頁)のように表記してある。ただし著者名が長い場合など、一部例外がある。

(4)　年号の表示は原則として西暦だが、明治から第2次大戦までの時期については和暦も併記する。

(5)　2001 年からの中央省庁再編により、通産省、科学技術庁などの名称が変更になっているが、本稿が対象としている時期はそれ以前のものが多いので、基本的に旧来の名称をもちいる。

(6)　本文中に「部落」という表現がところどころ登場するが、いわゆる被差別部落とは一切関係がなく、旧村レベルの地縁的まとまりを指しているに過ぎない。少なくとも巻・柏崎において、行政用語にいう「集落」は「部落」と呼びならわされているし、農村・地域社会学でも使われている言葉なので、この表現を残した。

(7)　本書に使用されている写真はすべて著者が撮影したものである。

(8)　登場する人物の肩書きは、記述されている文の時制に合わせた。たとえば笹口孝明氏は、2004 年時点からみれば「笹口前町長」だが、当該文章が 1996-2003 年のことに言及しているのならば、「笹口町長」と記述している。

住民投票運動とローカルレジーム［増補第 2 版］
——新潟県巻町と根源的民主主義の細道, 1994-2004——

はじめに

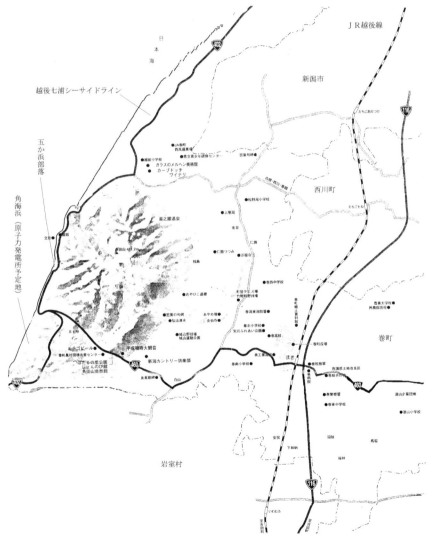

巻町詳細図（旧・巻町役場作成資料に加筆）

本書は、新潟県において原子力発電所という争点を共有する2つの地域において生起した5つの住民投票運動を軸にして、戦後日本の地方政治と地方自治を捉えかえそうとする試みである。中心的な対象として、日本最初の政策争点に関する住民投票を実施し、「住民自治の原点」などと呼ばれて注目された新潟県巻町を取り上げる。また巻町の対照群として、わずか70Kmほどしか離れていない柏崎市・刈羽(かりわ)村も取り上げる。

巻と柏崎刈羽のどちらも1960年代中葉に原子力発電所の立地計画が明らかになり、激しい反対運動に直面しながら手続きが進展した。いわば、55年体制が安定化し高度成長が進むなかで持ち上がった計画であって、地域開発政策・巨大先端工学・地方政治に関係する諸主体が、それぞれの希望と欲望のもとに交渉しあう複雑な社会過程は、戦後日本の縮図とも見ることができる。その後10-20年の膠着状態を経て、柏崎市では当初計画どおりに7基の原子炉が建設された。その結果、1997年には一立地点としては世界最大の原子力発電所が誕生した[1]。その後1998年から99年にかけてプルサーマル計画の賛否を問う住民投票運動も発生し、地元ではかつてない注目を集めたが、住民投票の実施にはいたらなかった。その後の相次ぐ原子力事故の影響などで、柏崎刈羽では2004年現在もなお、プルサーマル計画は頓挫したままではあるが、依然として原子力発電所の存在感は大きい。

一方、低成長の時代における価値観の多様化や成長主義への懐疑などを反映するように、巻原発計画は迷走を続け、1996年の住民投票によって反対の意思が過半数を占めた。その後も国・東北電力は「地元の理解を求める」としてきたが、住民投票から8年後の2003年12月末には計画の白紙撤回を発表するに至った。

同じ争点を持ち、同じような歩みを進めていたはずの2つの原発計画が、なぜ対照的な帰結へと導かれたのか。これは誰でも興味をそそられる問いだろう。

この問いと関連して、住民投票というテーマに対しても、この地域は重要な素材を提供している[2]。これら原発計画に関連して、この2地域では1996年から2004年にかけて、じつに5つの住民投票(ただし、うち1つは実現しな

はじめに　5

表0-1　本書で扱う5つの住民投票

自治体	住民投票（要求）の形式	住民投票の実施日	争点	結果
巻町	自主管理住民投票	1995/1/22-2/4	巻原子力発電所計画	反対が過半数
巻町	議会発議住民投票	1996/8/4	巻原子力発電所計画	反対が過半数
柏崎市	住民投票直接請求	実施されず（請求運動は1998-99）	柏崎刈羽原発プルサーマル計画	直接請求は議会で否決
刈羽村	議会発議住民投票	2001/5/27	柏崎刈羽原発プルサーマル計画	反対が過半数
巻町	議会発議住民投票	2004/8/8	新潟市との合併	賛成が過半数

かったもの）が、それぞれ大きな注目を集めたのである（**表0-1**）。

　このうち、1999年時点で柏崎の住民投票がなぜ実現せず、巻町ではなぜ実現したのか、その比較を4章において行う。すなわち「なぜ2つの町は対照的な選択をしたのか？」という問いに対する答えを追求する。この答えが明らかになると、2001年になってから、なぜ刈羽村で住民投票が実施できたのか、その答えも自ら明らかになるだろう。このように、2つの事例の共時的比較を行うことが本書の前半部分をなす。

　いっぽう、本書の後半にあたる5-6章では、すっかり注目度が落ちた原発住民投票以後の巻町に焦点をしぼって、原発が合併問題とリンクされていってしまう状況を追い、新潟市との合併の是非をめぐって2004年に実施された住民投票を「巻町の最後の選択」と位置づけた。ここでは、1996年当時には自立したまちづくりをめざしていた巻町が、なぜ最後には合併という波にのみ込まれることになったのかという、時系列的な問いを追求することになる。つまり1996年住民投票と2004年住民投票の比較である。すなわち、本書は2部構成になっており、住民投票（運動）間の比較という作業を2組──1組は2つの類似地点の共時的比較、もう1組は同じ地点の時系列的比較──行う。それを通じて、戦後地方政治と地方自治の転換点を浮き彫りにし、制度と運動に対する問題提起を行いたい、というのが本書の目論見である。

　なお、当初は柏崎と巻町の比較を前面に出して2つの自治体を同じ比重で

扱う構想を持っていたし、本書のもととなっている博士論文はそのように構成されているが、最終的に、巻町を軸に執筆していく構成に改めた。したがって本書においては、柏崎は巻町の対照群としての位置づけしか与えられていない。柏崎単独についてでも一冊本を書けるくらいの情報を集めておきながら、それらが十分に生かせず、柏崎の方々には不本意な記述も多いのではないかと心配している。どうかお許しいただきたい[3]。とりわけ1999年以降の展開をフォローできていないため、柏崎の状況に対して必要以上に辛い評価になっているかもしれないことをお断りしておきたい。

　さて、本書は地域社会学の専門書として執筆されており、地方都市を舞台とした「地域社会」の現状に関する記述と分析という意味も持っている。改めていうまでもなく、こんにち地域は大きな構造変動の波に洗われている。高齢化と過疎化にともなう新しい地域構築の要請と葛藤、情報化による技術革新と産業構造の再編、グローバリゼーションに由来する不透明性と不確実性の増大、それに伴う産業の苦境や自治体経営の悪化、新しい危機にたいする管理能力を喪失しつつある政治。こうして列挙したような諸趨勢は、どのような単一の「地域」を取り上げても程度の差こそあれ、重層してあらわれてくるという側面を持つ。したがって逆にいうと、統計やマクロな変動だけを見ていては予測を誤るような不透明性も、特定の地域を深く分析することによって見えやすくなるということがある。日本の学問世界においてこんにちほど、フィールドワークや地域調査が重視されている時代はないが[4]、それは以上のような要請を踏まえたものでもあろう。

　このような地域社会の新しい位相は、これから取り上げる、2つの地方小都市においてもよくあらわれている。いなむしろ、人口10万人以下の地方小都市であるからこそよくあらわれていると表現した方が適切であろう。かつて革新自治体の登場などによって都市化のなかで新しい行政参加の方式や環境・福祉政策の改革が求められた時期には、研究の花形は都市自治体を対象とするものであった。その時代とは異なり、地域開発が終焉した現在、新しい生き残り競争に直面している地方小都市のほうが、多様で激しい変動を示さざるを得ない、ということである。これら地方小都市の動向のなかに、

むしろ新しい制度モデルや文化的目標が示唆されているとも考えられる。

　とりわけ、具体的な葛藤や対立が生活の中で可視化されている「地方」の
ローカル政治においては、内外の構造的圧力が紛争という形で顕在化しやす
い。これから記述する２都市はその典型であり、原子力という巨大な争点に
よって、構造的諸圧力が顕在化し、闘争しているさまを見ることができる。
こうしたせめぎ合いを、できるだけ具体的に記述して事実として残すことは、
社会学者になしうる貢献の１つである。

　なお、原子力という論争的な問題を扱うわけなので、論者の価値関心を明
確にしておく必要があるかもしれない。本稿において、社会学者としての事
実評価や理論的貢献は、原子力の安全性とか廃棄物問題とは距離をおき、そ
れとは異なった論点をめぐってなされている。これは、自らの価値観から切
断された神のごとき「絶対客観的」立場をとれるという意味ではなく、社会
学者として受けた学問的訓練の限りで対象を評価する姿勢であり、一市民と
しての思想と行動からは距離をおいて分析記述する姿勢である。

対象地域と本書の構成

　さて、「なぜ巻と柏崎は対照的な選択をしたのか？」という問いに答えを
与えるために、まずは歴史を簡単に振り返ることが必要である。周辺市町の
合併が一段落し、地域政治構造が確立する 1950 年代中葉から、現在までの
歴史を丹念に辿る必要がある。そのため、本論文の２章・３章は、この２都
市の 50 年間の歴史に関するモノグラフィックな記述となる。とりわけ柏崎
市の歴史は戦後日本を代表する田中角栄と密接に関係しており、その歴史を
記述することは、高度成長を記述することでもある。また巻町の歴史は、あ
りふれた農村的地域がどのような地域社会を営んできたかを浮き彫りにして
くれる。これらの記述のためにどのような方法論と理論を準備したかについ
ては、第１章で説明する。

　「なぜ対照的な帰結がもたらされたのか？」という問いを追求するために、
第４章が準備されている。ここでは、権力構造の内部要因をはじめ、対照的

な選択を導いた原因として考えられる経済的・経営的・社会的要因を考察する。どのような要因連関と歴史的経路が、対照的な選択を行わせるような情勢を準備していったのか、それまでの2章で提示された素材を整理する。

それでもなお、なぜ巻町という保守的な地方都市であれほど劇的な事件が起きたのか、納得しきれないものが残る。そこで第5章では、とくに「住民投票を実行する会」に焦点をあてて、「レバレッジされた公共性」がくつがえされたメカニズムを「臨界量」と「閾値」という概念によって説明してみたい。

さて、すでに述べたように、原発反対の民意を示した住民投票からあしかけ8年が経過した2003年末、ようやく東北電力は計画撤回を発表した。この歳月のあいだに、巻町で萌芽していたように見えた根源的民主主義と内発的発展の可能性は、対立のなかで収縮していき、巻町は表0-1にある5つ目の住民投票によって新潟市との合併を選択した。この合併という「最後の選択」の意味を考察することが、第6章の課題である。巻町の視点から民主主義と内発的発展の複雑な関係について整理する。

「地域」をめぐる用語について

さて、ここまでの記述でも使い分けしてきた「地方」「地域」「都市」「ローカル」などの用語の定義については、早いうちに説明しておいた方が誤解を招かずによいだろう。

地方と地域とが指す範域の使い分けは日本語では一定せず、英語でいうarea, local, region のいずれも「地域」という用語で表現しうる。先行研究を見ると、とくに地域開発に関連して「地域」という用語の定義を考慮しているものが多い。たとえば古城 (1977) は市町村自治を越えた巨大資本と広域行政の意図の発現として地域開発 (regional development) を捉え、これに対抗する自治体改革の拠点として「地方」(local) を考える。こうしたことから、古城に限らず、この時期の政治学者・社会学者は地域を region の意味で捉え、local には「地方」という語を充てている[5]。

しかし、こんにちでは「地方」を local という意味で用いることは少なくなっ

てきたように思われる。じっさい、間場(1983)は local politics を「地域政治」と訳している。地方という用語については、こんにちではむしろ「中央と地方」という対立概念のなかで捉えることが多いだろう。逆に考えると、歴史的にも現在も、「中央と地域」という言い方はしない。そこで本書では、地方という用語は中央と対立する意味において使用することにするので、「地方政治」というときには一般的な市町村・都道府県政治の流れを指すことになる。その一方、英語でいう local はそのままカタカナで「ローカル」と表記することにした。「地域政治」とか「地元政治」という語をあてることも考えたが、「地域」というと人によっては国際関係学上の地域——「アジア・アフリカ」など——をイメージするかもしれない。また「地元」という用語は十分に定着していない。そこで紛らわしさを避けるため「ローカル」という語に統一した。したがって本書で頻出する「ローカル政治」という用語は間場のいう「地域政治」とほぼイコールの意味であると理解していただければよい。

　また本書では、日本の都市体系(urban system)[6] の中での位置と機能を示すときには、旧自治省の都市区分を一部修正して用いる(**表0-2**)。この区分では、人口100万人以上が大都市、人口10万人未満が地方小都市だが、巻は行政単位上「町村」に区分されて都市ではないことになる。しかし巻町は県出先機関が集中し、人口三万にも関わらず四つの高等学校を抱えて、西蒲原郡の「郡都」といわれる中枢性を保持してきた。さらに、**表0-3**のように2つの都市のプロフィールを比較してみると、職業構成、耕地面積、住民所得、議会構成などの数字でも、人口と面積の差にも関わらず、統計的な特徴としては似ていることが分かる。というよりは、巻は本来なら市になりうる程度の実力を持っているといってもよい。こうしたことから、2つの自治体を「地方小都市」と呼ぶことにした[7]。

　繰り返しになるが、各章の内容について簡単に触れておく。基本的には章の順番にしたがって読み進めていただくのが理解しやすいのではないかと思う。第1章では記述の前提として用いられている用語——「公共性」「レジーム」など——について理論的背景を含めて説明するとともに、巻町の事例を戦後史のなかに位置づける作業と、本書の意義を説明する作業を行って、本書の

表 0-2　総務省 (旧自治省) のもちいる都市区分

呼称	人口規模
大都市	100 万人以上
中都市	10 万人以上
小都市	10 万人未満
町村	行政単位としての町・村

出典　『地方財政白書』など

表 0-3　2 つの都市のプロフィール (1997 年度)

	巻町	柏崎市	単位	比率 (巻 / 柏崎)
人口	30011	91229	人	3/10
面積	76.14	319.29	km²	2/10
一人あたり住民所得	2467	2662	千円	9/10
事業所数	1866	5238		4/10
第 3 次産業就業者率	54.6%	48.6%		1 1/10
第 2 次産業就業者率	33.5%	44.0%		8/10
工業出荷額	277	2949	億円	1/10
商品販売額	554	2015	億円	3/10
耕地面積	2885	3651	ha	8/10
高等学校数	4	5		8/10
予算額	89.6	393.5	億円	2/10
議会構成	無 19・社 1 共 1 公 1	無 26・社 2 共 2 公 2		
議会の革新比率	8.7%	14.3%		6/10
財政力指数	0.552	1.211		5/10

前提を形成する。第 2 章では柏崎市の戦後史を記述するなかで、世界最大の原子力発電所がなぜ建設しえたのか諸要因を追求し、それに対抗して 1998 年に生起したプルサーマル計画への住民投票運動の経緯を追う。第 3 章では巻町の戦後史を記述し、柏崎と対照的になかなか巻原発が建設に至らなかった諸要因を追求する。この 2 章の内容を踏まえて第 4 章では、なぜ巻町と柏崎は対照的な選択を行ったのか諸要因を整理し、一言でいうとレジーム移行の様式が異なっていたからであるという結論を導く。第 5 章では巻町に焦点をしぼり、客観的・マクロ的な説明では納得しがたい、巻町「実行する

会」の成功要因を運動論的観点から説明しようと試みる。そして第 6 章では、1999 年以降の巻町の動き──いわば原発住民投票の後日談──を扱い、1996 年当時成立しそうに見えた根源的民主主義がなぜ挫折してしまったのか、その原因を明らかにし政治社会学の課題を提示する。

　また巻末に Appendix を用意した。調査の記録、2004 年初頭に実施した巻町民意識サーベイの調査票と集計結果[8]、そして年表である。事実関係や調査方法を確認したくなった場合には、適宜参照していただきたい。町民意識サーベイにご協力いただいた巻町住民の皆様、巻町役場の関係部署などに改めて謝意を表する[9]。

[注]

1　後述するように、柏崎刈羽原子力発電所は 821.7 万 Kw の発電能力を備えている。第 2 位はカナダ・ブルース原発の 727.6 万 kw である。なお、柏崎刈羽は県内発電電力量の 69% を占めるが (97 年度)、新潟県の発電量の 76% が県外に移出されていることから、柏崎刈羽原発の発電量は、そのまま県外移出量にほぼ等しい。新潟日報 1999/12/12.

2　住民投票に関しては、すでに多くの文献があらわれているものの (新藤編 1999; 今井 1997; 横田編 1997)、その大部分は法的な位置づけや、議会制との関係を問題にするものであり、住民投票運動の社会的意義については必ずしも明らかにされていない。それは、地域においてどのような変革のエネルギーを引き出すことになったのか、あるいはならなかったのか。住民投票運動は、実際にはどのような目的を持ち、地域住民とどのような関係を構築し、どのような帰結を生んだのか。こうした問いについて、社会学的に考察を加えることはいまだ本格的になされていない。本書もその試みの一つではあるが、住民投票という制度についての社会学的一般論については、別稿で展開することとしたい。

3　柏崎市で得た様々な資料をもとにした仕事は、また機会を改めて執筆したいと考えている。じっさい、(中澤 2005) では、地方都市としては例外的に充実している柏崎市のコミュニティ政策を取り上げ、市内のコミュニティセンターからの取材をもとに柏崎の現状を執筆している。このように、今後とも様々な形で柏崎とのおつきあいを続けさせていただければと思っている。

4　シカゴ学派の初期モノグラフの相次ぐ訳出、社会調査士資格の設置などがその例証としてあげられる。

5 たとえば (横山・大原 1966) では、当時のように「開発行政」「広域行政」が展開されている段階では、地域社会の特殊利害を中心として考える「地方政治」(local politics) の呼称は現実にふさわしくなく、政策展開に対応した「地域政治」(regional politics) の呼称を用いるべきと主張されている。

6 都市体系とは地理学の用語であり、東京を頂点とした国内諸都市の経済的結合関係のことをいう。この点については第六章でも論じるが、詳しくは阿部 1991 などを参照。

7 なお、(久世 1983) のいう「農村都市」という呼び方が巻にはもっとも適合しているかも知れない。彼によれば、この農村都市の多くは「古くから農山漁村にとって商業・文化等の中心の町であり、郡役所等が所在していたために管理機能を一部もち、第三次産業も若干存在しているものの、当該都市自体の中心産業が農業であるような都市をいう。」(213)

8 この調査票と集計結果は「増補第 2 版へのはしがき」に記した通り、本版では省略されている。

9 なお本書の各章は、以下の学会・研究会報告や論文を大幅に書き直して構成されている。

　すべて原型をとどめてはいないが、各研究会などでコメントをいただいた方々に感謝したい。なお地域社会学会編集委員会からは転載許可をいただいた。

第 2 章　東京大学大学院演習報告 (1998 年 12 月).

第 3 章　「戦後の地域開発と民主主義再考」『地域社会学会年報 10 集』1998 年 6 月.

第 4 章　地域社会学会研究会報告 (1999 年 1 月、東京大学).

第 5 章　「レバレッジされた『公共性』に対抗する住民投票運動」『地域社会学会年報第 15 集』2003 年 6 月.

第 6 章　社会運動論研究会 (関東地区) 報告 2004 年 7 月 10 日, 名古屋大学地域調査研究会報告 2004 年 10 月 8 日.

また本書は、以下の日本学術振興会科学研究費補助金による成果の一部である。

□ 2001-2002 年度　「リスク社会」における情報空間と社会的亀裂に関する比較都市研究 (若手研究 B, 課題番号 13710119)

□ 2003-2005 年度　「リスク社会」における地域情報空間の配置に関する比較都市研究 (若手研究 B, 課題番号 15730251)

　最後に、出版をめぐる厳しい情勢のなか、本書のような地味な書籍は以下の出版助成がなければ公刊できなかっただろう。記して感謝したい。

□ 2005 年度日本学術振興会研究成果公開促進費 (学術図書, 課題番号 175209)

第 1 章

「巻町」という事件と戦後地域史

新潟県概略図と旧選挙区割り

1節 「巻町」はなぜ事件となったのか

　「新潟県西蒲原郡巻町」という固有名詞は、日本最初の住民投票を実施した町として、かなり多くの読者に記憶されているのではないだろうか。正確にいえば「条例にもとづき、特定の政策争点に関する住民投票をはじめて実施した自治体」である。1995 年はじめに住民団体「住民投票を実行する会」(笹口孝明代表) 主導で自主管理型住民投票が実施されたのち、1996 年 8 月 4 日には町選管の運営のもとで「巻原子力発電所の建設」について賛否を問う投票が行われた。この原発住民投票は、その前後に実施された岐阜県御嵩町、沖縄県などの住民投票とあわせて[1]、「自治・分権」がテーマとなっていた時代精神と共鳴し、古い日本政治が市民社会主導の新しい民主主義に転換していく象徴と受け止められた (横田編 1997; 今井 1997; 2000)。また争点が、官僚制からみたとき権威ある電源立地調整審議会(以下、電調審)を通過し国の電源立地基本計画に組み入れられた「国策」としての原子力発電所であったことから、硬直的な公共事業・原子力政策にノーを突きつける事例としても注目された。1995 年以後の巻町をめぐる爆発的な報道ぶりは、**図 1-1** にあらわれた報道件数を見れば明らかである。

　しかし 1996 年以後、巻町における民主主義は困難な道をたどったように見える。マスメディアの大取材陣が去ったあと、電源立地促進課の廃止や太陽光発電の設置など、脱原発的政策を進めようとする笹口町長に対し、議会で多数を占める反町長会派は猛反発し、「子どものケンカ」と評された感情的なぶつかりあいの中で政治的意思決定は空転しがちだった。さらに 2001 年頃から浮上した近隣町村との合併問題が大きな火種となった。合併すると旧巻町の住民投票が無効になり再度推進されてしまうのではないかという懸念が笹口氏に生まれ、合併相手に予定していた二つの村に「原発住民投票の実施」を求める事態となって破談となった (2001 年 3 月)。その結果、くすぶる原発問題に加えて合併問題をめぐっても町内は二分され、町政運営への批判が強まるなかで笹口町長は 3 選に出馬しないことになった (2003 年 8 月)。翌 2004 年早々に新顔 2 人が争う町長選挙が実施されたが、投票日直前

第1章 「巻町」という事件と戦後地域史 15

朝日新聞記事データベースによる巻・柏崎関連記事検索結果

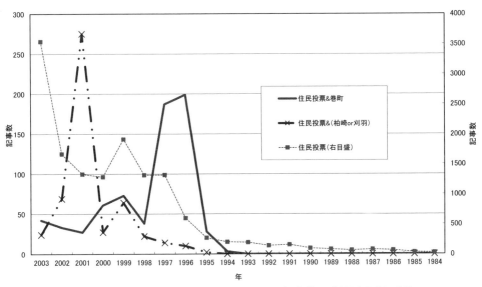

図 1-1 巻・柏崎刈羽の住民投票に関する報道（朝日新聞全国版の例）
注 本文と見出しに各キーワードを含む記事数を年ごとに検索し集計した。

の 2003 年末、巻原子力発電所計画の白紙撤回が突如発表された。

こうして、次々と事件は起きるものの状況は引き延ばされ、住民投票から原発計画撤回までには 8 年かかったことになる。その間に巻町は 96 年当時の輝きを失い、原発・合併推進派と、原発・合併反対派に二分されていがみあっているような状況になってしまった。そして、本書の出版と前後して（2005 年 10 月 10 日）、「巻町」という自治体名も消滅することになる。2004 町長選挙で当選した田辺新・町長は隣接する新潟市との合併構想を推進し、それをうけて 8 月 8 日に実施された合併住民投票によって、巻町民は合併の道を選択したからである。

本書は住民投票運動（「巻原発・住民投票を実行する会」——以下「実行する会」と略称——）の発生（1994 年 10 月）から、最後の住民投票によって合併が選択される（2004 年 8 月）までのほぼ 10 年間を考察の軸にすえて、巻町における住民投票運動とローカルレジーム（この用語については 3 節で説明する）のダイ

ナミズムを描き出し、住民投票を可能にした諸要因と、住民投票後の巻町が
混迷に陥った原因を追求するとともに、戦後ローカル政治史の転換点を浮か
び上がらせようとする試みである。巻住民投票の特徴を浮かび上がらせるう
えで、巻町の戦後政治史をよく理解する必要があることから、巻町の歴史的
経路の説明にかなりの紙幅を割き (3 章)、また対照例として 70km ほどしか
離れていない世界最大の原発立地点・柏崎刈羽について 90 年代後半を軸に
運動とローカルレジームを同様に描き出す (2 章) ことで、巻町の事例を広い
視野のなかに位置づけ、その特徴をより鮮明に浮き彫りにしようとしている。

　それにしても巻町はなぜこれほど注目され、1 つの「事件」となったのか。
答えを先取りすれば、戦後の日本地域社会における「公共性」[2] の歴史を振り
返って画期というにふさわしい出来事だったからであろう。ここでいう公共
性とは、ローカルレベルにおける公共事業や政治的意思決定における正当
性の根拠のことである。これは長らく「官」に独占されてきたものだが、そ
れに異議申し立てをする動きが、この 10 年間で急速に高まっている (齋藤
2000)。ローカルレベルにおいて、その先鞭をつけたのが巻町だったのでは
ないか。すなわち、表 1-2 のように「公共性」という言葉の戦後史を 4 期に
わけて区分できると私は考えている。第 2 期と第 3 期を区分するのは高度成
長の開始と終了にあたる 1964 年と 1975 年である。前者は三島・沼津コンビ
ナート反対運動が高揚した年であり、後者は革新自治体の退潮や住民運動の
量的減少が明確化した年である。そして 1996 年の巻住民投票が、第 4 期の

表 1-2　公共性の時期区分

	官独占型公共性	市民的公共性の可能性	レバレッジされた公共性	ローカル公共性
中央における時期区分	1940-1964	1964-1975	1975-1995	1996-
新潟における時期区分	1940-1975	なし	1975-1995	1994-
画期	戦時体制の形成	三島沼津コンビナート反対運動	住民運動の後退局面	巻住民投票
特徴	タテの「公」意識	市民による公共制度形成の試み	官独占型コングロマリットの補強	「民意」を動員した反レバレッジ

第1章 「巻町」という事件と戦後地域史　17

開始を告げると考えられるだろう[3]。各々の時期について、簡単に説明を加えておこう。

1.1　1940-1964：官独占型「公共」性

　民主化を妨げる「日本の政治文化」として多くの政治学者が問題にしてきたのが、「お上に任せていれば間違いない」という意識であった。国際比較調査からも、高度な公的規制・管理を経験している日本人という像が浮き彫りになる（土田 1997: 98）。この「お上」意識は自分の上司だけが「公」であるというタテ系列の公意識（有賀 1967）と密接に結びつき、ヨコの連帯性とヨコの公共性は成立しにくい[4]。序列と手続きを踏まえた陳情以外の手法は反秩序と見なされるのである。「1940年代体制」から連続する経済官庁主導型高度成長にとって、このような公意識は効率的であり、この制度文化は温存されたといえる。公共という用語は日常生活に不要なもので、「公共」事業ないし「公共」料金の「公共」は、極論すれば官僚語の綾に過ぎないといえる[5]。

1.2　1964-1975：市民的公共性の可能性

　このような伝統的公共意識を部分的に変革していったのが、公害住民運動と革新自治体であった。これらの運動は、官独占型公共性を相対化したが、部分的に成功したに過ぎないことは、多くの住民運動団体が自治会・町内会から分離した（松原・似田貝編 1976）ことで傍証されている。じっさい、反公害運動の論理としては、「地域エゴ」という私的利害に居直る形での論理構築をめざす――「それなら公害タレ流し企業のエゴイズムはどうするのか」「住民の福祉の向上を目的とする公共事業が地元住民の福祉を犠牲にすることは許されない」など――ことが主流であった。このような、いわば「窮鼠猫をかむ」型の論理は、「公」の論理や「（既存の）共同性」を重視する人々には受け入れられなかったといえる[6]。したがって、この時期区分がなりたつのは都市部を中心とする一部地域であって、新潟をはじめとする非都市的地域では引き続き官独占型公共性が支配を続けていたと見ることができる。

1.3 1975-1995：レバレッジされた（官独占型）「公共」性

　住民運動の爆発が収束する 1975 年以降の時期に冠する名称として「レバレッジ（梃子）」という用語を導入したい。この概念は金融工学に由来するもので、オプション取引、先物取引などを組み合わせて「梃子」を発生させ、手持ち資産よりも多額の投資と利潤を可能にする仕掛けのことをいう。

　このレバレッジ概念は政治社会学にも応用できるのではないだろうか[7]。「5 万人の組織された人間がいれば、2000 万人を支配することができる」と毛沢東はいう。すなわち、複雑に編み上げられた制度や組織を確立すれば、手持ち政治資源よりも大きな権力を発生させることが可能なのである。日本において、党員 350 万人に過ぎない自民党が一党支配を継続できているという原理も、次のように政治的レバレッジであろう。

　近年周知の事実になったことだが、官による公共性の独占を、「基本法－特別会計・基本計画－局・業界」コングロマリットによって保証するのが（とくに旧田中派を軸とする）自民党支配の要諦である。この仕掛けは田中角栄によって確立されたといわれる（水木 1998）。河川・航空・原子力など事業分野ごとに確立された聖域は、関連法規の膨大さと専門工学分野の成立により、専門家意識が働きやすく、実際に素人では太刀打ちできない。そのうえ特別会計と基本計画によって継続的な予算と事業が確保される。国会もチェックできないどころか、むしろ族議員になれば利権が大きいので積極的に加担する。こうした仕組みは、五十嵐敬喜（五十嵐・小川 1997）・猪瀬直樹（1997）・広瀬道貞（1993）らによる指摘で広く知られるようになった。

　本書の事例に即していえば、いわゆる電源三法や電気事業法を中心とした法体系のもとに、電源立地促進対策特別会計が組まれ、電源開発促進税の収入によって独立した予算を確保している。そして電源立地基本計画という長期計画のもとに原子炉立地が決定され、経済産業省資源エネルギー庁と電力会社・関連業界が粛々と建設を進めるというパターンが出来上がっている。このように、高度成長期に確立した支配を再編していくタイプの公共性を「レバレッジされた公共性」とよぼう。この支配方式は、当然新潟にも適用され、「長いものには巻かれろ」「反対の声をあげてはならない」という被

支配者側の行動様式を産み出すことになる。

1.4　1995-：ローカル公共性の誕生

　このように複雑に入り組んだレバレッジを解体するのは決して容易ではないが、一方でレバレッジを白日のもとにさらし「王様は裸だ」と指摘したとたん、「世論」ないし「民意」が激しく反応してレバレッジを揺さぶることがある。

　われわれの良く知っている例でいえば、「小泉構造改革」がこれにあたるかもしれない。ただし、このとき視聴者としての国民は安全な評論家的位置にいるに過ぎず、観客民主主義のなかでのみ「民意」が問題になっている。それでは、観客民主主義でない反レバレッジ装置はあるのか？と考えた場合に、われわれは「巻町」の例に突き当たる。すなわち、ローカルレベルの住民が参加者として、レバレッジされた公共性の本質を知り、それをめぐって公共的な議論に参加し、ときにはレバレッジされた公共性に対抗して、住民の側に公共性を再構築するような試みである。巻町では、一般的な町村よりもさらに強固といってよい旧来型の権力構造レバレッジが存在したが、「民意」の後押しをうけた住民投票という仕掛けがそれをひっくり返した。そして町民が自らの手で、自ら争点事項について決定し、それに責任を負おうとする態度が共有された。こうした事態の成立を、本書では「ローカル公共性」の成立とよぶ。5章以降において、この「ローカル公共性」を一時的に成立させた原理と帰結について考察することになるだろう。

　このように巻住民投票は戦後の「公共性」とローカル政治の重要な転換点を示しているからこそ、あれほど注目されたのだといえよう。したがって巻町の事例は、開発型の政治から、新しい価値観を求める政治への模索を示してもいる。2節では戦後地方自治史の流れを振り返って、開発を希求した「成長主義」との関連で、巻町で起きた事件の意義を押さえておこう。

2節　地域の戦後史と成長主義

　戦後日本における驚異的な高度経済成長は、産業構造とその地域的編成に大きな影響をもたらし、それに伴って地域社会を激変させた。企業は集積の利益を十分に享受し、それを支える労働力として都市部には地方から若年者が豊富に供給され、3大都市圏の人口爆発を呼んだ。いっぽう、過疎化の危機感に直面した地方の側も「地域開発」という政策体系がもたらす諸機会を積極的に誘致しようとし、それによって人口増とミニ都市化を実現しようとした。このように戦後日本の地域社会を規定した「地域開発」を、多くの地域社会学者や経済学者が研究対象としてきた（福武編 1965; 宮本 1973 など）。

　多くの研究の対象となった理由の1つは、地域開発の思想が、「全国総合開発計画」という、資本主義国ではまれに見る大規模な行政計画に集約されて表現されており、かつ、その計画がもたらした現実がつねに問題含みだったからである。狭隘化した三大工業地帯の外に新たな工業基地を設ける政策は 1950 年代後半から展開され、1962 年に閣議決定された最初の全総は新産業都市と工業特別地域によって地方の指定競争を招いた（福武編 1965）。しかし結果として、素材型の重化学工業が立地したのは京葉地域や瀬戸内に限定されており、しかもこれらの地域においても、素材型工業は下請・関連企業を引き連れて進出したため、在来企業に対する需要はわずかに過ぎなかった（平岡・高橋 1987: 52）。新全総（1969 閣議決定）および第 3 次全総（1977）では、素材型工業のより遠隔地への立地が目指されるとともに、労働集約的な組立型工業の全国分散が構想された。しかし、部品組立部分だけの進出ゆえに、地元企業との関係は薄く、また雇用も低賃金労働が主軸であるため第三次産業への波及効果もあまり大きくなかった（平岡・高橋 1987: 52）。3 全総を補うものとして登場したのが「テクノポリス構想」である（1978）。新潟も強引にこの計画に乗り、「信濃川テクノポリス地区」として 47 番目の指定をうけた。しかし、このテクノポリスで成功したといえる地域はほとんどないといわれている（本間 1999: 101）。中曽根内閣時の第 4 次全総（1984）は東京一極集中を加速し、正式には 5 全総とはいわれない「21 世紀の国土のグランドデザイン」

はほとんど話題となっていない。このように、全体として総括したとき、地域社会にとって地域開発という政策体系は、必ずしも地域の発展と自治を達成するものとならなかった。それにも関わらず、地域開発の政策体系に表現された行動様式と発想は地方小都市のなかに抜きがたく定着している。「自治体トップは毎週のように霞ヶ関に陳情に出かける」「箱もの建設のための補助金をどれだけ取って来られるかが、首長や行政職員の能力のバロメーター」というような行動様式と発想は、ある時期にはほとんど全ての自治体において看取できた。

　地域開発が研究対象となりやすかったもう 1 つの理由は、このように「地域開発」が「地方」を支配する思想と行動の枠組みを作り、日本における「地域」の一般論を、それを通じて語ることができたからである。この思想と行動の枠組みは「成長主義」とよぼう。横田尚俊によれば、「都市の成長・拡大（人口・経済規模の拡大や機関の集積、空間の更新）を生活の豊かさや地域の〈活力〉の基準と見なし、その実現を第一義に展開される理念・政策・運動の総体」（横田 1999: 81）が成長主義である。この定義は、どちらかといえば「思想」ないし「イデオロギー」の側面に着目した定義であるが、思想のみならずそこから産み出される政府の力・統治者の構成・ゲームのルールには共通したものがある。われわれはのちに、こうした諸要素をあわせて（開発型）「ローカルレジーム」と呼び、その成立と解体を柏崎・巻の事例からつぶさに見ていくことになるだろう。

　さて、わが国における「地方」の研究史は決して古いものではない。メインストリームの政治学、経済学ともに中央の政治経済に関わることを重要な仕事と見なしていて、地方の出来事を材料にするのは 2 流の学者であるとする観念が支配していたからである。このことは古城 (1977: chap.1) による、地方政治研究の 3 期区分によっても裏付けられる。すなわち古城によれば、①地方政治という表題を掲げた著書の登場しない、「準備期」(1945-1955) ②地方政治ないし地域政治の表題を掲げた著書があらわれるものの、先駆的なものに止まる「基礎確立期」(1955-1962)、③地方政治研究が一つの研究ジャンルになった「発展期」(1962-1970)、④新たな発展を模索しつつある「転換期」(1970-)

という順序を辿って研究史は進展しているのである。すなわち、地方への注目がはじまったのは、たかだか60年代後半のことに過ぎない。

「転換期」のなかで、地方への注目をスローガンとして示したのが、1978年のシンポジウム[8]で長洲一二神奈川県知事が示した「地方の時代」という用語であった。「地方の時代、それは政治や行財政システムをこれまでの委任型集権制から参加型分権制に切り替えるだけでなく、生活様式や価値観の変革をもふくむ新しい全体的社会システムの探求でなければならないでしょう」(長洲 1978) と述べられている[9]。長洲もその一つを担った革新自治体は確かに、公害行政や福祉行政を筆頭に新しい手法や制度を生みだしたので、長洲の言葉は「高度成長終焉後の構造転換に対する革新自治体の脱皮宣言」(佐藤 1997: 335) と理解することもできる。しかしその後、1979年統一地方選挙のスローガンとして自治省がこの用語を広め、「地方の時代と地域経済」「地方の時代と都市」というようなシンポジウムが各所で開催される (日本都市学会編 1983; 長洲・中村・新野編 1982) なかで、価値観の変革や分権といった理念が深められることはなく、それが「地方の時代」の限界であったように思われる[10]。実際にあらわれた「地方の時代」の具体的な動きとしては、大分県の「一村一品運動」に象徴される「まちおこし」「むらおこし」運動があったけれども、こうした運動は大分・滋賀など自治省出身官僚が知事となった地域が先導したことでも分かるように、80年代の協調主義的な地方統治を導くものでもあった[11]。すなわち、保革対立を越えた全県的な支持を集めるためのスローガンとして「地方の時代」「むらおこし」はあったので、制度設計や文化的目標、とりわけ「成長主義」の根本的な組み換えをもたらすものではなかった。

じっさい、「地方の時代」のあと自治体関係者の人口に膾炙した言葉は「地方分権」ではなく「都市経営」と「都市間競争」であった。都市経営主義の思想を表現したものとしては、日本都市センターの報告書である『新しい都市経営の方向』(日本都市センター 1979) が代表的である。ここで提言されていることは、①コスト意識の徹底 ②ボトム・アップによる内部の参加意識の向上 ③負担意識を持つ自立した市民の育成 ④地場産業振興、リゾート政策、

交通政策、などとのリンケージである。ここには、米国のシティ・マネージャー制度の影響や株式会社との類比が見られる。今日の行財政構造改革論・民営化論の先駆をなすものともいえる都市経営主義は、美濃部都政から移行した鈴木都政や、「山、海に行く」と形容される経営才覚を発揮した神戸の宮崎市政に代表される思想と政策であり、以後、都市経営論が経済学の1分科として定着することになる。

　都市経営への転換は、低成長への移行に伴い、経営資源が前の時代よりも限定される状況のなかで起こったものである。都市経営が難しい小さな自治体の場合には、福山市のように既存組織の再編成によって危機を乗り切った場合もある（蓮見・似田貝・矢澤編 1997）。こうして各都市の創意工夫が要求されるなか、「都市間競争」という用語が80年代後半から行政官を中心に用いられるようになった（佐々木 1990）。ここで「都市経営」概念と「都市間競争」概念が結びつき、制約の厳しい地方自治制度・地方財政制度のなかで、どのように国から財源を引き出し独自事業を実施するか、という経営感覚と行政競争として実現されていった。この日本型「競争」は、欧州統合で国という制度が取り払われ、国家的庇護が後退するなかで「都市間の競争関係が一段とし烈になっている」（井上 1995）EU各都市のようなボーダレス競争と異なり、「仕切られた競争」「仕切られた多元主義」（猪口 1983）に過ぎない。日本の場合には東京などごく一部の都市がアジア諸都市との競争を念頭に置いているほかは、「競争」とはいっても近隣地域内の似たもの同士競争か、よくて日本国内で仕切られたものでしかない。

　地方自治体がこのように、「仕切られた都市間競争」を指向してゆく80年代後半は、いわゆるバブル経済のなかで資本の再編成が進んだため、グローバリゼーションの極の一つとなってゆく東京地域と、旧来の産業構造を維持する非東京地域が、まったく異なる経済圏へと結晶化していった時期でもあった。このとき地方はリゾート開発などの形で東京の富を取り込もうとするか、引き続いて補助金や交付金の増額を求めることで分け前に与ろうとしたのであって、「分権」が地方の側から要求される必然性はさほど無かったといえる。それにも関わらず、第3次行革審（1989-1993）以降に、分権論議が

わき上がってきた契機は外在的なものであったといえそうである。

　89 年は東欧革命や天安門事件によって新しい国際秩序が形成されてゆく年であり、日本も国際社会から役割分担を求められ始めていた。中央政府が国際的な要因に目を向け、国際的発信や交渉に手を煩わすようになると、子細な内政事項は負担となり、地方に渡すしかなくなる[12]。この意味では「分権」は上からの改革として始まったものであって、それが住民の側から見たときどのようなものとしてあらわれているのか、これまでの戦後史の流れとどのように違うのか、それは住民の自己決定と自己統治を実現させることになるのか、ローカルの現場からよく検討しなければなるまい。本書が提示した素材から、これらの問いに対する答えの一例が示されるだろう。

　さて制度改革としての地方分権は、95 年の地方分権推進委員会設置を経て、99 年の地方分権関連法の成立によって 1 つの区切りを迎えたが、財政事情の悪化もあって中央政府が地方の仔細な事項への関心を失うということになれば、地方は生き残りをかけてゼロサム競争せざるを得なくなってくる。日本型の仕切られた「都市間競争」から、終わりがなく不安で、縮小する財を奪い合う「ローカル間競争」の時代に入ったといえよう。それに耐えられない自治体に対しては、とくに 2000 年前後から合併への方向づけがなされている。しかし、地方小都市は小さくても輝く自治体を目指すことはできないのか。地域の現場に身を置いて、「内発的発展」への道を考えることも、本書のサブテーマである。内発的発展とは、外部資源ではなく内部資源の再発見と活用によって地域経済を維持し循環を作り出していこうとする思想と行動のことを指す。

　以上のように見てくると時期区分のうえで重要なのは 1970 年代後半の「地方の時代」と、1980 年代後半の地方制度改革である。1 節における「公共性」の時期区分とあわせて考えるならば、住民投票運動の前史にあたるローカル政治に関するわれわれの記述は 3 期にわけて行ってゆくのが妥当だろう。すなわち、柏崎・巻で原発計画が持ち上がった 1967 年から始めて、①開発レジームと官主導型公共性の時代 (1967-1975) ②「地方の時代」と、レバレッジさ

れた公共性の時代 (1976-1994) ③分権と競争の時代 (1994-) の3期である。2章と3章の記述は、この区分を目安に進められる。

巻町の場合、原発問題に関連する運動は、　①立地点に限定された学生と漁業者の運動 (1980年の漁業補償妥結まで)　②計画が一時中断するなかで続けられた「新しい社会運動」的特質を持つ住民運動 (1994年町長選挙まで)　③地付き層を中心とする住民投票運動、の3段階で展開してゆくが、これらはほぼ上述の時代区分に対応していることが分かる。

柏崎の場合には、この3段階は自治体経営のあり方と密接に関わる。「陸の孤島」という危機感のなかで原発が誘致され、激しい反対運動のなかで手続きが進められる第1段階は、まさに「地域開発の時代」であった。それが「地方の時代」の時期に入ると、発電所立地の特殊性から巨額の交付金が入るようになり、さまざまな地域振興策が展開されてゆく。ところが、日本全体の趨勢からやや遅れて90年代後半に入ると原発建設が終了し、交付金も減額されるなどして、先行きが不透明になってくる。その中でプルサーマル問題が持ち上がり、かつてない動揺に見舞われた。

そして、これら3段階における統治の様式を適切に表現するために、3節では「ローカルレジーム」という概念を用意しておきたい。

3節　ローカルレジームの諸形態

「地域」の意思決定には、自治体の首長や議会だけでなく、行政官、地元企業、商工業者、農漁業者、ジャーナリズム、地区の有力者層 (local elite)[13]、などの人々が複雑に関与する。そこには暗黙のうちに一定のルールが適用され、中央政府や中央企業の意向が無視できない影響力を持つ場合もある。さらに、意思決定に対抗する住民や、それが集合体となった住民運動が発生することもある。こうしたものの総体がローカルレベルの「ガバナンス」[14]構造を形成する。一定期間持続する、特定のガバナンス構造を指示するために、本書では「ローカルレジーム」(local regime) という用語を使用する。

regime という概念は、アメリカにおける地域権力構造 (Community Power

Structure) 分析の末裔にあたるストーン (Stone 1989) やエルキン (Elkin 1987) といった論者たちが、都市政治分析のために使いはじめたものである。彼らによれば、regime とは地方政治における統治の比較的安定したシステムであり、10年単位の長期にわたって地域を統合する思想と構造である。regime を運営する統治連合 (governing coalition) には、市当局だけでなく、企業や市民も非公式に参加することがある。したがって regime とは「政権」(government) ではなく、「ガバナンス」(governance) すなわち「非公式なルールによって運営される統治構造であり、政府と企業との協調によって形成される統治連合を核とする権力と影響力のネットワーク」(Stone 1989: 178) の形態を指す用語である。

そして Stone によれば、regime を構成する要素として、この定義から3つを引き出すことができる。それは、①政府が何かを行うときの能力 (capacity)、②それを行う一連の行為者、③彼らを統一して行動させる関係性、である (Stone 1989: 179)。この定義を我々の事例に引き寄せて考えてみよう。

①地方政府の能力とは、政策を遂行していくときの正当性と資源動員力であり、議会構成や得票率などで測定することができよう。

②行為者とは「統治連合」の構成である。本書では、「統治連合」のメンバーとして、直接に権力を行使する地方政府の「統治者」(governing elite) すなわち町長・行政管理職・議員等の公職者と、政府に所属する一員ではないが政府に影響力を行使する人々たる「有力者」(local elite) とを含めて考えよう。

③関係性とは、regime を支配するゲームのルール、であるといえる。これについては後述のように、パトロン‐クライアント関係 (名望家的関係) や、経済的便益の供給を媒介にした関係 (開発主義的関係) などを現実に見て取ることができるだろう。

われわれは、この3つの要素を「ローカルレジーム」を設定するときの判断基準としてゆくが、参考までにストーン自身の提示する具体的な regime としては (1989: 181)、アメリカで潜在的に成立するレジームとして4類型を設定している。統治連合集団外に選択的誘因が提供できるか否か、また市民からの協力取り付けが単純か複雑かによって区別される2行*2列の表である (表1-3)。なお、ここでいう選択的誘因とは、small opportunities (ちょっとし

第1章 「巻町」という事件と戦後地域史　27

表1-3　ストーンによるレジームの諸形態

	選択的誘因あり	集団内への誘因のみ
単純な市民協力	20世紀初頭のアトランタ	1940-50年代における小地主と近隣の保守派
複雑な市民協力	ビジネス・エリートと黒人中流	1960年代における学生、黒人、近隣の抗議

た便益・機会）とも呼ばれているものであり、レジームに参加する諸主体が得られる利益である。アトランタの例でいえば、都市再開発が黒人起業家たちにこの small opportunities を提供し、市政への支持につながったと分析されている（Stone 1989: chap.7）。

　これを日本に置き換えて考えてみよう。日本の地方小都市の場合、ローカルレジームの末端に連なることで、商工業者は事業の機会や直接発注を与えられ、自らの生活を支えることができる。これら small opportunities の供給が、外部から行われるのか、内部から行われるのかによる区別を考えることができる。地域開発以前の1950年代頃までは、地主 - 小作関係と似たパトロン - クライアント関係を基軸にして、名望家自身の財布によって小機会が提供されたのではないかと考えられる。しかし、前節で論じた成長主義と地域開発の時代になると、small opportunities の提供を可能にするのは中央省庁からの補助金や、誘致した企業からの収入に代表される外部資源へと変貌していったといえよう。また、統治連合も変化する。地方政治論の中では、1970年代に開発推進体制が形成される中で、①個人後援会の強化　②商工派議員の台頭　③自民党県連の政務調査会の充実といった権力構造の再編が起きた、とされているのである（佐藤1997）。統治連合が名望家主体から商工業をバックグラウンドとする開発派主体へと変容したことが読み取れる。あらかじめ先取りしておくと、柏崎・巻の事例は、この種のローカルレジームが成立したり、成立しかけたりするダイナミズムとして描き出すことができる。

　ただし同時に、1990年代以降の成長主義以後とも呼べる時代になると、この構造も変化しつつあり、巻における1994年以後の構造変動は、より広範で普遍的な構造変化を予兆させるものである。分権と競争の時代に求めら

28

表1-4　日本におけるローカルレジームの類型設定

	外部志向	内部志向
代表的	地域開発レジーム	内発的発展レジーム
非代表的	地域開発レジームの変形（原発レジーム）	名望家レジーム

れる「内発的発展」においては、外部からの大規模な資本投下は期待できず、地域内部で資源をいかに発見し、有効活用するかが問われるからである。統治連合のありようも、これに伴って変化せざるを得ないだろう。このなかで出現すると考えられる、「内発的発展レジーム」は、再び内部志向の極に分類されることになるだろう。この「内部－外部」軸は、日本における CPS 論争の焦点となり続けてきた「内からの把握」「外からの把握」(矢澤 1973) を類型化したものと見ることもできる。もう 1 つの軸としては、市民からの協力の様式であるが、これについては、さきほどの「能力」を応用して、正当性を確保しているかどうかという軸にすればよいだろう。こうして**表 1-4** を設定できるので、各類型の特徴について、以下簡単に説明しておこう。

3.1　名望家レジーム

　秋元律郎が指摘したように、日本の権力構造を考える際には地域組織、なかでも区や組といった媒介組織を基盤に考えざるを得ない (秋元 1971: 117)。こうした構造がよく保存され、その担い手となっている人々が地主を中心とする名望家層から調達されている限りにおいて、その地域は明治以来の権力構造を比較的よく保存しているといえる。もちろん、秋元が秩父市の分析によって明らかにしたように、担い手そのものは何度か入れ替わり、小作層からの上昇等は起きている。それにも関わらず、世話と地元利益供与による地域支配という組織原理からいえば、日本の村落社会の伝統的な構造を保存している。

　こうした権力構造を「名望家レジーム」と呼ぶことが出来よう。ここでは、①資源を持たない政府の能力は低く、②統治連合を構成するのは名望家ないし経済的に成功した土着層であり、③その中でのゲームは非公式な「根回し」

や「接待・供応」をルールとして営まれると特徴づけることができる。この名望家レジームのもとで、中央の行財政機構を通じて下降するリーダーシップはどの程度強く、どの程度名望家たちは自律的なのか、こうした論点がこれまでの日本権力構造分析の一つの焦点でもあった。こうした論点が出ること自体、日本の地域社会が高度成長期以前までには中央からの影響力からは独立した世界をある程度形成していたことを示唆する。

3.2 地域開発レジーム

　1960年代になると大きく状況が変わり、前節で触れた「成長主義」が地方自治体を支配することになる。地域開発レジームの登場である。開発が成功する限りにおいて、①政府の能力は著しく増大し、②それに伴って統治連合も「商工派」主体に変容する。また③ゲームのルールとしては、法体系を有効に利用しながら自らの経済的・人口的集積を高め、都市空間を更新してゆくことが重要となる。こうして、どの自治体でも人口増、雇用拡大、地元企業への経済的波及効果という3点セットを追求するようになる。

　このように画一化が進むのは、日本の財政制度と集権的法体系が統治者の発想を拘束していたのみならず、高度成長の果実としての補助金という small opportunities の配分がこの時期以降、より直接的に自治体の浮沈を握ったからに他ならない。これは、アメリカにおける「成長マシーン」形成との大きな相違である。もちろんアメリカの場合にも、人口増が地価上昇につながる限りで、人口増を目指すインセンティブは存在しうるが、日本の場合には人口増それ自体が究極目標であるようにすら見える。その背景としては、「人口が減少するということは自治体にとって望ましくないという意識、都市政策がうまくいっていないという感覚があったといえよう。さらには、予算獲得や地方交付税の算定などにおいて、人口、特に常住人口の規模が大きな要素であったことは否めないし、これは現在もそうである」(中村1995: 32)と指摘される。このように、財政的な事情から「(とくに人口の)成長」を目標とすることが、「地域開発レジーム」の基本的目標・思想となる。

　その上で、こうした目標を達成するための切り札として、多くの都市は基

盤産業の誘致に力を入れた。それによる地元経済波及効果と集積効果を莫大なものと信じ、行政としては誘致のための社会資本整備に力を入れたのである。その具体例が工業団地であり、高速道路や新幹線、および国道指定等の交通網整備であった。

　ところで、誘致する対象が原子力発電所である場合に、少々特殊な形態—原発レジーム—が発生する。その内容は1960年代までは一般的な「地域開発レジーム」と何ら変わることがなかったが、1970年代初頭から特殊な性格を持つので、分けて論じておこう。じっさい、むつ小川原開発を分析した(舩橋・長谷川・飯島編1998)は、「誘致型開発→従属型開発→危険施設受け入れ型開発」へという展開過程を後づけており、彼らも原子力開発を特殊形態として位置づけていることが分かる。

3.3　原発レジーム

　さてここに、1960年代の田中角栄の演説がある。

　　　みなさん、いいですか。今後十年間、日本の成長率の二倍くらいのテンポで、まちがいなく新潟県は進むッ。国の直轄工事は、今後、長岡中心になってくるのであります。新幹線、高速道路、それに柏崎の電源開発、まだまだありますよ、地盤沈下を防止する蔵王橋下流のダム建設、小千谷の水力発電所、これらはみんな検討中であります。…

　　　いろんなものを計画的に配置すれば、人も来る、産業も定着するんです。新しい産業構造が決まってくるんです。終戦直後の全国の使用電力量に匹敵するそれと同じものが、柏崎に十年間でつくられもするんです！（高畠1986 → 1997: 23-24.）[15]

いうまでもなく「柏崎の電源開発」とは原子力によるそれである。この演説のなかでは、新幹線・高速道路と原発は並列され、さらに日本のためにではなく、あくまでも新潟のために発電所をつくるという文脈で語られている。原発は地元に雇用をもたらし、さまざまな関連産業を呼び込むと考えられて

おり、その意味で他の大規模プロジェクトとなんら変わるところはなかった。地元のための公共性を備えていると考えられている限りで、発電所は演説に誇らしげに引用されえたのである。ここまでは「地域開発レジーム」の形成として語れる。

　しかし、この演説のあと2つの変化が起きた。1つ目は、いくつかの世界的な原子力事故をつうじて潜在的リスクの大きさが明らかになり、人々の間に不安が広がりはじめたことである。2つ目は、その潜在的リスクの大きさを埋め合わせるような選択的誘因の提供システムとして、2章で詳しく見るように田中自身が「電源三法」を構想し成立させたことである。

　こうして、潜在的リスクの大きさから受ける強い反対を押し切ること、複雑さを増した法体系のなかで計画をあたかも自動機械のように進めていくこと、がこのレジームの至上命題となるため、レジームは閉鎖的・排他的なものになりがちである。その結果、①地方政府ではなく中央政府の能力が「国策」として直接地元に介入してくる、②地元からすれば別格といえるほど巨大な経済力である電力会社が統治連合に決定的な影響力を持つ、③建設が法体系のなかでスケジュール化し規程路線となるなかで、そこからもたらされると予測される小便益をめぐる政治ゲームが展開する、といった特徴が生まれてくる。要するに、地元の自立性は著しく制約され、有力者たちは、たんなる受益ゲームのプレーヤーとなってしまうのである。

　このようなレジームが形成される過程で起きる大まかなストーリーは、個別事例の特殊性を捨象すれば、おおむね次のようなまとめができる。H. Lesbirel による泊原発の研究 (Lesbirel 1997) や児玉による大飯原発増設の政治過程研究 (児玉 1998)、それに長谷川 (1991: 45) によるまとめなど、いくつかの事例研究を要約すれば以下の通りである。

　水面下で土地買収が行われたあと、計画が表面化する。反対運動が立ち上がるなか、地元議会が誘致決議を行い、用地買収交渉や漁協許可のうえでの海域調査が本格化し、漁業権譲渡の申し入れがなされる。漁協は当初反対するものの、利益誘導や紛争の長期化にともない、反対派は漁協内部の少数派に転じ、漁業権の譲渡が議決される。これ以降の局面では、原発立地は次第

に既成事実となってゆく。「形式的」と批判される公開ヒアリングが行われ、電源開発調整審議会の認可を経て、いったん建設が行政手続に乗れば、それは純粋な行政スケジュール（松原・似田貝編 1976: 241）の問題となり、あたかも自動機械のように進んでゆく。原発立地に関する詳細な行政スケジュールについては、第3章の図3-8にまとめてある。

　このように行政スケジュール化が進行すれば、町村財政は新しい税収を見込んで拡大基調になり、地元経済界は建設を前提にして動きはじめる。地元では若年者の新規雇用に対する期待が高まる。このようななかで、潜在的リスクに対する不安感を発言することには大きな制裁が伴うようになり、選挙においては必ずしも争点にならない政治文化が醸成されてゆく。じっさいに建設されれば、地元では最大規模の雇用が発生するから、なおさら異論は唱えにくくなる。このようなローカルレジームを各地に形成しえたため、日本の原子力政策は1990年頃まで、驚くべき安定したペースのもとに（清水 1992）、炉の増設を続けてゆくことができた。

　しかし一方で、これらローカルレジームのもとでも激しい反対運動は持続し、発電所が建設されたのちも地域社会を二分する潜在的争点となり続けた。さらに、多くの「地域開発レジーム」が企業誘致のために自治体財政に負荷をかけたのに対して、「原発レジーム」の場合には全く逆に、財政に大きな余裕を与えることになった。その結果、ほとんどの「地域開発レジーム」が失敗と評価されるのに対し（宮本 1989: chap.5）、「原発レジーム」は少なくとも1990年代前半までは成功したレジームだったともいえる（2章）。ただし、原子炉の建設が終了すると、それが建設需要の低迷だけでなく制度的問題から財政の縮小をもたらし、問題点が噴出することも急いで付け加えておかねばならない[16]。

　このように「地域開発レジーム」の変種としてうまれたレジームの方が、息長く変わらぬ地域統治を続けてきたこと、それにも関わらず潜在的争点は消えなかったことに、柏崎の動揺の源泉はある。また巻という小さな都市が日本を揺るがすようになった遠因も、部分的にはこうした特徴に由来すると著者は考えている（4章）。

3.4 内発的発展レジーム

　地域開発レジームが崩壊したのち、一部の自治体では市民の態度を代表しつつ、地域内の資源によって発展をはかるようなレジームが形成されることもあるだろう。すでに 1980 年代から「むらおこし」「まちおこし」がいわれ、大分の由布院町や黒川温泉、北海道のニセコ町、滋賀の長浜町など、成功例として知られるようになった自治体も多い。いわば「まちづくりブーム」の中で、これらの自治体への視察が引きも切らない状況になっている。これらの自治体に共通するのは、自らの地域内の資源を見つめ直し、それらを有機的に組み合わせて地場産業を再構築したことである。宮本憲一は、このような発展のあり方を、「地域開発レジーム」のような外来型発展と区別して「内発的発展」と呼んでいる。かれによれば、内発的発展の原則は以下の 4 つにまとめられるという (宮本 1989: chap.5)。

① 　地域開発が大企業や政府の事業としてでなく、地元の技術・産業・文化を土台にして、地域内の市場を主な対象として地域の住民が学習し計画し経営するものであること

② 　環境保全の枠の中で開発を考え、自然の保全や美しい街並みをつくるというアメニティを中心の目的とし、福祉や文化が向上するような総合され、なによりも地元住民の人権の確立をもとめる総合目的を持っているということ

③ 　産業開発を特定業種に限定せず複雑な産業部門にわたるようにして、付加価値があらゆる段階で地元に帰属するような地域産業連関をはかること

④ 　住民参加の制度をつくり、自治体が住民の意志を体して、その計画にのるように資本や土地利用を規制しうる自治権を持つこと

　住民投票によって自らの町のことを自らで決めるという姿勢を示した巻町は、いわば 4 つめの原則を体現しつつあったのであり、そのまま進めばさらに地域内循環を作り出すような内発的発展に移行するように見えた。地元紙『新潟日報』は住民投票以後、そうした特集を盛んに組み、また多くの学者

34

も巻町の内発的発展に期待をかけた。しかし結論的には、8年間の泥沼の対立のうちに巻町はこの「内発的発展レジーム」の可能性を閉ざしてしまったといえる。なぜ内発的発展レジームが成立しえなかったのか考察し、潜在的にあった可能性から新しい地域社会の課題を考察することが第6章の課題となるだろう。

　以上見てきたようなローカルレジーム類型変動が、2都市における選択を決めていったのではないか。第2章・第3章において、上記の類型を当てはめながら2都市の歴史を振り返り、第4章において因果関係を整理する。

4節　本書の意義と方法

　これまでの記述において巻町の事例が、理論的・実際的にどのような意義を持つのか説明してきたが、1章の最後に都市研究・地域社会学・地方政治論の各研究分野から見たときの意義として、視点を変えてまとめておきたい。また4.4節において調査の方法論についても簡単に説明しておきたい。

4.1　都市研究としての意義

　本書は、都市間比較研究を志向している研究である。すでに導入で述べたように、条件の似た二つの都市を比較することによって、さまざまな理論的成果を生み出そうとしている。都市社会学のなかで、都市類型の研究はなされていたものの、都市間を明示的に比較するような研究は未開拓である。

　たとえばアメリカでは、権力研究や環境問題研究で必ず引用される『大気汚染の非政治』(The Un-Politics of Air Pollution) (Crenson 1971) がインディアナ州の二つの都市を比較しているように、この手法によって多くの成果が生み出されてきた。日本でも数都市の記述と分析を集めて1つの本にしたものはあるが(たとえば鰺坂・高原編 1999)、明示的な比較を行っているわけではない。いくつかの条件が共通している実験群と対照群を取り上げ、それにも関わらず結果が異なるのは何故か問うことは、社会学の基本的手続きの一つである。

その点で、原発という共通のイシューを持つ新潟の2都市は好都合であった。4章において2都市の比較は、レジームをめぐって、住民投票運動をめぐってなど、さまざまなサブテーマを介して行われる。

4.2 地域研究としての意義

　ふりかえってみれば、高度成長期の地域開発政策に対する批判的検討を行うことは、地域社会学の重要な課題をなしてきたといってよい。この問題をめぐっては、福武直にはじまる多くの地域社会学者が動員され、『地域開発の構想と現実』(福武編1965)にはじまる実証調査を積み重ねてきた。こうした調査はしばしば「構造分析」と称され、地域社会を政治、経済、家族などの多方面から総合的に分析して全体像を浮かび上がらせようとするところに特徴があった。社会学の学問的熟練を基盤に、地域生活を営む人々の集団関係、社会関係とその論理を、綿密なインタビューや調査票調査によって明らかにすることができたので、地域開発の効果を検証する上では一定の有効性を持ったといえる。新潟県内にあっても、糸魚川市を舞台として佐藤智雄・福武直らによる大規模調査が1960年代に行われ、『地方都市』(佐藤編1961)と題されたモノグラフとして残っている。当時の糸魚川市長中村又七郎は調査団に対して、学者としての学術論文作成に止まることなく、工場誘致の条件や観光事業の総合的基盤を見出してほしい、等の注文をつけた。完成した報告書には次のように熱心な序を寄せている。「いま私は、この報告書の刊行によって大糸線の全通、市庁舎の完工などにも匹敵する歴史的事業を完遂しえたと信ずる。これを活用する責任は私を超え、つぎの世界をきり拓く青壮年市民の双肩にある」。しかし残念なことに、こうした研究は必ずしもその後生かされず、短期的な視野に基づいた開発が続けられ、結果として多くのプロジェクトが失敗してゆくことになる。

　そればかりでなく1980年代になると、分析対象としての地域開発の意味が減殺されていった。このことに気づいた蓮見音彦・似田貝香門グループは、やがて福山市や神戸市といった都市分析へと焦点をうつしてゆく。そのさいのアプローチも、「国家論的観点を地域社会に応用」(似田貝・蓮見1993)

し、ネオ・コーポラティズム的再編下における都市官僚制の機能を摘出した
り、都市経営の動態を捉えることを主眼としてゆく。こうした一連の業績は、
構造分析の手法を脱構築しながら都市分析に応用したものと考えられる。し
かし、対象として地域開発を扱うという問題意識じたいは後景に退くことに
なった。

　また都市社会学の理論面では、M. カステルに始まる新都市社会学の業績
(Castells 1978=1984 など) に刺激されながら、集合的消費の拠点としての都市が
都市計画や社会運動の絡まり合いの中で形成されてくる過程が問題となって
くる。福武グループの分析の焦点が大都市に移行していったことは、このよ
うな理論的潮流の反映であったと見ることもできる。

　このように地域開発研究が社会学の手から離れているようにも見えるなか
で、近年ではむしろ、経済学の分野からの地域開発政策見直しが進み、重要
な文献が次々にあらわれている (遠藤 1999 など)。しかし、地域開発研究を社
会学が放棄してよいということにはならないだろう。地域開発をめぐる分析
は、地域の民主化や内発的発展をめざす強烈な問題意識に支えられたもので
あり、家や住民団体といった集団のあり方を分析することから団体自治の方
向性を模索するものであった (中筋 1997)。こうした課題の重要性は、地方小
都市にとっては、なお切実なものである。そして、大都市の分析へと焦点を
移していった蓮見・似田貝らもまた、こうした問題関心を継承する立場を
とっていたと見ることができる。「こうした研究からわれわれが批判的に継
受するのは、〈公共政策 (開発政策) は都市社会全体をどのように変動させた
か〉というテーマから、都市社会を全体として分析しようとした視点である」
(似田貝・蓮見編 1993: 3)。

　それならば、福武以来継続している「団体自治の方向性を模索する」問題
意識を、ふたたび開発政策を素材にしながら継受してゆきたい、と考えてい
る。「地方の時代」といわれた時期、戦後かつてないほどローカルなものに
注目されたが、その位相について十分な総括がされたとはいえない。そのた
め、今日になると、かつての蓄積からは切断された形で、「グローバリゼー
ションの中のローカリゼーション」というような流行の見出しが踊る結果と

なっている。そのような「対決と蓄積の上に歴史的に構造化されない」(丸山 1961: 6) やり方ではなく、古いものと新しいものとの連続と断絶を検討しなければならない。

このような意味で、2都市の50年間の歴史を丁寧にあとづけ、部分的には地域開発の簡単なバランス・シート分析も試みる。

4.3 地域政治研究としての意義

政治学分野に対しても、本書は意義ある貢献をなしうると考えている。

1990年代近くなっても、「これまで地方政治は旧来のドブ板政治的なイメージで語られるしかなかった」(中野 1988) というのが主流政治学者たちの把握である。本当に「ドブ板」イメージだけが定着していたならば、それは政治学者の怠慢を示すものだが、おそらく「ドブ板」イメージの大きな部分は、これまで政治学の分野では唯一の地域政治モノグラフといってもよい Curtis の『代議士の誕生』(Curtis 1969=1971) に由来するのだろう。

こうした「ドブ板」イメージに対する反動として、1980年代の政治学では「地方の政治化」(高寄 1981) が華々しく主張されるようになった。この場合の「政治化」とは、地縁血縁関係の弛緩に対応して行われる政党化 (北原 1983) を意味し、また、地方議員による中央との競争という意味での政治的活性化を意味した。モダンアナリシスは「地方議員の、中央からの相対的自律性」を明らかにしようとし (村松・伊藤 1986)、地方議員のブローカー的活動や、地方議員の政党化現象に着目し、「ドブ板政治」的イメージを革新しようと試みた。中にはポストモダンのきらびやかな文献を散りばめた末に「地方議員の活動に改めて注目せよ」という凡庸な結論を出さざるを得ないものまであった。これらの努力は好意的にみれば保革イデオロギーを越え、多元主義的な観点から地方政治を見直そうとする努力だったかもしれない。

しかし、このような理論的流れに対して、社会学者は一貫して冷ややかだった。「それ地方の政治化という主張は担い手たる集合的主体を欠いており、現実政治がこの方向に動き出したと信じうる事実の根拠は乏しい」(間場編 1983: 39)。さらに、この時期にいくつかの自治体では財政危機が表面化し、

それを旧来の町内会的編成の再編によって乗り切った福山市のような事例もある（似田貝・蓮見編 1993）。残念ながら、「地方の政治化」を唱えた論者たちがこうした地域の動向に十分な注意を払っていなかったことは、その後の研究史が実証する。皮肉なことに、「地方の時代」が叫ばれた 1980 年代以後にこそ、中央政治の再編にも関わらず地方の構造が基本的に変化していないという現実を、政治学者たちは認めざるを得なくなっているからである。いわば通奏低音のように地方政治を支配する「政治文化」を無視できなくなったのである（中野 1988）。社会学者たちが指摘してきた「草の根保守主義」（間場 1983: 67）がその核をなしている。「むらは、自治体選挙において部落推薦のむらぐるみ選挙を出現させるとともに、国政選挙においては政権政党たる自民党の地盤として、草の根保守主義を示すこととなる」。こうした「草の根保守主義」や地区推薦の強い生命力を指摘する研究は、90 年代初頭にも継続している（春日 1996）。その中で、ふたたび政治学は地域政治に対する関心を失った。近年では地方分権が流行のテーマとなっているものの、地域政治の実態と地方分権論議を結びつけてゆこうとする指向性には乏しい。たとえば地方分権一括法のなかで「地方議会の活性化」が謳われていることに対する、政治学者の目立った反応はないように見える。

　このように、表面的にはすっかり熱が冷めたように見える地域政治研究が見逃している、静かな構造変動が、80 年代ではなく現代の「地方」には起きているのではないだろうか、ということを、本書では全体として示唆している。その政治学的な意義を捉え、とくに巻町における住民投票運動が開示した意味を検討するために、6 章では民主主義理論に関する考察を試みている。

4.4　調査の方法論

　様々な主体に丹念に取材するとき、そこには様々な意味や意図が溢れており、やり方によっては生き生きとした政治の姿を浮き彫りにすることができる。このような分析に成功したモノグラフとして、カーチスのほか、高畠通敏の著作（高畠 1986 → 1997）を挙げることができよう。

　私の方法がこれまでの地域研究と異なるのは、紛争に関わる当事者のイン

タビューを重視し、インタビューの言葉をそのまま引用することにした点である。対象者の論理を正確に引き出すため、調査はどちらの都市においても間隔をおいて 5-7 回行われ、ほぼ同じメンバーに繰り返しインタビューを行っている (Appendix 1 参照)。したがって、特定のインタビュー対象者に最大で 10 回以上の聞き取りを繰り返していることになる。このような方法は2 つの偏りを持つ。第 1 には、サーベイ調査にあまり依存していない (2003 年末にはサーベイも実施しているが) 分、記述の客観性は確保しにくいということであり、第 2 には、類似のインタビュー調査と比較すると、聞き取りの範囲がごく少数のメンバーに限定されている点である。

　したがって、とくに「民意」や「世論」に言及するときに、記述の妥当性は限界を持つことになる。これらの問題は認めざるを得ないが、一方でこれらの偏りを持つことによって生まれた可能性もある。これまで述べてきたような時代の転換点と、その可能性を摘出するためには、大量調査では把握しきれない、当事者たちの論理を十分に消化することが必要だ、という点である。また、インタビュー対象者の論理を理解することに時間を費やしたため、文脈を無視した、ないし誤った引用を行う危険は減っている。

　こうした方法論は、似田貝香門が『住民運動の論理』(松原・似田貝編 1976)のなかで、当事者たちの論理体系を学問用語に変換して対立構造を記述しようとしている方法と共通する部分がある。また、近年の学問的著作のなかでは、森元孝による逗子の研究 (森 1996) が、同様に運動の各局面における論点・争点について、各当事者の論理を再構成し、それに対する著者の評価を示そうとつとめており、本研究もそれに似た方法論をとっているといえる。

　なお、これら先行する事例研究と異なる特徴として、本書では地元紙『新潟日報』や、その他の全国紙新潟版の記事からの引用が極めて多い。これは、かつてないほどマス・メディアによって住民投票が重視され、爆発的な報道が行われた (図 1-1 参照) ことによる恩恵である。もちろん、それに伴うバイアスには注意しなければならない。たとえば、新潟日報について「あの新聞はどうも偏っていますよ」(品田庄一・柏崎エネルギーフォーラム代表、99/2)という不満が、とくに推進勢力から聞かれる。しかし、こうしたバイアスを差

し引いた上でも、様々なイベント、発言、行為のデータベースとしての価値は高かった。私は、すべての記事に目を通したうえで、それら記事内容の裏付けをとることから、対象者への聞き取りを始めることが多かった。それによって、本書の信頼性を高めることができたと考えている。

こうした方法論をもとに、次章からは柏崎・巻の順に具体的な記述に入っていくことにしよう。

[注]

1 巻以降の2年間で実施された住民投票は次のとおりである。

	自治体	イシュー	議会採決日	投票実施日
1	新潟県巻町*	原発建設	1995/10/3	1996/8/4
2	沖縄県	日米地位協定と米軍基地	1996/6/21	1996/9/8
3	岐阜県御嵩町	産業廃棄物処分場の建設	1997/1/14	1997/6/22
4	宮崎県小林市	産業廃棄物処理施設の建設	1997/4/30	1997/11/16
5	沖縄県名護市	海上ヘリポートの建設	1997/10/2	1997/12/21
6	岡山県吉永町	産業廃棄物処分場の建設	1998/1/14	1998/2/8

2 ところで、ドイツ語にいう Offentlichkeit は「公共圏」と訳すべきであるという花田達郎の指摘がある(花田 1996)。それにも関わらず本稿で公共圏でなく公共性というのは、2つの理由からである。第1に、公私領域の境界線というよりも、「公共」の性質や定義権が焦点となっているからだ。第2に、公共圏はいまのところ「過程」として出現するもので、永続的ではないからである。さて「公共性」という言葉を使うことにした場合、この用語をめぐって多くの議論がある。1970年代における各種公害反対運動の研究(宮本 1989；松原・似田貝編 1976；西尾1979)や、1980年代における逗子・池子の森保存運動の研究(横倉 1989; 森 1996)などである。住民運動として有名な横浜新貨物線反対運動のフレームは「いま公共性を撃つ」(宮崎1975)であったが、このように官独占型公共性への対抗から出発して、「市民的公共性」の可能性を論じるというのが一般的なスタイルであった。

3 公共性の歴史については、古城(1977)の整理があるが、これは地域開発政策を軸としたものなので、本稿では住民運動の展開を軸にした整理を試みた。なお、1975年が住民運動の量的減少という画期をなすことについては、中澤ほか(1998)

で実証した。この点も含め、時期区分の根拠については、中澤（2001）で詳しく述べている。

4　「日本においては、公＝公権力と対等である私＝市民社会の形成をみることなく、公と私の相互転換の原理をもちつつ、公と私が上下に序列され、それが支配と被支配の関係を構成してきた。それだけに、公に独占的に掌握された公共性は、共同性を欠いていたとしても「下じも」へ容易に強制しえたのである」（山本 1982）。

5　齋藤純一は次のように指摘している。「つい 20 年ほど前までは、『公共性』という言葉は多くの人にとって否定的な響きを持っていたのではないかと思う。『公共性』は官製用語の一つであり、それが語られるコンテクストもごくかぎられていた。それは、鉄道、道路、発電所、港湾などの建設を推し進めようとする政府が、『公共事業』に異議申し立てを唱える人びとを説き伏せるための言葉、あるいは、生命・生活の破壊を訴える権利主張を『公共の福祉』の名の下に退け、人びとに『受忍』を強いる裁判官の言葉だった」（齋藤 2000: 1）。

6　たとえば次のようなインタビュー記録がある。「東京で使う電気を新潟で発電する必要はない、という反対派の理屈は止めたほうがいい。われわれ『助け合い』を重視する年寄りには受け入れられない」（Interview 2002/03, 元町議会議長山賀小七氏）。

7　この発想は、朝日新聞 2002/02/27「経済気象台」に示唆を得た。

8　東京都、埼玉・神奈川県、横浜・川崎市の 5 革新自治体が設置した「首都圏地方自治研究会」によって開催されたシンポジウム。

9　彼によって提示された「地方の時代」の戦略目標は 3 つである。①住民要求へアド・ホックに対応した総花・積み上げ主義的な自治体政策ではなく、優先順位や相互依存とトレード・オフ関係をシステム化した自治体政策への転換。②これまで自治体改革をリードしてきた地域民主主義論に肉体を付与すること、すなわち地域に経済、社会、生活的なまとまりとその実体を与えるため、中小都市の復位と大都市内部で自立的な自治体の確立を図ること。③ともすれば行政参加そして総受益者化の傾向を持った市民参加を、本来の自治の担い手たる市民の自助に定礎された市民自治へ拡大すること。

10　「地方の時代」という概念を生んだ革新自治体は、まさに高度成長下だったからこそ大きな成果を生むことが可能だったという指摘もある（内仲・坂東 1979: 163）。また「善政主義」「ばらまき」批判や、参加の行き過ぎ批判が打ち出され、1960 年代後半には多数成立した革新自治体も、周知のとおり 70 年代後半には退潮していった。

11　このような認識は、高畠通敏の次のような指摘と重なる。「70 年代後半以降の

低成長経済への移行と成熟社会化は、日本全国に新たな政治の力学を生みだしてゆく。大都会の郊外住宅地帯を中心に、豊かな社会が定着した地域を先頭に、成長経済時代の利益政治－福祉政治から解放された人びとが、若者や女性を中心に次第に厚みを増し、そこでは、アイデンティティ・ポリティックス、文化政治、ライブリー・ポリティクスなどと呼ばれる新しい争点、政治への新たな関心の基盤が拡がりはじめた。そしてそれを先取りした、文化主義的な〈革新〉政治が、旧来の保守と革新の対立をこえて唱導されるようになる。「地方の時代」や「住民本位の政治」は、まさにその合言葉として、中央直結的な利益誘導政治や福祉ばらまき政治に対置された。そしてそれが、従来のエリート官僚とは違う自治省出身官僚によって主導されたとき、それまでの保守と革新の対立の溝は埋められ、日本の各地に、大連立型の地方政府、協調主義的な地方政治が生まれはじめたのだった。」(1986 → 1997: 276)。

12　以上の 2 点は、(新藤 1998: 5-8) の指摘による。

13　「エリート」(elite) という用語は英語文献だけでなく、政治社会学の日本語訳のなかでも使われているが (佐藤 1988)、それでも日本でこの語を用いると中央レベルのテクノクラートと混同されることが多い。そこで、無用の誤解を避けるため、elite の訳語として「有力者」という用語をつかう。この用語法については、矢部 (2000) に示唆をうけた。

14　ここで登場した governance という用語について、注意を促しておく必要があろう。イギリスの地方政治に関しても同様の概念化がなされている。たとえば、「地方統治 (local governance) は地方における経済的、社会的環境を管理する諸関係のあまりフォーマルでない構造であり、換言すれば、地方政府・中央政府の諸関係、民間部門および市民グループ間の諸関係である」(Hampton 1991=1996、訳はそのまま) というような定義がある。これら、地方政治の分野における governance 概念の意味内容は、「共治」や「協治」という日本語訳があてられることからも分かるように、市民と政権とのパートナーシップによって新しい地域の公共性を創出するような意味合いが与えられている。したがって、このようなパートナーシップが成立したのはごく最近のことだという立場もありうる。このような立場をとる場合、歴史を記述するときに governance 概念や、それを定義に採用している regime 概念を用いるのは不適当だということになろう。しかし、3 節で言及するレジーム論者たちは過去に遡って governance 概念と、それによって支えられる regime 概念を用いていることが多い。そこでは、たとえば「世話役的レジーム」(caretaker regime) であっても、選択的誘因の供給によって市民の協力取り付け＝governance に成功したものと見なされる (Stone 1989: chap.9)。日本の例でいえば、名望家の世話役的活動＝庇護と随従の民主主義 (patron-client democracy) もま

た、1つの governance であると見なすのである。もちろん、こうした便宜的ともいえる用法に対する批判は多く存在する（Cox 1997: 100; Stoker 1995: 62-63）。しかし、本書ではこのようなマイナス面よりも、権力構造移行のダイナミズムを表現しやすい用語というメリットに着目して、「ローカルレジーム」という用語を全体にわたって使用する。関連して、governance を「ガバナンス」と訳し続けることにする。

15　なお、彼の演説すべてにいえることだが、大言壮語しているようで数字はきわめて正確である。7基の原子炉を持つ柏崎刈羽発電所の発電能力は821.8万 Kw、昭和20年末の日本全体の発電能力は869万 Kw 程度（『日本産業史』による）であって、確かにこの演説でいわれている内容は実現されたのである。

16　こうした特徴は、先行した福島県のいくつかの立地地域ですでに明らかになっていたことでもあった。（清水 1992; 守友 1985; 山川 1987）など参照。

第2章

「角栄の風土」の原発都市

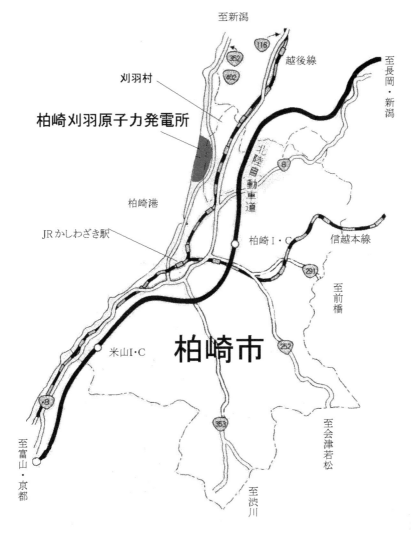

柏崎市周辺図（『柏崎日報』の図に加筆）

1節　「陸の孤島」の悲願と原発

　柏崎の名は、険しい断崖が続く日本海岸にあって、漁師たちが目印にした一本の柏の木によるとつたえられる[1]。海にむかって開いた柏崎は、山がちな地域における交通の要衝としての役割を果たしてきた。越後は中世において、縮布の原料となる青苧の代表的特産地だったが、近隣の高柳や松之山からの苧は柏崎に集荷された。守護大名として中世の越後を支配した上杉氏は、柏崎において海軍を整え、佐渡や村上に遠征していった（『市史』上：701）。

　交通の要衝には文化も蓄積されやすい。佐渡に流されていた日蓮が1274年に許されて関東に戻るさい、嵐に流されて着岸したと伝えられる海岸には、こんにちでも小さな社が祀られている。また一遍上人の時宗は柏崎刈羽で最も盛行し、やがて浄土真宗が深く浸透していった。この基盤のうえに、出雲崎に暮らした良寛上人が人々の信望を集めるのである[2]。また、刈羽郡と頸城郡の境をなす名峰は、市内のどこからでも望むことができ、こんにちでも「米山さん」と親しまれ民間信仰の対象となっている。

　高田藩領となった柏崎には[3]、1742年から陣屋が置かれた。佐渡金山から出雲崎を経由して江戸に至る北国街道の中継点としての重要性もあった。陣屋の代官所には200人程度の役人が勤務し、近郷の大肝煎・大庄屋・町年寄に指示を出した。柏崎町の特権商人は回船問屋として蔵米流通を握り、全国に知られた越後縮・小千谷縮の行商で莫大な利益を上げた。それは柳田国男をして、成功した出稼ぎ年季奉公人を「越後伝吉式移民」と名付けさせたほどである。北国街道沿いに新富豪が産しているのには理由があるのだ（柳田1929）。越後伝吉とその子孫たちは、この交通路に沿って入ってくる新しい文物を収集し、書画骨董からハイカラな衣料・機械に至るまで壮大なコレクションを作った。それらはこんにち、米山大橋を通る国道8号線の脇に「柏崎コレクションロード風の丘」として展示されている。

　いっぽう、新田開発の余地が少ない刈羽の農民は豊かにはなれなかった[4]。それゆえ天保飢饉さなかの1837年、農民の貧窮を見かね、大塩平八郎に影響された国学者が柏崎陣屋に討ち入る事件も起きる。「生田萬の乱」として

日本史に名を残した反乱である。しかし生田萬は土着の人間ではなく、農民の支持を得られないまま半日後に海岸で自害した。近代以降にも、目立った小作争議の歴史もなく、農民が地域史の主役となることはなかった。この地域が本質的に、自立経済ではなく流通経済によって成立していることを意味する。

1.1 「裏日本」化する「陸の孤島」

明治初期まで越後は大県であり、明治初年に日本最大の人口を持つ府県は新潟県であった[5]。その越後が、松方デフレ以降において、他の地域に比べ開発の恩恵に浴さず、過疎化していったことは、近年「裏日本化」というテーマのもとに歴史家たちが成果を発表しているところである (阿部 1997; 古厩 1997)。阿部によれば、明治 25 年の日清戦争頃から裏日本という言い方が発生し、30 年代からは差別的な意味が込められるようになったという。とりわけ、鉄道網と高等教育機関が太平洋側に偏って整備されたことが、その象徴とされる[6]。

その結果、多くの人材が流出した。近代 100 年の間に東京の人口は 7 倍になっているが、北陸・山陰諸県の人口は横ばいであり、「北陸・山陰諸県の自然増分に近い人口を、表日本側の工業地帯が吸収したことを示している」(古厩 1997: 9)。こうした流出を防ぐための悲願であった上越線敷設は「地勢厳しく、しかも雪が多くて工事は困難」として国から拒否され続けていた。魚沼選出の代議士岡村貢はついに私財をなげうち上越鉄道会社を設立、あしたの米にも事欠くところまで零落したが、その完成を見ることはなかった。全財産を治水に注いだ大竹貫一とともに、「井戸塀政治家」とされている (新潟日報社編 1983a: 102)。

日本経済が太平洋との交易を中心に回り始めたこともあり、旧北国街道の重要性は薄れ、柏崎は交通の要衝としての地位を大きく低下させた。さらに昭和以降ようやく整備されはじめた交通路も、県内の他地域を経由するようになった。佐渡からの渡船は新潟や糸魚川へ着岸し、東京から北陸への国道は直江津や糸魚川によって結ばれた。

その結果、もともと存在していた厳しい自然条件がクローズアップされてくる。三方を山に囲まれた孤立地は冬期ともなれば曇天に閉ざされ、強い季節風が海岸に吹き付ける。旅人は難儀した。地域に伝わる民謡「三階節（さんがいぶし）」は「柏崎から椎谷まで、あいに荒浜、悪砂、悪田の渡しがなきゃよかろ」と歌う。西の糸魚川と結ぶ旧国道8号が山筋を迂回してゆく地区では、雪崩・地滑りによる交通遮断がしばしばであった。さらに東の長岡に通じる線路と道路とは、曽地峠によって阻まれ、県下2位の大都市から隔離された生活圏をなす原因となった。

唯一柏崎にとって有利な条件があるとすれば、この一帯が日本有数の石油産地であることだった。とりわけ、太平洋戦争によって太平洋沿岸の石油精製会社が壊滅的打撃を受けるなか、日本石油柏崎製油所は戦後復興に大きな役割を果たした。昭和20年代までは、柏崎の産業はこの製油所を軸に、金属・機械工業によって成立していたのである。

1.2 革新レジームから地域開発レジームへ

戦後の柏崎では1951年から2期にわたる洲崎革新市政が成立した。この時点では、柏崎にはかなり広範な革新支持基盤があり、保守と拮抗していたことが、選挙結果を見れば分かる（**表2-1**）。のちに洲崎が吉浦栄一に破れた1959年すら、洲崎自身が収賄で逮捕されるという混乱にも関わらず票差は近接している。

洲崎は市政の基盤を作り、周辺町村の合併に取り組む一方、柏崎の将来像を「田園都市」とし、1957年には新農山漁村建設総合対策事業の適用を受けるなど、農業近代化施策を打ち出して行った。洲崎市政の主要事業は、福祉・教育の充実と都市計画であったといえる。

保育所3か所の新設、中学校全面改築などを実現したほか、県下各市に先駆けて国民健康保険事業を実施した。また洲崎が1955年に都市計画学会に柏崎の都市計画立案を依頼したのも、当時としては画期的なことであった。学会は試験的な試みとしてこれを全面的にバックアップすることになった。1957年に完成した「都市計画基本街路計画」には、市費6億円を含む23

億円が投入された[7]。このように、すでに洲崎市政の段階から柏崎は地方小都市としてかなり先進的な施策を打ち出しているが、とりわけ福祉政策の充実や都市計画の重視、そして当時異色とされていた原爆反対決議の提案などは1960年代後半の革新自治体を彷彿とさせるものがある。「革新レジーム」とでもいうべき思想と施策体系が存在したといえる。

　このように政策面では先進的といえるいっぽう、統治連合については「名望家レジーム」的な要素を持っていたと考えられる。洲崎家は地域の名門地主であったこと、59年の収賄疑惑に見られるようにゲームのルールが人格的・家産官僚制的であること、がその根拠である。

　この収賄疑惑なども原因となり、県会議員を一期つとめた吉浦栄一が59年市長選挙では勝利した。吉浦は産業政策の充実を訴え、「陸の孤島からの脱出」をスローガンとしていた。じっさい、当選直後の59年から60年にかけて集中豪雨や豪雪による災害が頻発し、米山峠では地滑りで国道8号が閉鎖された。61年夏には曽地峠の土砂崩れにより信越線が一月ものあいだ不通となった。すでに斜陽となりつつあった石油をはじめ、市内産業にとっては大打撃だった。吉浦市長と小林治助助役は市民から寄せられる苦情と要望に忙殺された（『市史』）。

　公共投資の回らない「裏日本」であればこそ、このような被害も起きる。何よりも、西の米山に橋をかけ、東の曽地峠にトンネルを通さなければならない、と統治者層は考えた。しかし中央省庁はこの時点でも冷淡だった。「あんな短い区間に橋をかけたいなんて、ほんのちょっとじゃないかと。柏崎は非常識だと、中央の役人にこう言われたんですわ」(Interview 99/2)と元市議会議長の武田英三氏は振り返る。当時は一般に、旧新潟三区地域[8]の豪雪ぶりはしられておらず、陳情にいくと「雪だ？証拠写真を持ってこい」と中央官僚に鼻であしらわれた悔しさがあちこちに伝わっているが、この話もその一類型である。

　しかし、「それを田中先生のところに陳情に行ったら、よし分かったといわれて橋ができたんです」と武田氏はいった。柏崎の隣町、西山から出た田

50

表 2-1　昭和 20 年代における柏崎の選挙結果

総選挙 (55 年体制形成まで)

選挙の回			候補者・年齢・党派			得票と得票率		柏崎の得票率
23	Apr-47	1	亘　四郎	49	自民現	49555	15.1%	
		2	神山　栄一	56	民主新	49350	15.1%	
		3	**田中角栄**	**30**	**民主新**	**39043**	**11.9%**	25.6%
		4	清沢俊英	58	社会現	37020	11.3%	
		5	稲村順三	48	社会現	26260	8.0%	
		次点	小林進	38	社会新	22389	6.8%	
24	Jan-49	1	亘　四郎	51	民自現	56570	15.1%	
		2	**田中角栄**	**32**	**民自現**	**42536**	**11.4%**	14.7%
		3	稲村順三	50	社会現	32492	8.7%	
		4	小林進	40	社革新	30611	8.2%	
		5	丸山直友	62	民自現	30386	8.1%	
		次点	清沢俊英	60	社会現	28077	7.5%	
25	Oct-52	1	**田中角栄**	**34**	**自民現**	**62788**	**15.4%**	19.4%
		2	大野市郎	41	自民新	57071	14.0%	
		3	三宅正一	51	社会現	52009	12.8%	
		4	稲村順三	51	社会現	50332	12.4%	
		5	亘　四郎	52	自民現	37429	9.2%	
		次点	小林進	42	協現	33807	8.3%	

市長選挙 (1950 年代)

年	候補者	前職	得票	得票率	備考
1951	洲崎義郎	農業	13184	68.1%	革新系
	三井田虎一郎	市長	6182	31.9%	
1955	洲崎義郎	市長	15320	50.9%	革新系
	吉浦栄一	県会議員	14767	49.1%	
1959	吉浦栄一	元県議	23651	58.9%	
	洲崎義郎	市長	16470	41.1%	革新系

出所　『柏崎情報』柏崎日報社

選挙の回		候補者・年齢・党派			得票と得票率		柏崎の得票率
26	Apr-53	1	田中角栄	34	自由現	61949	15.8%	22.3%
		2	小林進	42	社会元	56586	14.4%	
		3	稲村順三	52	社会現	51574	13.2%	
		4	亘 四郎	53	自由現	46690	11.9%	
		5	三宅正一	52	社会現	42781	10.9%	
		次点	大野市郎	42	自由現	41365	10.5%	
27	Feb-55	1	稲村隆一	56	社会新	66346	15.4%	
		2	田中角栄	36	自由現	55242	12.9%	15.1%
		3	大野市郎	44	自由元	48330	11.3%	
		4	亘 四郎	55	民主現	48310	11.2%	
		5	三宅正一	54	社会現	45653	10.6%	
		次点	小林進	44	社会現	43967	10.2%	

注1 革新系候補を色つきで示した
注2 次点未満の候補は省略したが、
　　得票率の計算の分母には含めた
出典 『朝日選挙大観』各年版等から作成
なお、田中得票率を表2-3と比較のこと。

中角栄は61年に自民党政調会長、62年に池田内閣の大蔵大臣となり、地元事業への優先的な「箇所づけ」を行える地位に上った。『市史』(下：782) も、「中央政界に人を得たという好条件が幸いして懸案諸事業が公共事業として着工されるようになる」と書いている[9]。「陸の孤島」からの脱出を目指す危機感と、田中の登場。プッシュ要因とプル要因が一致した61年以降の事業の拡大ぶりは目を見張るものがある[10]。交通網整備が急ピッチで進み、市財政の拡大も著しい(**図2-2**)。

　人々は吉浦と田中の活躍により、「票をいれれば地元に日が当たる、それが民主主義」[11]と知ったのだ。これに対し、日農の伝統から力を持っていたはずの革新勢力はずるずると後退してゆく。とりわけ、地元に対して経済的

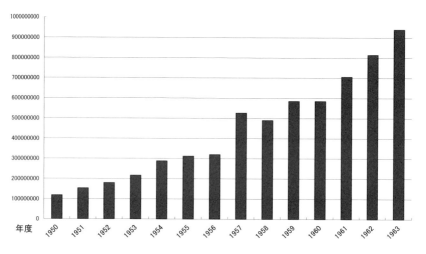

図 2-2　柏崎市財政の推移 (1950-1960s)

意味を持つ施策を打ち出せなかったことが大きい[12]。角栄を選出する新潟三区地域は、61 年頃を境に彼の強固な地盤となってゆく（63 年の 30 回総選挙における得票率の伸びをみよ）。

柏崎においても、田中の得票は 5 割に近付いた (**表 2-3**)。のちに、ロッキード事件発覚後の 1976 年選挙において、在京各マス・メディアが「角栄を当選させることは新潟の恥」と書くなか、新潟三区は田中に 17 万票を与えた。さらに判決後の 83 年総選挙のときには空前の 22 万票を与えた。これらの票の意味は、以上のような歴史的事情を知らなければ理解できない[13]。

ともあれ、63 年に市長となった小林治助は、吉浦の路線をさらに加速し定着させた。柏崎市・吉田町が低開発地域工業開発地区の指定を受け、国の進める地域開発政策に自らを適応させていったのは就任わずか半年の 63 年 10 月である。県内他地域は、この指定が大きな意味を持っていたことを後に知る。巻町が農業都市としての性格を消し去れないのに対し、このとき柏崎とともに指定を受けた吉田町は工業都市に変貌していった。小林は日本の国家主導型地域開発の意味を早くから理解していたといえる。吉浦市政の

「陸の孤島からの脱却」という看板はかけ直され、「地域格差是正と人間尊重」が謳われた。柏崎のローカルな視点を越えて、国家政策の流れを視野に入れていたことの一つの証拠である。「地域格差是正」はのちに新全総のキャッチフレーズとなる。

　小林は職員に対して、「常に国の動向に注目し、先進的に導入せよ」と指示した。国が補助金施策を打ち出すと柏崎が全国でも1、2を争う早さで反応し、対象地域に採択されるパターンはこの中で確立されたものである。その例として、通産省の中小企業近代化資金助成法を利用した柏崎機械金属団地協同組合の設立、農水省の農業用ガソリン税還元を利用した農免道路の建設など枚挙にいとまがない。

　3期続けて大蔵大臣をつとめた角栄という後ろ盾もあった。こうして柏崎は、高度成長期の国家政策をうまく梃子にしながら、産業基盤・都市基盤整備を急速に進めてゆき、第2次産業の都市へと離陸をはじめた。洲崎市政の革新レジームは、ここでほぼ解体したといえる。①中央政府から供給される情報・補助金による政府能力の増大、②統治者層の商工派への入れ替え、③国の動向を先取りし、成果を地域に配分するというゲームのルール。代わって登場した「地域開発レジーム」の特徴はこうしたものである。

　こうして構築されつつあった「地域開発レジーム」が、さらに原発レジームへと展開してゆく。

1.3　原発誘致の前提と評価

　小林市政のもとでも、若者の流出は続いており、高校新卒の定着率が30%を割っていた。そこで二期目に入った小林のもとで形成された新しい統治レジームの課題は、若者を定着させることを措いてなかった[14]。具体的に掲げられたことは2つである。1つは、多様な職場による雇用の場の確保である。日本電気、塚本精機などの工場が誘致された。理研やウオシントンも設備を拡張した。これを契機に、こんにち見るような、地方小都市としては充実した企業群が出来上がった（**表2-4**）。2つ目は、都市施設の充実による魅力づくりである。市民会館、勤労青少年ホーム、コミュニティ・センター、中越

54

表 2-3　総選挙と柏崎地区の田中得票率 (1958-1983)

回	年月	当順	候補者	年齢	党派	得票	得票率	柏崎
28	May-58	1	田中角栄	40	自民現	86131	20.9%	33.0%
		2	小林進	47	社会元	55399	13.4%	
		3	亘　四郎	58	自民現	54643	13.2%	
		4	三宅正一	57	社会現	52377	12.7%	
		5	大野市郎	47	自民現	51739	12.5%	
		次点	稲村隆一	60	社会現	44542	10.8%	
29	Nov-60	1	田中角栄	42	自民現	89892	22.2%	35.4%
		2	稲村隆一	62	社会元	66007	16.3%	
		3	三宅正一	59	社会現	51802	12.8%	
		4	大野市郎	49	自民現	51239	12.7%	
		5	小林進	50	社会現	50965	12.6%	
		次点	亘　四郎	61	自民現	44110	10.9%	
30	Nov-63	1	田中角栄	45	自民現	113392	25.0%	42.7%
		2	村山達雄	48	自民新	47647	10.5%	
		3	稲村隆一	65	社会現	45493	10.0%	
		4	小林進	53	社会現	44945	9.9%	
		5	亘　四郎	63	自民元	44331	9.8%	
		次点	大野市郎	52	自民現	40770	9.0%	
31	Jan-67	1	田中角栄	48	自民現	122756	25.2%	43.6%
		2	大野市郎	56	自民現	62006	12.7%	
		3	三宅正一	66	社会元	55377	11.4%	
		4	村山達雄	51	自民現	54563	11.2%	
		5	稲村隆一	68	社会現	45074	9.2%	
		次点	小林進	56	社会現	43455	8.9%	
32	Dec-69	1	田中角栄	51	自民現	133042	29.9%	42.7%
		2	村山達雄	54	自民現	58675	13.2%	
		3	大野市郎	59	自民現	50045	11.3%	
		4	小林進	59	社会現	45698	10.3%	
		5	三宅正一	69	社会現	39237	8.8%	
		次点	金子一夫	37	公明新	36063	8.1%	

注　表 2-1 と同じ。

回	年月	当順	候補者	年齢	党派	得票	得票率	柏崎
33	Dec-72	1	**田中角栄**	54	**自民現**	182681	40.3%	45.9%
		2	小林進	62	社会現	58217	12.8%	
		3	三宅正一	72	社会現	55363	12.2%	
		4	村山達雄	57	自民現	48329	10.7%	
		5	大野市郎	62	自民現	39867	8.8%	
		次点	古川久	34	公明新	30747	6.8%	
34	Dec-76	1	**田中角栄**	58	**無現**	168522	32.2%	37.8%
		2	小林進	66	社会現	54302	10.4%	
		3	三宅正一	76	社会現	54035	10.3%	
		4	渡辺秀央	42	自民新	40188	7.7%	
		5	村山達雄	61	自民現	37107	7.1%	
		次点	大野市郎	66	自民現	33333	6.4%	
35	Oct-79	1	**田中角栄**	61	**無現**	141285	27.8%	33.3%
		2	村山達雄	62	自民現	59320	11.7%	
		3	三宅正一	78	社会現	52060	10.3%	
		4	小林進	63	社会現	49755	9.8%	
		5	渡辺秀央	45	自民現	48454	9.6%	
		次点	桜井新	46	自民新	48315	9.5%	
36	Jun-80	1	**田中角栄**	62	**無現**	138598	29.5%	36.7%
		2	桜井新	47	自民新	70926	15.1%	
		3	渡辺秀央	46	自民現	69472	14.8%	
		4	村山達雄	63	自民現	57281	12.2%	
		5	小林進	64	社会現	55031	11.7%	
		次点	三宅正一	79	社会現	53973	11.5%	
37	Dec-83	1	**田中角栄**	65	**無現**	220761	42.7%	46.0%
		2	村山達雄	66	自民現	48324	9.3%	
		3	渡辺秀央	49	自民現	47118	9.1%	
		4	小林進	67	社会現	44088	8.5%	
		5	桜井新	50	自民現	40931	7.9%	
		次点	野坂昭如		無新	28045	5.4%	

56

表 2-4　柏崎における資本金 3000 万円以上の企業 [16]

番号	企業名	資本金(万円)	設立年	営業内容	従業員数(人)
1	アール・ケー・イー	3000	1988	鉄骨・電気工事等	112
2	阿部建設	4500	1954	土木建築	86
3	石橋組	5000	1965	土木建築工事請負	114
4	石塚製菓	4500	1982	菓子製造	59
5	**植木組**	**531500**	**1948**	**建築、土木等**	**1034**
6	**柏崎シルバー精工**	**49000**	**1969**	**事務機、編機、情報機器等**	**200**
7	柏崎運送	9000	1950	貨物運送	220
8	柏崎製氷コパジ	4500	1951	食料品卸販売、製氷冷蔵他	25
9	柏崎電工	3000	1975	電気工事	20
10	小松柏崎シャリング	6000	1981	道路機械部材製造	31
11	小林組	4000	1946	土木建築工事	58
12	近藤製作所	3000	1963	印刷機械、工作機械等	77
13	サイカワ	6235	1940	伸線機	127
14	酒井鉄工所	5000	1969	自動車部品、機械部品等	107
15	シモダ産業	9000	1962	コウテットサンド製造等	80
16	スポット	3000	1986	日用雑貨等小売	28
17	タカハシ	4200	1951	オートバイ、ボート等	114
18	東北工業	5000	1943	建築工事、土木管工事等	88
19	藤真工業	3000	1974	建築工事、不動産分譲	40
20	中村石油	10000	1950	石油製品、住宅設備等	170
21	日本メッキ工業	9600	1947	硬貨クロームメッキ	145
22	フジムラ	4500	1978	生コン製造等	100
23	**ブルボン**	**103600**	**1924**	**菓子製造**	**1405**
24	藤村ヒューム管	8000	1947	ヒューム管、パイル	430
25	北越空調	3000	1979	管工事請負	28
26	北陸施設工業	5000	1977	土木工事請負	82
27	宮田才吉商店	3000	1958	製鉄原料、製紙原料等	25
28	村田建設	4000	1963	土木建築工事	24
29	大和運送建設	5000	1955	建設工事、運送事業他	111
30	大和商事	3500	1948	石油卸小売等	111
31	ユニテック	5000	1985	コンピューターソフトウェア開発等	67
32	米山観光	10500	1966	ホテル、飲食、土産品	105
33	**リケンキャステック**	**20000**	**1957**	**自動車部品**	**270**

出所　『1997 新潟県年鑑』新潟日報社より作成

スポーツハウスなどの建設が相次いで進められた。

　しかし、小企業を誘致しても雇用拡大には限界がある。また都市施設の建設は、市の限られた財源のなかでは思うように進まなかった。やはり大企業が誘致される必要がある。しかもこのころ(1966)、日本石油は外国産石油と技術革新競争に太刀打ちできず、操業停止に追い込まれようとしていた。大口の雇用と、安定した固定資産税を確保したい。余剰となった重油を使うことで発電所を誘致出来ないだろうかと小林は考えていた[15]。助役時代の1961年に火力発電所建設陳情のため東北電力新潟支店を訪れている。

　このとき、支店長の舘内一郎から「柏崎は原子力発電をお考えになってはいかがですか」という返事を受けたのが、柏崎と原子力とが結びついた瞬間である。しかし、当時原子力について何も知らなかった小林氏は、問題をすりかえられたという印象を持ったという[17]。彼が本格的に原子力発電所を考え始めるのは、1962年市長就任の挨拶に、理研ピストンリング工業[18]の柏崎本社をたずね、会長の松根宗一(のちに電気事業連合会副会長)[19]、社長の松井塚磨から話を聞いたときである。松根はこのとき既に、荒浜に立地するという具体的なプランに言及している(吉田 1982: 212)。こうして、柏崎原発計画は当初から東京財界の中枢と結びついていたのであり、事業者が新潟を管轄区域としない東京電力になることも、この時点で約束されていたといえる。

　小林と東京電力は、県庁幹部ルートと知事ルートという二つを介して結びついたようだ(吉田 1982)。直接の面会は、1968年8月に小林が上京し小松甚太郎常務と会ったときという。市長は当初、人里離れた山中ならば安全問題もクリアされると考え、地下水の湧く北条町程平を提案して、通産省に「冷却水はちっとやそっとの量では駄目なのです」と一笑に付されたという挿話がある。冷却水を取れる海岸ということなら、荒浜をおいて他になかった。市内各所で開発が進みつつあるなか、不毛の荒浜砂丘が残された課題ともなっていた(『柏崎市史』下: 825)。1966年6月には柏崎市議会が自衛隊誘致を決議している。工兵大隊によって道路を整備してもらえば一石二鳥という発想もあったようだ。しかし自衛隊側からは間接的に断られ、決議は宙に浮いていた。このときはまだ、市議会メンバーで原発計画のことを知っている人

は少なかった。

　荒浜は原子力発電所の立地としては申し分なかった。かろうじて桃の栽培がなされる程度の荒れ地だったから、地価はただ同然といわれていた。周辺には人家も少なく、原子炉立地指針もクリアできそうだった。ひそかに用地買収が始まったのは1966年頃であり、69年末までには9割の買収が終了している（『市史』下：790）。そして通産省委託による立地適地調査は1968年2月から開始され、これによって計画が公に知られた。ただ、この頃の小林は「あまり本気ではなかったのじゃないですかねえ」と、長野茂氏は回想した。「むしろ、その後反対する人たちと論争を深める過程で確信を作っていったんだと思います」（Interview 99/2）。

　市議会は4月に誘致研究委員会をつくった。翌年の1969年3月議会において、激論のすえ賛成多数をもって誘致決議は可決された。コンビナートなどと違って「公害がない」と判断した、当時としては可能な限りの安全の確認はした、と副議長席にいた武田氏はいう。長野氏は「情報がなかった … 私など、東京で開かれた原子力セミナーに参加してノートをとり、それをガリ版に刷って提供した。ただ、いま読んでみても間違ったことは書いていませんがね」（Interview 99/2）と当時の事情を教えてくれた。

　さて、2期目の小林市政はもともと、若者の定着のために雇用の場と都市基盤整備という目標を掲げたのだった。そのために原子力発電所が効果的と考えられたのは、それなりに整合的な論理である。じっさい、柏崎刈羽発電所は3000人の雇用を創出し、78年の着工以降に累計300億円以上の電源三法交付金、毎年100億円近い固定資産税が市にもたらされている[20]。しかし、その論理だけで原子力発電所誘致が決まっていないところに、こんにち問題がこじれる淵源があるといわねばならない。地元商工業者は、自らに small opportunities が供給されることを期待していたからである。

　たとえば、柏崎商工会議所が編集して1981年に出された小冊子『明日への創造』（柏崎市商工会議所 1981）においては、原子力発電所が地域経済に与える好影響として3つのものを挙げている。①建設費の地元投下　②いちじるしい雇用の増大　③自治体財政規模の増大、である。

このうち、とくに①に関しては、「柏崎市の場合には、地元産業界の積極的な原発建設への参加があり、東京電力も、徹底した地元優先発注、地元雇用の方針を打ち出している。したがって、これまでの例に見られるよりは、地元投資の比率はかなり高まることが期待される」(86) としている[21]。

また②に関しては、東電の直接雇用のほか、請負建設に関して「一号機運開までには一日平均で 3000 名以上の労働力を要する時期があり、二号機、五号機などと工期が重なると、その雇用数は 6000 名をこえ、それがかなりの長期間にわたることが予想される」(90) とか、「運転開始後も定期点検などがあるため、2000-2500 人の労働力が常時確保されており、出稼ぎ問題などについても、大幅にその悩みが解消されている」と述べられている。こうして、「雇用の促進と商工業の発展により、昭和 60 年には総人口が約九万人に増加すると想定されている」。これら期待された便益に対して、期待外れだったとする不満が、地元商工業者から後に噴出することに 4 節で触れる。

これに対し、日本原子力産業会議はすでに 1968 年の報告書で、地元の過大な期待に対して現実的な問題点を冷静に指摘している。「原子力施設の設置を全般的な地域開発の契機にしたいという願望が、地元では強い。ただ、これらの地域が一般に開発の条件に恵まれていないこと、地域の主産業が一次産業であることなどを考えると、開発計画の具体化と推進には相当の困難がある」。建設段階では「建設資材などの地元調達は少なく、直接的な効果の及ぶ範囲は大きくない」し、「地元労働力が建設業務に吸収される割合は大きくない。地元に求められる労働の種類は比較的質の低いものに限られる[22]。しかし、こうした指摘が地元に正確に伝達された形跡はない。原子力発電所誘致は当初の意図を越えて、地元商工業者に漠然とした、しかも巨大な期待を振りまいてしまったことは否めない。

ただし、雇用・財政・波及効果の 3 点セットは、コンビナートや工場といった他の地域開発誘致で各地の自治体が期待したものと同じである。柏崎だけが、漠然とした期待を振りまいたことの責めを負うわけではない。たとえばコンビナートを誘致した富士市が期待していたものもこの 3 点セットであった (福武編 1965)。逆にいえば原発誘致が、他の地域開発事業となんら変わら

ないと考えられていた点は、ここで注意を促しておきたい。この時点では、原発誘致とは「地域開発レジーム」の政策選択肢の1つに過ぎないのである。

　原発などなくても町の振興はできる、と主張していた人々も少数ながら存在した。たとえば後出の武本和幸氏である。「むしろ自分の身の丈にあった経済で良いのであって、原発という『特別な振興策』を呼ぶことは解決にならない」(Interview 98/11)。武本氏のこうした価値観は次のような哲学によって支えられている。

　　過密と過疎というが、この百年間というスパンの中で起きたことに過ぎない。むしろ、右肩上がりはおかしいというコンセンサスが出来てきたのではないか。地域開発はだからおかしいということろまでゆけばいいのだが。食糧の安全性などのいろいろな方法はこの百年の考え方だけでは解決できない。これからはむしろ、一人一人が食糧を作って行くような方向に戻って行くのじゃないだろうか。　　　　　Interview 98/11

　1970年代以降学会で注目される「脱物質主義」や、近年話題になっている「スローライフ」などの発想を先取りした考え方といえる。しかし、「陸の孤島」感のなかで地域開発を求める柏崎で、この価値観が多数の支持を得ることはなかった。

1.4　運動の展開と孤立化

　そもそも誘致決議の素早さに比べて、反対運動の立ち上がりはかなり遅れている。計画表面化と同時に社会党系の「市民会議」が結成されたが、有効な対策を打ち出せないまま1年が経過していた。「原発は命にかかわる」「原発は人類と共存できない」をスローガンとする反対運動は、現地主義を掲げて1970年に結成された「荒浜を守る会」さらに「刈羽を守る会」「宮川を守る会」といった住民運動によってようやく始まった。

　市議会では激しい論戦が行われた。芳川議員(社会党)を初めとする反対派と小林治助市長との交渉は延べ57回にわたったが、「小林市長は一回も反対

派の申し入れを断ったことがなかった。反対の人々も柏崎市民であるといっていた。それに、反対も賛成も、お互いの間に信頼があった」と長野氏は回想する。芳川氏が市議会で次のように質問を始めたときには、議場が静まりかえったという。「私はこの先10年も20年も、巨大な原発に対する不安を叫び続けなければならないだろう。考えてみれば、重く苦しく、耐えきれないほどの思いがする」(1972年、『市史』)。しかし議場の外では「治助殺せ」というビラが貼られるなど、殺伐とした雰囲気も漂っていた。

1972年には地元荒浜部落で住民投票が行われ、反対派が勝利した。漁業補償も難航した。この中で「守る会」と「地区労働組合会議」、学生中心の「反対同盟」は現地の「反原発三団体」として共同歩調をとるようになり、やがて実体としては一つの組織となった。この三団体は、既成の組織政党から距離をとってきたことが一つの特徴となっており、運動家には社・共から距離をおくという人が多い。しかし、これらの運動家は原発反対運動の精鋭といわれ、激しい闘争を展開した。このころから次第に、原発が社会党・総評ブロックの全国的政治課題となって来たため、動員は千人単位にふくれあがった。柏崎・巻原発設置反対県民共闘会議が県評内部に結成されたのが1970年のことである。当時の県評は北海道、福岡と並ぶ御三家といわれる強力な組織を誇っていた。

理論的にも、柏崎は社会運動の世界で有名になっていった[23]。たとえば、当時新潟大学を卒業したばかりの武本和幸氏(元刈羽村議)が提起した「地盤論争」がある。柏崎沖に地震の危険がある巨大断層があるというもので、小林市長は1974年、「安全性の確認が行われない限り手続きを進めない」と宣言した。計画は2年延期となった。

しかし、引き延ばしもここまでであった。漁業補償は74年に妥結し、これを受けて電源立地調整審議会が許可を出して国の基本計画に組み入れた。巻町の例で見たように、ここからの原発建設は行政スケジュール化され、粛々と進んで行く。75年には地盤問題をめぐる凍結も解除された。東京電力から出されていた原子炉設置許可申請は77年9月に原子力委員会で許可された。1977年10月には市有地売却臨時市議会が開催された。膵臓を病み

入院していた小林に代わって、助役の今井哲夫が采配をふるった。1200人の阻止行動が展開されたが、保守系議員によって議案は可決された。

こうして推進の方向が決まる中、運動は最後の抵抗を試みた。国道付け替え工事反対闘争（77年）、保安林解除聴聞会闘争（78年3月）、そして転機となった78年7月の保安林伐採阻止闘争である。県による保安林の指定解除とその伐採は、運動にとって、県レベルで闘争できる最後の機会だった。運動員たちは浜辺の防風林に身をくくりつけて抵抗したが、柏崎警察署は公務執行妨害で3人を逮捕した。いま反対運動の中心人物である矢部忠夫市議はこのとき逮捕され、「出てきてみたら、運動組織の雰囲気が全く変わっていたんです」という（Interview 98/11）。

反対運動にとって最後の山場は、1980年12月4日の「2・5号機ヒアリング阻止闘争」だった。反対派は前日午後から集会をはじめ、約6000人にふくれあがった。一方警官隊も2000人が動員された。4日午前三時ごろから始まった機動隊とデモ隊との衝突は、暴風雨のなか重軽傷者が双方に出、寒さと疲労で倒れるものが続出するなど、全国に名を轟かせるものだった。しかし、主催者・県警側は会場に隣接する倉庫から秘密裏に陳述・傍聴人を入場させ、ヒアリングは午前8時半に開始された。これを知った県評議長の宮下弘治は、午前九時過ぎ、「ヒアリングを事実上骨抜きにした」と勝利宣言した[24]。こういった「敗北主義」に対し、矢部氏ら若手は強く反発したという（Interview 98/11）。

いずれにせよ、これ以降は「『これを阻止すれば建設できなくなる』といった象徴的な場がなくなった。動員のための動員で、それまでのように大量に集まらなくなった」[25]。こうして成功の見込みが得られないまま、内部の路線対立が表面化し、運動組織は弱体化していった。芳川議員は「身体の問題」と表明して80年に議員を引退し（芳川1996）、山形の息子のもとに去ったが、実際には路線対立に命を擦り減らした結果だということは地元の人なら知っている。逮捕者を出すような激しい闘争方針に対して、県評（新潟県総評）などから批判が強まっていた。

動員の盛り上がりの中で、当初住民運動として始まったはずの運動は、地

区労組を中心とする組織が提供する資源のみに依存するものになっていったことは否めない。反対運動に関わる人は様々な中傷や嫌がらせには慣れっこで、少数派という状況でも諦めない「強い」人々とならざるを得なかった。しかしそのことが、住民からの孤立を招き、運動のさらなる急進化・専門化を導くという悪循環になっていった面は否めない。すでに地盤論争の時点で、一般市民が理解できない論戦が始まっていたが、原子炉の完成後はこの傾向がさらに強まった。

　トラブルのたびに反対派が強硬な表現で申し入れを行い、電力会社は技術的には問題ないとしながら、不安を与えたことに対して謝り続ける、という固定したパターンが出来あがっている。しかも、トラブルの事実関係と程度に関する両者の認識は、大幅に食い違ったままであることが多い。誤解をおそれずにいえば、当事者はそれぞれ、こうした行動パターンが一種の演技であることを知っている。すなわち、強硬な申し入れを行ったり、その申し入れを受けたりすることが、直ちにトラブルを根絶するわけでないことを知っている。そもそも定義上、あらゆる技術に故障は付き物だからだ。しかし、反対運動にとっては、「こうしてチェック機能を果たすことが事故を防ぐために大事」（武本氏、Interview 98/11）だし、発電所にとっては「こちらとしては、そのたびに地元感情に対してお詫びするしかない」（広報部、同）。そして実際問題として、どちらの言い分が正しいか技術的に評価できる人は多くはない。

　こうして反対派は、ついに一般市民にまで浸透することがなかった。市長選挙の結果が、そのことを示している（**表2-5**）。反対派の人々の家には近付かないとか、政党と距離をとることを意識してきたはずの反対運動家自身が共産党と誤認されるとかいう状況も生まれた[26]。とりわけ、最後のエピソードは単なる比喩以上の意味を持っている。すなわち、柏崎で反対派は、あたかもオール与党体制下の共産党のような振り付けを与えられ、その役割のもとで行動するような枠組みの中に安定化されていったのである。第1に反対派は強い信念を持った「特殊な人々」であるという印象を一般の市民が持っていること、第2に反対運動がそれなりに専門的な批判・監視機能をもち、

表 2-5　柏崎市長選挙の結果 (1963-1999)

年	候補者		得票	得票率	備考
1963	小林	治助	23728	59.0%	無新
	近藤	禄郎	16521	41.0%	無新
1967	小林	治助	31173	80.3%	無現
	村山	栄一	7661	19.7%	共新
1971	小林	治助	30341	67.6%	無現
	村山	俊蔵	14524	32.4%	無新
1975	小林	治助	36154	73.9%	無現
	村山	栄一	12795	26.1%	共新
1979	今井	哲夫	34230	68.3%	無新
	村山	栄一	15915	31.7%	共新
1983	今井	哲夫	30195	55.8%	無現
	阪田	源一	23906	44.2%	無新
1987	飯塚	正	36391	66.4%	無新
	中村	昭三	18443	33.6%	無新
1991	飯塚	正	42258	78.8%	無現
	藤巻	泰男	11385	21.2%	共新
1995	西川	正純	30372	70.0%	無新
	飯塚	晴紀	10353	19.9%	無新
	芝井	美智	2633	6.1%	無新
1999	西川	正純	30536	76.4%	無現
	植木	正直	9410	23.6%	無新

出所　『柏崎情報』柏崎日報社

緊張感を持続させることから、かえって安全弁になること、この2点が共通している。

　ただ急いで付け加えておけば、「強い」人々にならざるを得なかった点では「推進派」も同じである。小林市長は4期16年間務め、つねに原発推進の矢面に立って精力的に活動したが、彼の肉体は確実に蝕まれていた。「彼はきまじめすぎた。原発で癌になったようなもんだ」とは武田氏の述懐である。市政を今井哲夫に譲って3か月後の1979年8月、小林は67歳で死去した。市民葬が行われた会場には、すでに総理大臣を退いていた田中角栄が駆けつけ、次のように弔辞をよんだ。「明日の柏崎を思う、あなたの情熱にはほと

ばしるものがありました。とくに困難な原子力発電所の建設に全力を傾けられ、それが命を縮めたことでもあると思います」。

小林市長を支えるという趣旨で商工会議所を中心にして1972年にできた団体「地域開発と原子力発電所を考える会」の人々についても同じである。「それはいろんな嫌がらせがありました。不買運動もありました」と、エネルギーフォーラムと改称（1992年）して3代目の代表である品田庄一氏はいった。「ああいう、血で血を洗うような闘争はもうやりたくないと私は思ったものです」（Interview 98/11）。

少ない情報をもとに終わりのない安全論争を続けざるを得ない状況が続いていた。その中で、地元の人々の関心は地域活性化へ、とりわけ74年以降には電源三法交付金の使い道へと移っていった。

2節　意図せざる電源三法

よく知られているようにオイル・ショックは、第四次中東戦争の勃発した1973年10月の出来事である。柏崎では荒浜住民投票が反対派の勝利に終わり、「電調審阻止」を合言葉に反対派が気勢を上げる一方、漁業補償交渉が難航している時期にあたる。まだ情勢は混沌としていた。苦悩する小林市長はこの年の3月、「地域社会からみた原子力開発」という講演を第6回原子力産業会議の場で行っている。原子力界では「電源三法の雛形」といわれ、「国は地元の苦悩をもっと認識し適切な処置を講ずべきである」と述べる有名なスピーチである。折しも、東京では総理大臣に上りつめた田中角栄が日中国交回復を実現し、「今太閤」ともてはやされていた。立花隆が『週刊文春』に「田中角栄研究」を連載し、いわゆる金脈問題がマスメディアの焦点となるのはまだ先で、翌74年のことである。

1973年という時期にオイル・ショックが発生したことが、柏崎の選択に大きな影響を与えたことは疑いがない。政府は10％の消費節減を産業界に要請、電力会社は節電を呼びかけるチラシを配布した。『市史』にも柏崎産業界の危機感を窺わせる記述が続く。「柏崎商工会議所では11月29日臨時

表 2-6　日本の原発立地点における計画表面化時期と現況（1997 年 12 月現在）

計画浮上時期	未着工	建設中	運転中
1960 年以前			東海
1961-65 年	芦浜、東通	もんじゅ	能登、美浜、福島、川内、志賀
1966-70 年	日高、浪江・小高、田万川、巻、古座、那智勝浦		高浜、玄海、浜岡、島根、伊方、大飯、女川、ふげん、泊、柏崎刈羽
1971-75 年	熊野、浜坂、田老、久美浜、珠洲		
1976-80 年	阿南、日置川、大間、豊北、窪川		
1981 年以降	上関、萩、青谷、串間		

出所　原子力資料情報室編『原子力市民年鑑 98』: 71.

議員協議会を開き業界の緊急問題を協議したが理研からは『電力 10% 削減要請は操業時間短縮しかなくこれは即、下請け工場への発注減ということになる』と鉄工界に甚大な影響のある発言が行われ、植木組からは『生コン業界から油の手配をしてくれなければこれまでの契約を打ち切ると通告されて来た』と土建業界の実態説明が報告された」（下 : 833）。

　このとき田中内閣はいわゆる「電源三法」（詳細は後述）を閣議決定、1974 年に国会を通過させた。オイル・ショックによってエネルギーに対する市民の危機感が高まったこと、この電源三法が出来たことは、二つながら原子力推進の地域世論形成に寄与した。柏崎以外の既存立地点においても、この電源三法が追い風になったが、一方でこれ以後に浮上した新規立地点は、現在にいたるまで 1 つも運転開始に至っていない（**表 2-6**）。その意味では、この法律は新規立地の「決定打」とはならず、いまのところ既存立地点の推進派を側面支援するものに止まっている。

　本節では、電源三法のアイディアを出した柏崎が、どのようにこの仕組みづくりに関わり、どのような帰結を負ったかを検討するなかで、70 年代から 80 年代の歴史を記述してゆきたい。まずは成立した電源三法の内容を簡単に見ておこう。

2.1 電源三法の体系

　電源三法の基本的な枠組みは次のようなものである。①電力会社から販売電力量に応じて税金（電源開発促進税）を徴収し、②これを歳入とする特別会計（電源開発促進対策特別会計）を設け、③この特別会計から発電所等の発電用施設が設置される地点の周辺地域において、道路、港湾、漁港、都市公園、水道等の公共用施設を整備する費用に充てるため関係地方公共団体に交付金を交付する[27]（**図 2-7** 参照）。

　政府は、この制度がリスクに対応した金銭的補償であるということを地元に対しては認めていない。しかし、それなら何故、明白な大気汚染などをもたらすコンビナート等ではなく、発電所だけがことさらに取り上げられるか、ということへの合理的な説明はない。結局のところ、この財政制度は「発電所の立地に付随する負の効果—原発にあっては事故や放射能汚染、火発の場合は大気汚染—の現実ないし不安に対する補償をその存立の根拠にしていると解釈するほかない」（清水 1991: 153）。もっとも明瞭に、地域にかかる「迷惑」を地域福祉に還元してバランスをとるという考え方を表明したのは、1974年当時の中曽根通産相の国会答弁である[28]。

　　電源開発を促進して国民の要求する電力の需要に合うように供給体系をつくっておくということは通産省の責任でございますが、いまの情勢を見ますと、電源をつくるという場合に、ダムをつくるとか、あるいは原子力発電所をつくるとか、そういうところの住民の皆さんは、かなりの迷惑を実は受けておるところでございます。家を移転させるとか、あるは公害の危険性が出てくるとか、そういうようないろいろな非難がございます。しかしそれで迷惑を受けて発電所がつくられても、電気代が別に安いというわけではない。そういうような面から住民の皆さんに非常に迷惑もかけておるところであるので、そこで住民の皆さまにある程度福祉を還元しなければバランスがとれない。また電源の開発も促進されない。そういうバランスの意味もありまして、今度の周辺整備法の上程にもなってきているわけでございます。（衆議院商工委員会議事録

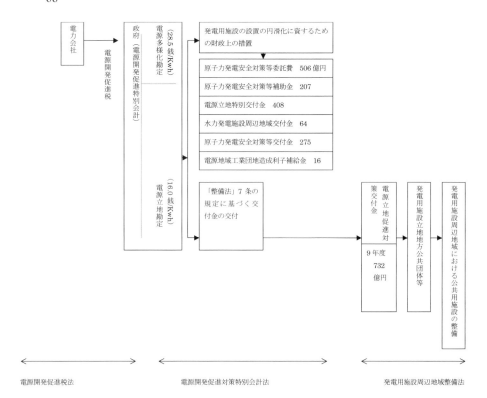

整備計画対象施設
道路、港湾、漁港、都市公園、水道、通信施設、医療施設、社会福祉施設、消防施設、
スポーツ又はレクリェーションに関する施設(体育館、運動場、遊歩道、スキー場、…)、
環境衛生施設(廃棄物処理施設、公共下水道、排水路、除雪車、道路清掃車、墓地…)、
教育文化施設(学校、公民館、図書館、青年の家、集会所、スクールバス…)、
国土保全施設(地すべり防止施設、急傾斜地崩壊防止施設、森林保安施設、…)、
道路交通の安全に関する施設(信号機、道路標識、…)、熱供給施設(地域冷暖房など)、
産業の振興に寄与する施設(農道、林道、排水路、市場、共同貯蔵所、養魚施設、共同利用漁船、給油施設、家畜衛生施設、農業試験場、スポーツ施設、遊技施設、駐車場、観光センター、宿泊施設、工業団地、職業訓練施設、商工会館、物産館、工業試験場、共同倉庫、アーケード、流通センター…)
出所　いずれも柏崎市『原子力発電その経過と概要』から抜粋(ゴシックは引用者)

図 2-7　電源三法の概要と交付金対象施設一覧

74/5/15)

　国会答弁とは、政策を表現する一手段のことである。ここから、反対派は電源三法を「危険と利益の取り引きだ」と批判する。

　もう1つの特徴として、内税方式であるため人々に納税者意識がなく[29]、また一般会計とは区別された特別会計（「電源特会」といわれる）であるため、国全体の財政状況とは関係なく自動的に一定の予算が確保できる仕組みとなっている。

　似た構造を持つものとして道路三法がある。これは自動車の重量税やガソリン税を道路建設財源に充てるもので、田中角栄が発案し議員立法で成立させたものだった。そもそも道路を有料化するという発想は建設省にはなく、当初は役人の反対をうけている。「勝鬨橋の前例があるじゃないか」と田中が主張して実現したものである（水木1998）。局面を転換する天才的な発想であり、高度成長を求める時代の合理性を先取りしたといえる。

　しかし、このシステムは、同時に公共事業を自己目的化するシステムにも転化していった。継続的に入る収入は、社会環境の変化に応じた事業の再構築を阻み、惰性的な予算消化を許容する。「田中が金目当てに議員立法を手がけたといえば事実に反するが、公共事業はいつの間にか聖域化し利権の巣になった」（水木1998:13）。電源三法についても、当初の意図とは異なる展開がもたらされているように思われる。

　五十嵐敬喜らのいう「公共事業複合体」を自動的に維持する法・財政体系は、こうして増殖していった。こんにち（2004年末現在）、国には32の特別会計が存在し、その予算規模は計算にもよるが360兆円（一般会計の4倍超）を越えている。

2.2　電源三法と運転開始

　さて、柏崎はこの電源三法とどのように関わったのか。先述のように、1973年3月の原子力産業会議講演において、小林治助は電源三法につながるアイディアを披瀝している。「電源三法のアイディアを作ったのは小林市

長でしょうか」と問うと、長野氏は「いや、私です」と明確に答えた。当時の
電気税制度のもとでは、税金は利用者の多い自治体に配分されることから、
東京など過密地域に重点的に配分され、生産する側の自治体にはほとんど収
入がなかった。「これはおかしいじゃないか、ということで陳情に行ったの
です。会計上の不公平を是正するという意味でした。いま反対の方々は、危
険と金銭の取引だといって批判をされるが、そういう意図は全くなかったの
です」(Interview 99/2)。しかし、新しい法律は単に会計上の不公平を是正する
ところでは終わらなかった。

　じつは原子力産業会議がこれに先だって、1968年に『原子力施設立地への
提言』および『原子力発電と地域社会――統計的調査――』、そして1970年
には『原子力発電所と地域社会――立地問題懇談会地域調査専門委員会報告
書――』を発表している。これらの調査研究のうえに、73年に発表された
『原子力開発地域整備法(仮称)の制定についての要望』が発表される。これ
に基づいて準備された「原子力開発地域整備大綱(案)」の検討会[30]には、茨
城県副知事・敦賀市長と並んで、柏崎市長の名前が見える。法案は73年冒
頭の第71国会に提出されたが、このときは単独の法案(発電用施設周辺地域
整備法案)に過ぎない。しかもその趣旨は、「他のすべての国家的主要施策が、
『整備促進法』『開発促進法』等の法律によって、地域との関連事項を定めて
いることに対比して、きわめて均衡を失したものである」(『要望』)ことの是
正を目指したものであった。

　長野氏のいう通り、問題は不公平の是正となっている。ただし、この段階
でも原子力産業会議の一連の報告書を踏まえて、税制の手直しに止まらず、
整備計画や開発計画といった要素が入り込んでしまっている。原子力施設立
地点としては恵まれている柏崎よりも、より過疎化の激しい農漁村立地点へ
の配慮が前面に出ている。けっきょく同法案は、地元からだけでなく電気事
業者からも不満が出て継続審議となった(清水1991: 149)。

　この構想は、新税(電源開発促進税法)および特別会計(電源開発促進対策特別
会計法)が加えられ、オイル・ショック後の74年国会で可決されて現在の電
源三法となる。新しくなった発電所周辺地域整備法もまた、住民福祉の向上

とか交付金の創設というように、むしろ立地点を国が全面的にバックアップする形に変貌する。特別会計の設置、内税方式、そして多種多様な交付金費目の設置。このような修正は、しかし柏崎の手足を縛ることになった。費目が細かくなればなるほど、それは施設建設のような特定用途にしか使用できない特定財源（「ひもつき」）となり、自治体が自らの裁量で企画する余地を減じる。当初の不公平是正構想ならば自由に使えたはずの「税収」は、柏崎の意思決定を離れたところで決まる「交付金」に化けた。図 2-7 に掲げた整備計画対象施設の一覧を見れば明らかなように、交付金の対象は「箱もの」とよばれる施設に偏っており、また主として農漁村地域を想定したメニューとなっている。

　中央の政治過程にもまれて別の姿になったということですね、と問うと長野氏は頷いた。しかし、結局はこうした便益を、柏崎も受け取ることになる。1981 年、原発用地内の反対派浜茶屋が強制執行により撤去されると、電調審は柏崎刈羽発電所の 2 つの原子炉に許可を与え、三法交付金が適用された。

　この三法交付金による地域計画の整備に際して、小林市政は 1977 年 12 月、詳細な電源三法の解説を載せ、市民に意見・要望を求めている。ここで集まった 381 件の意見と要望は、**表 2-8** の通りであって、市民がこの三法交付金に多くの期待を抱いたことを窺わせるものである。しかし同時に、のちに「総花的」と市の幹部自らが認めるような、多様ではあるけれども焦点のはっきりしない施策展開の原点にもなっている。

表 2-8　電源三法交付金による開発計画に関する柏崎市民の意見

道路	119 件	港湾	2
漁港	5	都市公園	20
水道	7	通信関係	2
スポーツレクリエーション	20	環境衛生	18
教育文化	62	社会福祉	11
国土保全	19	消防	7
熱供給施設関係	4	農林水産	28
その他	47	合計	381

出所　『明日への創造』: 103.

72

　83 年に再選された今井市長のもとで、交付金収入を見込んだ第 2 次長期発展計画が策定され、長野氏は助役として企画に携わっている。第 2 次長計では市の人口 10 万人を想定し、「柏崎マリーナ」と名付けられたヨットハーバー、市立公園内の「木村茶道美術館」、総合福祉センター、市立博物館、防災無線などを次々に建設整備した。このように矢継ぎ早に事業を打ち出せたのは交付金あればこそだが、このことは 2 つの意図せざる結果をもたらした。1 つは地元住民が「危険と便益とを引き替えに原発を誘致した」という認知枠組みを持つようになったことである。誘致決議当時に電源三法は存在しなかった、という事実を正確に記憶している人は少ない。「危険と金を取引したのだろうか」という人々の疑問と不安は原子力事故やトラブルが報道されるたびに補強されてゆく。2 つ目の帰結は、柏崎の都市経営がハード面に偏り、地方小都市としては過剰なほどになってしまったことである。それに対しソフト面は遅れ、ほかの都市にしばしば見られるような、志を持った市民グループの成熟を阻むことになった。市・商工会議所いがいの場面から若手が成長しているとは、必ずしもいえない。そのため中心市街地活性化も、介護福祉も、起業化精神の育成も、現在の柏崎は行政主導で行わざるを得ない。

　87 年に引退した今井は、同年 12 月、胃ガンのため 75 歳で死去した。小林市政の助役としての 16 年、市長としての 8 年間、原発を抱える都市経営者として抱える緊張がどのようなものだったか、もはや確認できない。前々任の吉浦は退任 3 か月後に製鉄試験炉で爆発事故死、小林は引退 3 か月後に病死、そして今井もまた退任 1 周年を生きて迎えることができなかった。小林・今井の公的生活は、おそらく彼らも意図しなかったことに、殆ど原発問題に捧げられたといってよい。とくに小林に関しては、反対の立場をとる武本氏すら、その私心のなさに一種の信頼を寄せていた、という (Interview 2000/9)。

2.3　都市基盤の変容

　87 年選挙では飯塚正が当選した。このときの選挙は激戦であり、農村部

を代表する商工業界の雄、中村昭三との一騎打ちだった。飯塚は柏崎連合青年団長から市議となり、連続七回の当選を果たしていた。飯塚が中村に大勝したことは「市民に改めて時代の流れというものを感じさせた」と『市史』（下：885）は書く。

　市街地を代表する飯塚が勝利したことの背景には、柏崎を構成する住民層の変化が存在している。1960年代後半から住宅団地の宅地造成が進み、米山など5地区が大量の住民を受け入れることになった。これは市内での人口移動を吸収したもので、新住民が大量に流入したというものではない。しかし人々が農村地域や大家族から、都市地域と核家族所帯に移行したことは、社会意識上一定の変化を生まずにはいない。87年のチェルノブイリ原発事故が市内に動揺を生んだこと、市長選と同時期に行われた県議選で社会党の阪田源一が当選して自民が一議席減らしたこと、市議選で共産党が一議席を増やしたことも、このような変動を反映したものといえる。

　2期市長をつとめた飯塚のもとで柏崎情報開発学院と柏崎情報開発センターからなる「ソフトパーク」が設置された。情報化を見据えて情報技術者を養成する一方、関連企業を誘致しようとするものであった。通産省の「テクノポリス構想」に合わせたものである。また「環日本海文化学科」を特色とする新潟産業大学が開学した。これも国際化をにらんだものである。原子炉建設も進捗し、反対派との激しい衝突も見られなくなった。

　しかし皮肉なことに、大きな問題と紛争が去った柏崎の都市経営は、まさにこの時期から方向を見失っているようにも見える。上記施策に見られるような国際化と情報化への対応は、確かに国策を先取りする小林原則には忠実である。しかし一方、少子化のなかで大学経営が行き詰まるだろうことは見通されはじめており、80年代後半になってから大学誘致に血道を上げる新潟はワンテンポ遅いという冷めた指摘も出ている（新潟日報報道部1990）。経済と社会が成熟し、国の施策に乗ることが地域発展につながるとはいえない状況が生まれ始めていた。

　95年からは慶応大学出身でスマートな西川正純が市長となった。原子力に関する知識も豊富で、初当選した反対派市議にエールを送るなど余裕があ

る。国・県からの信頼も厚い。400億円という潤沢な財政を基盤に、中心商店街再活性化事業などの公共事業も次々に打ち出されている。しかし「人が真ん中」という抽象的なスローガンを掲げる西川市政が何を目指しているのか良く分からないという声が、小林・今井市政を経験した人々のあいだで聞かれる。再開発事業で自分の企業を受注させるなど、利益を追求しているだけではないのか、と前出の武田元議長は批判した[31]。

さらに柏崎市政にとって頭が痛いのは、原子炉の建設終了に伴って電源三法交付金が減額されるばかりでなく、建設需要が消滅し、市内に不景気風が蔓延していることである。中心商店街では店の閉鎖が相次ぎ、関連産業も発達しない。何のための原発誘致だったのか、そう問う声は市民の間に潜在していた。その潜在意識を刺激する形になったのが、90年代に相次いだ国内の原子力トラブルと、降って湧いたようなプルサーマル計画であると考えられる。

いま、市民の「潜在意識」と述べた。この点を検証するために、柏崎が形成した「原発レジーム」のバランス・シートがどのように評価されるかを3節で検討し、その上で4節において、最近の住民投票運動について触れたい。

3節 「原発レジーム」のバランス・シート

3.1 バランス・シート分析とは何か

宮本憲一をはじめとする財政学者たちは、地域開発の効果を分析し、それをバランス・シート分析という形でまとめる手法を発達させてきた。福武直らの地域社会研究においても、部分的にこうした手法を取り入れたものが見られる (福武編 1965)。バランス・シート分析においては、まず開発がどのような論理で誘致され、その論理が現実にはどのように実現しなかったかが検証される。多くのケースでは、第一次産業を中心とした地域が、工業開発に伴う都市化を通じて、経済波及効果を生むことが想定されていたが、こうした期待は必ずしも実現されなかった。この連関は、宮本憲一によって**図2-9**のように示されている。

第 2 章 「角栄の風土」の原発都市　75

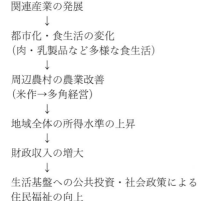
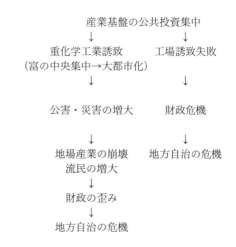

図 2-9　拠点開発の論理と現実

出所　宮本 1973: 36-37

　こうした分析を参考に、柏崎市における地域開発——というよりは、その特殊ケースである電源開発——のバランス・シートを考えてみたい。

　ただし、コンビナート等と異なり、公害にあたる部分に関するアセスメントは、立場によって全く異なることがいわれており、分析に繰り込むことは難しい。ここではあくまでも、地域の経済的振興の観点からどうであったかということを問題にしたい。

　そして、一つ注意しておくべきは、多くの地域開発レジームの失敗したバランス・シートと比べると、少なくとも市町村財政のバランス・シートの上では原発レジームは悪くないということである。

　たとえば宮本憲一が扱った水島コンビナートのケースを見てみよう。**図 2-10** は宮本が、岡山県水島地区における自治体の財政支出を整理したものである。コンビナートのための立地条件整備・生活環境整備・開発公社事業の三項目に分類したとき、すぐに分かるように岡山県を中心とする地方自治

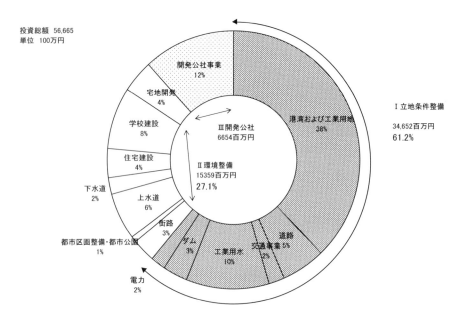

図 2-10 地域開発レジーム財政の例（水島地区公共投資総括表 1953-69）
出所　宮本 1973: 40

体は生活環境整備以外の部分に膨大な財政支出を行っている。開発公社と立地条件整備をあわせて15年間の全財政のうち72.9％が、工業誘致のために投入されたことになる。しかし、立地条件が整備された地区にすべて希望通り企業が立地したわけでもなかった。住民生活はそれだけ犠牲になったことになる。

　同様に、当初基盤整備を行ったものの企業が誘致できなかった事例として、第2次全国総合開発計画の目玉だった苫小牧東部開発やむつ小川原開発を挙げることができる。とりわけ後者は、基盤整備を行った上に、最終的に原子力関連施設が立地する結果となった。

　これらとの比較のうえでは、柏崎・巻の場合には市町村財政からの目立った持ち出しはない。自治体による基盤整備・誘致という、もっとも古い地域開発モデルではなく、基盤整備の部分を国・企業が負担するという変化した

モデルになっている。こうして、原子力施設の立地に関係する経済的な誘因は第2次全総当時に比べ、さらに魅力的になっているといえる。

しかし一方で、電力は生産点から直接消費地に運ばれるため、製品としての間接的な経済効果を生まないという問題がある。誘因は魅力的である一方、便益は限定される。こうした特殊性のもとで、発電所誘致はどのようなバランス・シートとなるのだろうか。

3.2 柏崎経済のバランス・シート

(1) 期待の図式：原子力産業会議報告書

第3章で見たように、柏崎は原発誘致によって、雇用・人口増・基盤産業としての経済波及効果を期待したといわれている。ひいては、これによって市民所得が増大することも期待されていた[32]、とされる。こうした効果を学問的に検証するためには、こうした期待がどこからもたらされたのか、どのような内容だったのか、確認する必要がある。その有力な源泉として、日本原子力産業会議が『原子力発電所と地域社会』のなかで提示した地域発展図式を掲げておきたい（**図 2-11**）。これは、原発地域振興政策を広報してゆくうえでは、一種の教科書として機能したと考えられる。原発立地がある程度進展した1973年に作られた図式であるだけに、先行地の経験を踏まえて、それなりに洗練された論理を構築しており、一見すると、より近代経済学に即した形の図式となっている。この図式を詳細に検討してみよう。

図 2-11 の左側から見ると、原発関連投資によって雇用、貨幣、物財、社会資本という4側面から、経済波及効果がもたらされることを想定している。しかし、「物財」が物資発注を指すものであるとすれば「事業所支払」に含ませればよい。じっさい、生活物資とか物資流動という部分は、すぐに事業所支払→産業振興という矢印に吸収されてしまっている。一方、「物財」から伸びているもう一つの矢印は、発電施設→電力と伸びて、最終的に「国民経済の発展」という漠然とした目的に回収されている。要するに「物財」という項目設定は、図式を冗長にしただけで、何の意味も持っていない。

図が冗長であるところがいま一つ存在する。「事業所支払」から「産業振興」

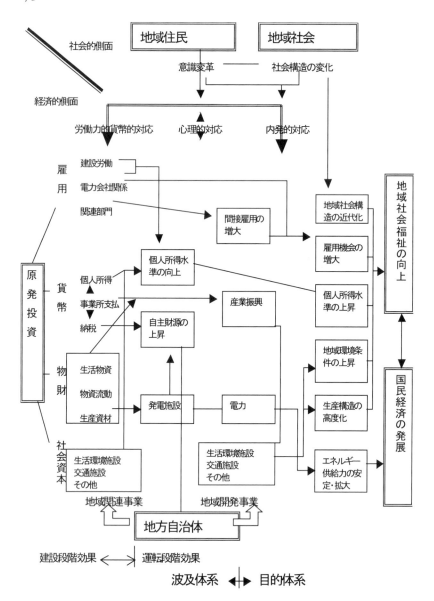

図 2-11　原発投資の論理

に伸びている矢印である。この「産業振興」は中空に浮いた形となっており、地方自治体の開発事業と関連することが示されているだけで、行き先を失っている。図の右端にある「地域社会福祉の向上」とは、いかなる形でも結びついていない。

以上のような冗長性をカットしたうえで、雇用・貨幣・社会資本から地域福祉の向上へと結んでいくラインについて考えてみよう。想定されているラインは、次のようになる。

① 電力会社関係雇用・間接雇用→ 雇用機会の増大
② 個人所得・建設電力雇用・事業所支払・社会資本→ 個人所得水準の上昇
③ 社会資本→ 生産構造の高度化・地域環境条件の上昇
④ 納税→ 地方自治体

注目すべきは、図の最下段に「建設段階効果」と「運転段階効果」とを分けている点である。このうち、注意深くみると②のルートが前者に分類されていることが分かる。すなわち、建設が終了すれば、個人所得が増大する要因はないということである。

また③④のルートは、地元地域社会が座視しているだけでは実現しようのない論理連関であることに注意したい。社会資本の整備が生産構造の高度化につながるわけでもない。納税は地方自治体に入るのみであって、そのまま市民の所得上昇につながるわけでもない。社会資本の整備は進むかもしれないが、それ以外の面での地元の努力なしには、それ以上の進展はおこらない。図の上部にある「内発的対応」という矢印は、おそらくこうした論点を含意している。

ところで、この図式のなかには人口増という目的は含まれていない。だとすれば、人口増という論理は、地元統治者が期待として語った以上のものではないのではないか、という疑いが生じる。しかし、好意的に考えれば、この点は図の右半分、「社会的側面」に暗黙のうちに含まれているのかも知れ

ない。

　そこで「社会的側面」の論理を見てみるならば、それは「意識変革」「社会構造の変化」によってもたらされる「心理的対応」や「内発的対応」から、「地域社会構造の近代化」へと結びつくという論理が示されているのみである。この論理は特に原発投資と関係を持っているわけではなく、また具体的な内容を含んでいるわけでもない。ここでこの図式が、本章冒頭で宮本憲一が指摘する「拠点開発の論理」と同型になっていることに気づく。都市化→農業近代化→所得の上昇という図式が、かなり飛躍の多いものであると同様、ここでも「近代化」という漠然とした論理によって、図式全体の整合性を保とうとしているのである。

　以上の検討を要約すると、この図式のなかで条件なしに実現するのは、電力会社と間接部門による雇用効果だけである。あとは、かなり漠然とした「心理的対応」「内発的対応」とか、具体的な内容が不明な「近代化」なしには実現しえない論理連関である。

　さまざまな意味で、この図式は「期待」と「仮定」を多く含んだ論理であって、必ず実現するとはいえない。そもそも、経済学は期待と仮定によってモデルを組み立てているのであって、あらゆる経済的予測とは本来その程度のものであり、あらゆる産業誘致はその程度のものであるともいえる。問題は、ことさら原子力発電所に関してのみ、このように詳細な図式がつくられ、しかもそれが誇張を含んでいる点にある。

　統治者層がこの図式を見るときには、そのような誇張を割り引くことができ、けっきょくは地方自治体に下駄を預けられていることを理解できるのかもしれない。しかし、住民はそうではないだろう。これらの誇張が、「原発を誘致すれば全てうまくいく」という依存心を生み、この図式が当てにしていたはずの「内発的対応」の力を奪い、結果としてこの図式を回転させなかったのではないかという疑いがある[33]。

(2) 柏崎の経済波及効果

　図式のような現象が起きたのかどうか、柏崎に即して見てみよう。原発建設にともなう需要は発生した。建設需要が業者と、その業者が使用するサービス業を潤したのは確かである。柏崎の商店街は旧来の店舗形態を維持し続けたが、それは日本の地方小都市が全て直面している「シャッター通り」問題を見えなくさせ、かえって構造転換を遅らせることでもあった[34]。さらに、生産点での波及効果がないこと、特殊技術であることから、下請けの産業創

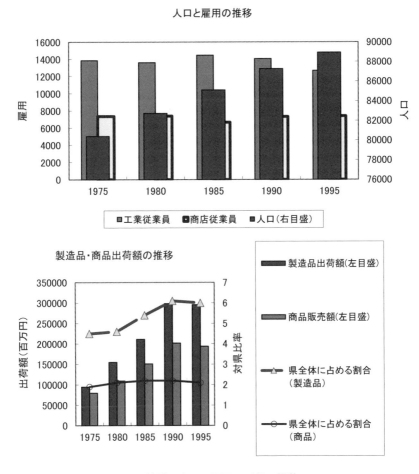

図2-12　柏崎の人口、雇用、所得の推移

出効果もないことは、地元推進派がもっとも問題にしているところである。地元の 1 次下請け企業で工業関連と呼べるのは、メンテナンス会社 1 社のみである[35]。反対派は、危険なメンテナンスだけを地元が引き受けたとして批判している。こうして、後述する交付金の問題（①「箱もの」に偏ること、②建設終了後に減少すること）のみならず、③発電所は関連産業と雇用を生み出さないこと、は中央レベルでも課題認識として共有されるようになった[36]（たとえば『原子力 eye』2000 年 1 月号）。

　このような認識変化は反対派も論点の一つとしているところであり、近年、「原発は地域を振興させたか」というテーマでのビラや大会を目立って増加させている。市職労では、当初期待された「原発投資の論理」がどこまで実現されたかの検証を行う資料を作り、発表している（1997 年 5 月に開催された反原発集会、年表参照）。その資料に掲載された数字をもとに作成したのが図 2-12 である。この資料を作成した矢部氏は、人口は平成 8 年から減少、雇用は横ばい、工業・商業の出荷額も他市と比較して著しく伸びてはいない、所得は横ばいと指摘している。それどころか、平成 8 年の原子炉建設終了に伴い人口・所得とも急減傾向にあるとしている。

　これに対し、柏崎市役所などは「原発がなければもっと悲惨な状態になっていたはずだ」と反論している[37]。確かに、地理的不利のなかで、少なくとも原子炉建設のあった平成 8 年まで人口が増加しているのは、原発の明らかな効果である。その内訳としては、建設作業員に加え、豊富な財源によって昇格させ誘致した 2 つの大学の学生数が寄与していると見られる。その他にも、建設作業員らの貨幣支払によって、市経済は一定の恩恵を蒙っていると見られる。ただし、「不況の影響などもあって当初の予測よりも厳しい状態になってしまった」（品田氏、Interview 99/2）という点はある程度認めざるを得ない。

　いずれにせよ、この議論は、「人口増・雇用・関連効果」の 3 点セットが目標として設定されていることを前提としたものである。そもそも原子力産業会議が、より冷静な想定をしていたことは、第 2 章でも触れた。誇張を割り引けば、原産会議が想定していた図式は、所得や雇用の急激な上昇を想定

していない。建設終了以後、所得が上昇する要因はない。また雇用に関しても、電力会社の雇用が一定である以上は、間接部門が発達しない限り、雇用数が上昇する要因はあらわれない。そして、電力という生産物が消費地に送られてしまうものである以上、機械産業ほどの下請け部門・間接部門が創出されないことは、当初から分かっていたことでもある。

　それでは、原発投資の直接効果がはっきりしている町財政と、それに関わる町づくりの面ではどうだったろうか。

3.3　柏崎財政のバランス・シート

　2節で言及した柏崎の豪商たちのコレクションは、「風の丘」に集められているが、これは市街から離れた海水浴場を見下ろす丘の上にある。この「風の丘」は市が観光都市の目玉として建設したもので、国道8号が真下に通っている。このような町づくりに関しては、支配層の内部からも批判がある。商工会議所の内藤信寛専務理事は次のように述べる。

　　　風の丘ね、あれは失敗だね。柏崎というのはどうもちぐはぐなんだねえ。ああいうコレクションがなぜ出来たのか、その歴史的事情を考えなければいけない。(...)いま再開発している町の中心部にああいうものを集めて歴史的脈絡をつけないと、あんな海を見下ろす丘の上に置いておいたって駄目なんだ。(Interview 99/2)

　このような、「ちぐはぐ」さが様々な場面で指摘されるのも事実である。莫大な交付金によって作られる施設が有機的に結びあわず、効果をあげなかったり採算に苦しんだりしている。あたかも急いで予算消化をしたかのような施設が作られる。次のような指摘もある。

　　　他の地域の行政職員と、ここの行政職員はあまりにちがう。他の地域の人は、どういう工夫をすれば補助金をもらえるかを考える。ところが、ここは角栄に電話したり、使いきれない金をどう消化するか、というこ

としか考えない。（武本和幸・刈羽村議 Interview 99/3）

　予算消化を急いだためかどうかは分からないが、城山運動公園は、着工の
のちに地盤が傾いていることが分かり、使いものにならないとして放置され
ている。市と商工会議所が中心となった第三セクター形式で山中に設立され
たワイナリーは、客が集まらず早々に改装を迫られている。こうした費用対
効果の低い事業の指摘は各地の自治体において見られるものであるが、柏崎
の場合には本来規模の小さい都市だけに、これら無駄とされる事業が、より
目立つことは否めない。

　また、交付金と直接関係するわけではないが、テクノポリス構想（第1章
参照）に乗った情報化の目玉として設立された柏崎情報開発学院（専門学校）は、
99 年度以降は新規募集を停止し、閉鎖することが決まっている。閉校の最
大の理由は、新潟市などに類似の学校が多くでき、学生が集まらなくなった
というところにあるが、小林原則にしたがって国の後追いをすることが、必
ずしも成功につながらなくなっている時代状況を反映している。

　こうして見ると、確かに財政力指数はきわめて良いが、地方小都市として
は巨大な財源が限定された年度に集中して投下されるために、吟味のうえ有
効に投資されたかという点で疑問が残らないわけではない。

　そして、何度か述べたように原子炉の建設が終了したいま、交付金は減額
されている。**図 2-13** は市職労が作成した財政予測であり、収入が三法交付
金と固定資産税だけであるという前提で作成されたものである。このように
建設終了後、急激に交付金が減少することは、福島県など他の原発立地市町
村でも悩みの種となっている。

　そこで通産省は平成 10（1998）年度から、さらなる交付金（長期振興交付金、
図 2-14 参照）でバックアップすることに決め、地方分権推進計画の中でも交
付金の弾力的運用が宣言されている。しかし、すでに原子炉 7 基の建設が終
わっている柏崎にとって、この改正によって得られる財政的便益はかつてほ
ど高くはない。プルサーマル計画の受け入れに際しても、当初想定されてい
たほどの見返りを得ることは出来なかった。これまで県に入っていた核燃料

第 2 章 「角栄の風土」の原発都市　85

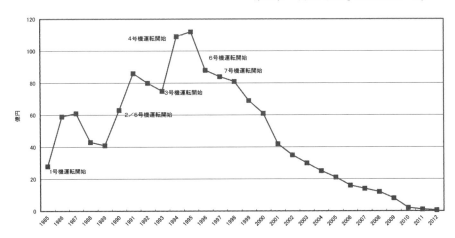

図 2-13　柏崎市における原発財源額 (三法交付金＋固定資産税) 予測
出所　柏崎市役所職員労働組合作成資料

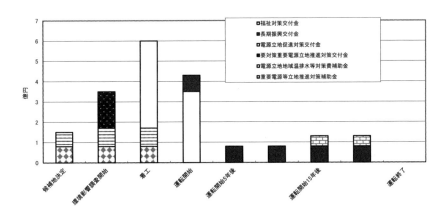

図 2-14　長期振興交付金も含めた、原発関連の交付金の流れ
注　1 基 100 万 Kw, 満額を所定期間中に均等に配分した場合。
出所　朝日新聞 96/10/14 ほか

86

税の配分が変更されることで、数億円の収入増となる程度であった[38]。

このように見てくると、少なくとも現状のスキームのもとで、そして都市基盤の整備が一定程度終わる低成長期においては、原発が効果を発揮している間に次の手を打たねばならないのであって、産業基盤と産業連関を構築するまでの緊急避難であることが、明確になってきている。そもそも交付金が設備投資だけに使える、いわゆる「ひも付き」であること、しかも原発建設後は交付金が減少することによって、財政構造を圧迫しかねないことは早くからいわれていた（清水 1991; 1992）。柏崎市の財政分析を行った小林良彰は次のように結論する。「確かに、交付金の事業によって道路や公共施設は大幅に整備される。けれども原発には地元の雇用効果をあまり期待することはできず、産業基盤が整備され安価な電力が供給されるというメリットはあるものの、新たな企業の進出という効果も現在のところあまり見られてはいない。つまり、多くの原発立地自治体が直面している過疎の問題は、原発の立地によって解決されるものではないのである」（小林・石上 1990:80）。

柏崎においては問題が循環して、当時と同じところに戻ってきているわけである。

4節　プルサーマル計画への住民投票運動

このように、電源三法による地域振興が「思ったほどの効果を上げなかった」ことは、地元でも共通認識になりつつある[39]。98年9月24日の「地域住民フォーラム」では、地元の商工業者は豊かになっていないとして、さらなる振興策を国に求める発言が相次いだ。

　　　原発によって地元がどれほど豊かになったかといえば、お寒い限りと言わざるを得ない。（刈羽村議・太田氏／推進）[40]
　　　原発によって地元が豊かにならないということになれば、一層立地は進まなくなる。国に対しては、さらなる振興策を求めたい。（刈羽商工会長・加藤氏／推進）

原発建設で地元企業が受注したのは、自動販売機一台だけであります。
（刈羽村議・武本氏／反対）

これに対して、パネリストの1人であった長野氏は、「原発がなければ、柏崎は県下10位くらいの都市になっていただろう」と反論した。市役所の見解も長野氏と似ている。「交付金がなければ柏崎はもっと惨めな状態になっていただろう。しかし、交付金がなかったらどうだったかというデータがないので、いわゆる反対派のなかには厳しい評価をする方もいらっしゃる」（原子力安全対策課、Interview 98/11）。あるいは柏崎商工会議所は、「原発建設によって人の流れが拡大するなどのチャンスはあったはずだ。そのチャンスを生かせなかったのは、商売人として恥ずかしいことではないか」（業務課長、Interview 98/11）と述べた[41]。しかし、ここには論理のズレがある。誘致当時は、地元への雇用と経済波及効果が期待されていたと述べたが、それ以外にも様々な効果が机上で想定され、地元に広報されていた（前出の図2-12）。こうした希望は、まさに支配層が人々に与えていたものである。人々はいまだにそのことを覚えていて、「フォーラム」のような発言をしている。

また実際に、建設労働者の流入が続く間は地元商店街もそれなりにやっていけた。柏崎は地方小都市としてはまだまだ駅前商店街の閉鎖率が小さいほうであった。ところが建設需要が去り、いよいよ経営が苦しくなっているという事情も、上述のような発言の背景をなしている。すなわち、他の小都市なら商店主たちが持つはずの危機感の発生が遅れ、商店街の構造転換が遅れたとも理解できよう。だとすれば、とうじ雇用と経済波及効果への希望を振りまいた責任を、誰かがとらなければならない。しかし、市・商工会議所どちらの担当者も若い世代であり、責任をとる立場にはない[42]。

ところで、世代交代に伴って出てきた上述のような論理は、重要な構造変化を示している。「チャンスを与えたはずだ」という発言は、自由市場化が進む現代資本主義のシステム運営者の発言として間違ってはいない。通産省のテクノクラートの発言としてならば、咎められる筋のものではない。じっさい、推進の立場をとる「第2世代」の人々は中央との交流を深め、通産省

88

のエリートたちから直接に知識を仕入れている[43]。しかし、この立場は人々の生活意識を救い上げようとした 70 年代の政治家たちからは離れていっている[44]。

　その中で、98 年から 99 年にかけて突然、柏崎刈羽原発への「プルサーマル計画」が浮上してきたのである。これが、しばらく安定していた政治領域を大きく揺り動かすものとなったのは、上述のような基盤に由来すると考えられる。すなわち、相次ぐトラブルによる安全性への不安もさることながら、地域振興が成功していないことへの構造的不満こそが、「世界最大の原発基地」で「原発立地の優等生」であったはずの柏崎に、住民投票運動を誘発し、しかも 1/3 の署名を集めさせた重要な要因ではないかという疑いが強い[45]。端的にいって、「安全性についても、地域振興についても、当初と話が違うじゃないか」という、水面下で渦巻いている不満である[46]。

　もちろん不満の質についてここで確定することはできないが、不満が間欠泉のように噴出した形になった 98 年末から 99 年にかけての動きを見ていこう。

4.1　プルサーマル計画とは

　プルサーマルとは、通常の軽水炉の燃料として再生プルトニウムを利用しようとする計画である。日本の原子力長期計画（原子力長計）の柱とされる核燃料サイクル計画は、ウランを燃やした使用済み核燃料からプルトニウムを抽出して、再び燃料として使用することによって、核資源を再利用しようとしている。実現すれば、理論上は少量のウランから繰り返し発電を行うことができる。「夢のエネルギー」といわれる所以である。六ヶ所村の再処理工場は抽出工程のために作られているし、高速増殖炉もんじゅは、プルトニウムを燃料として使用するために設計された炉であった。しかし現実には、もんじゅの頓挫によって、再処理された大量の余剰プルトニウムだけが蓄積されている。ウランに比べて激しい核分裂反応をおこすプルトニウムは原水爆の材料となるため、余剰プルトニウムを大量に持つことは国際的疑惑を招く[47]。こうした事情から、通常の軽水炉でプルトニウムを少しでも消費すべ

く、プルサーマル計画が急遽浮上してきたのではないか、という疑念が持たれている。ただし、政府・電力の公式説明では「もんじゅが頓挫したからプルサーマルというわけではなく、当初から既定の路線だった」としている[48]。

それにしても、BWR（沸騰水型炉）に限定すればプルサーマルを実施しているのはドイツの2基に過ぎないとして、柏崎の有力者層のなかにも、「プルサーマルには実績がない」（武田氏）という受け止め方が見られる[49]。それに加え、プルトニウムがウランに比べて激しい核分裂反応をすることから、原子炉の制御が難しくなるとして全国的に反プルサーマル運動が活発化している。

4.2　住民投票運動の展開

柏崎では98年7月、医師や主婦を中心に「プルサーマルを考える市民ネットワーク」が発足し、地元に衝撃を与えた。衝撃の主たる原因は、そのメンバーの新鮮さにあった。このネットが形成された経緯は、ホームページに掲載されている。

　　1998年4月26日、映画『ナージャの村』が柏崎で上映されました。その実行委員会での人と人の出会いがきっかけで、『柏崎刈羽でも草の根の住民運動をやろう。市民ネットワークのようなものを発足させよう』という機運が高まりました。会合を重ね、1998年7月20日『発足のつどい』を開き、この『プルサーマルを考える柏崎刈羽市民ネットワーク』がデビューいたしました[50]。

このネットワークを母体に「住民投票を実現する会」が結成されたのが98年11月7日のことであり、既存の反対団体を含めた20団体がこの会に参加した。99年1月から署名集めに入り、有権者の36％にあたる署名を集めて3月議会に住民投票実施を求める請願を提出した。柏崎でこれだけの数からなる直接請求が行われたのは初めてのことである。これまで固定化していた原発反対票をはるかに上回る数字といえる（**図2-15**）。

この署名運動をめぐっては新聞折り込みのチラシが反対・推進両派から何

度も発行されたが、これも柏崎では初めてのことで、人々にショックを与えた (**表2-16**)。エネルギーフォーラムの品田庄一氏は「えげつない戦いです。なぜ相手の土俵に乗るのか」と苦々しそうにいった (Interview 99/3)。商工会議所が発行した「プルサーマル問題に住民投票はそぐわない」というビラに対して、反対運動側が「地方自治法に根拠を持つ直接請求権を否定するものだ」と抗議するということもあり、誘致当時いらいの動揺が町を覆っていた。

このように、これまで横綱相撲で通してきたはずの推進側を同じ土俵に引きずりだしたということは、反対運動側から見れば1つの得点である。数字上はリコールや議会構成変動の可能性があったし、マスコミも、これまでの柏崎の歴史のなかで最大級の注目を払っていた。東京で柏崎のニュースが報道されたことは、朝日新聞や日経新聞のデータベースを調べてみても極めて珍しい。地元紙新潟日報もまた、これまでとは比較にならないほどの紙面を連日割いていた[51]。

しかも、プルサーマル計画はこれまでの原発建設手続きと異なり、新潟県・柏崎市と東京電力が結んでいる「安全協定」に基づく事前了解がおりない限り、計画は進まない。アクセスポイントは国ではなく市にあるのだ。しかし、運動は必ずしもこの政治的機会 (political opportunity)[52] を効果的に利用したとはいえない。

4.3 「実現する会」の限界

「住民投票を実現する会」は、98年末に活動を開始し、99年春までの期間に集中的に活動した。その組織的特徴は、98年夏に発足した「プルサーマルを考える市民ネットワーク」を、ほぼそのまま引き継ぎ、そのうえで労組や運動団体など20組織も加入させたところにある。代表には「市民ネット」の羽入氏がそのまま横滑りしているが、「市民ネット」と「実現する会」の区別はつきにくい。じっさい、「実現する会」のビラには原発およびプルサーマルへの反対姿勢が貫かれている。その後、「実現する会」は街頭での署名集めや、市の目抜き通りでのデモ活動に取り組むなど、既存の運動団体と同じ手法を踏襲していった (年表参照)。

第2章 「角栄の風土」の原発都市　91

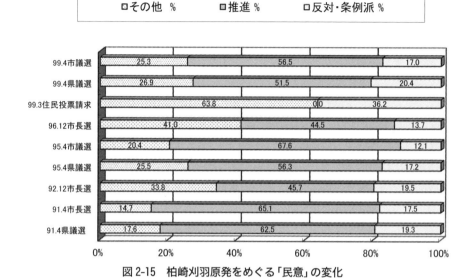

図2-15　柏崎刈羽原発をめぐる「民意」の変化

　こうしてみると、柏崎の住民投票運動にはいくつかの限界があったようにも思われるのである。
　限界の第1は、反対運動との間に一線を画すことができなかったということである。住民投票を求めるチラシの裏側はプルサーマル計画の危険性を訴える内容であったし、インターネットのホームページに、映画「ナージャの村」を見て集まった人々であることが明記されているのも、これまでの原発反対運動のイメージと重なった。ここから、既存の反対運動に新しい人々が結びついて進化しただけだ、と統治者・有力者層は判断するようになる[53]。
　そして、住民投票の提起は、手続きをめぐるものよりも、プルサーマル計画の「危険性」をめぐる論点に収斂していった。「なぜこんな危険なもので住民の意思を問わないのか」と。つまり内容そのものを問題にし、必ずしも手続きとか過程を問題にしていない。第6章の内容を先取りすれば、この点は、巻住民投票運動との大きな相違となる。巻方式を参考にした形跡がありながらも、柏崎に蓄積された激しい反対運動の歴史ゆえに、巻とは異なった形で

表 2-16　プルサーマル問題に関して発行されたビラ

日時	主体	内容・見出し	備考
98/9	市民ネット	市民ネット旗揚げ	この後 2 通
98/9	地元三団体	原発は地域を豊かにしたか	この後 1 通
98/11	実現する会	住民投票の署名活動開始	この後 2 通
98/11	共産党	市長だけの判断で決めていいのでしょうか	
98/11	県民ネット	ぜひ住民投票を実現してください	
99/1	柏崎市議会	プルサーマルを容認します	
99/2	柏崎商工会議所	プルサーマル計画を容認します	
99/2	エネルギー市民会議	電気を 1/3 減らした生活が可能でしょうか？	この後 1 通

展開したといえよう。

　第 2 点は、担い手に十分な異質性を確保できず、社会層としての拡がりという点で限界を持っていたことである。専門事務職・主婦以外の層を引きつけることが必ずしも出来なかったが、もちろんこれは柏崎の地理的特性からやむを得ない部分である。しかしいずれにもせよ、十分な異質性を欠いた状況のもとでは新しい発想や手法を生み出すことが比較的難しくなる。最終的に街頭でのデモ活動等を行ったことは、既存の反原発運動との相違点をさらに見えにくくさせる効果を持ったとも考えられる。

　第 3 点は、他の運動組織との効果的な協力の仕方と、効果的な戦略を見いだせなかったということである。また、「なぜ住民投票なのか」という疑問が運動内部で提起されなかったため、戦略が深まらなかったところもある。その一例として、住民投票条例の案文は巻町のものと同じで、住民投票が一般化する時代状況がマイナスに働いた側面がある。これに権力構造側の対処の慣れも加わった。次のような発言がある。

　　終始一貫横綱相撲をしたつもりです。プルサーマル反対派に対抗したつもりはないし、ましてや署名妨害などという姑息なことは考えもしなかった。　　　　　　（商工会議所・内藤専務理事の発言。吉田 1999 より）

もっとも、運動に主体的能力が無かったといっているのではない。以上のような問題点は多分に与件である。そもそも柏崎では組織資源に限界があることは急いで付け加えねばならない。既存立地点であるだけにレジームの構成はさらに緊密であり、人口9万という規模も運動にとっては困難の大きいものである。

こうして運動が新展開を見いだせない中、西川市長は、統一地方選挙前に「受け入れ」表明をすることになった（99年3月24日）。統一地方選挙の県議選では、「市民ネット」や地区労などが統一候補として武本氏を擁立したものの落選するなど、数字を見る限り、運動が開始される前の政治状況が回復したのである（図2-15）。柏崎は一応の落ち着きを取り戻したように見えた。

ところが、それから半年も経過しない99年9月に、東海村の原子燃料加工施設で臨界事故が起きた。これにより、柏崎には大きな動揺が走り、プルサーマル計画の実施は1年延期された[54]。

延期期限が切れようとする2000年夏には、電源三法交付金で建設された刈羽村の生涯学習施設「ラピカ」をめぐる不明朗な会計処理が問題化し、それを契機に刈羽村で住民投票が行われた（2001年5月）[55]。「公共事業の不正告発」に関わる住民投票だったから実施に至ったと統治連合は解釈し、ほとぼりがさめたと考えられる2002年夏にはプルサーマル計画再開を模索する発言を行っていた。しかし東電自らによるトラブル記録隠しが発覚して（2002年8末月）、プルサーマルどころか全原子炉を停めて点検せざるを得なくなるなど[56]、柏崎刈羽電源地域の動揺は間欠泉のように続いている。2005年10月現在、柏崎刈羽でのプルサーマル計画はなお実施に至っていない。

小括

柏崎のレジームが、名望家レジームから地域開発レジームへ、さらに原発レジームへと展開してゆく様子を見てきた。洲崎市政のごく短い時期に「名

望家レジーム」を構成した以外には、早い段階から柏崎は「地域開発レジーム」へと移行しており、その完成は早かったといえる。小林市政の2期目に、地域開発の一つとして原発が導入されたのであるが、それによってレジームの内容が変質を被り、「原発レジーム」に移行していったと考えられる。この原発レジームは比較的長期にわたって安定していたが、98年以降のプルサーマル計画と、それをめぐる住民投票運動のなかで、かつてない動揺を経験した。

　厳しい自然地理のなかで、しかも歴史的な流通優位を失ったとき、それに代わる工業都市経営を構想し、しかも国家主導型の高度経済成長を地方から先取りするような形で地域開発レジーム→原発レジームを再構築したのは、当時における柏崎の先進性と評価できよう。その中心にいた小林治助は、傑出した政治的リーダーシップを持っていた。巻と柏崎を比較するとき、もっとも見えやすい相違は、このような統治者を持ったか否かということである。小林は「陸の孤島からの脱出」を掲げ、田中角栄という中央との太いパイプにも助けられながら、典型的に「地域開発」による「成長主義」に依拠した柏崎のローカルレジームを作り上げた。

　しかし、小林が枠組みを固めた「地域開発→原発」ローカルレジームは、現在動揺している。ローカルレジームの政府能力・統治連合・ゲームのルールと、それらを裏付ける思想が、各々かつてほど統合機能を発揮できなくなっているようである。その最大の原因は、3節で重点的に論じたように、地域振興が思ったほどの効果を挙げなかったことであろう。期待していたsmall opportunities を供給してくれない政府能力とゲームのルールへの不満が、統治連合に向けて噴出している。見方によっては、ローカルレジームが住民の内発的対応を成熟させてこなかったことのつけが、ブーメランのように跳ね返ってきているように思われる。

　一方で統治連合そのものも、これまでのように国の原子力政策を全面的に信頼できなくなっている。「国はきちっとしてほしい」という言葉を、統治者・有力者層に属する人々から何度も聞いた。既存立地点として、反対派との激しい交渉に心身をすり減らし、また自らも潜在的リスクを自覚しながら、

第2章 「角栄の風土」の原発都市　95

国への貢献をよりどころにして推進の立場をとり続けている人々にとって、地元事情を分かっているとは思えない国への苛立たしさは募るばかりである。市原子力安全対策課の須田氏 (46歳) は次のように語った。

> 須田　あくまで個人的見解ですが。原子力はこれまで地元が誘致するものでしたが、こうしたやり方では国土の役割分担はもう上手くいかないでしょう。
> 中澤　そのことを国は分かっているのでしょうか。
> 須田　いや、分かっているとは思えません。

Interview 99/2

　こうした思想の動揺を反映するように、住民投票運動がかつてない亀裂をこの都市に顕在化させた。しかし、現在のレジームが新しいレジームにとって代られるわけではない。柏崎刈羽原子力発電所はこれまでどおり稼働を続けるのだし、プルサーマル計画は延期になっただけで、それが中止されると考える人はほとんどいない。したがって、これまでの成長主義の思想が、何らか別のものに組み変えられ、レジームが多少変質しながら維持されてゆくというのが、もっとも可能性の高い将来像である。

　ただし、中央と地方の亀裂が無視できないほど拡大しているということは、柏崎という都市が示している現在地域社会の1つの姿である。柏崎の苦しみを東京の人は知らなさすぎる、という認識は、推進・反対を問わず柏崎市民に共有されている。98年冬に柏崎に呼ばれた青島東京都知事は「地方は東京の犠牲になっている」と発言して西川市長から「犠牲になっているつもりはない、役割分担をしているだけだ」と訂正され、同年夏に訪問した都議会議員は電源三法の存在を知らず参加者の失笑を誘った。いずれにしても、この種の「電力消費地と生産地の交流」はプルサーマル問題をきっかけに柏崎商工会議所などが強く求めてきたことであり、2002年2月には資源エネルギー庁が主催し「エネルギー・にっぽん国民会議」として東京ビッグサイトで大々的に開催された。新潟県の平山知事も出席して「東京の山手線は信濃川の発

96

電で動いている」と発言したが、石原慎太郎東京都知事は「そんなことを言うと、夜は熊しか通らないような道路はどこの金でできているんだって話になってだね、日本の税収の 30% 以上を東京が納めているのに、東京に戻ってくるのは 10% もないじゃないかという話になってしまう」と反論した[57]。

　このように、かえって顕在化してきた軋轢は、拡大した首都圏が自らを維持するためのシステムを巨大化させすぎて、自らの外部への想像力や配慮・知識を失っていることを示唆する。それでも柏崎は、首都圏と付き合い続けるしか道はない。この 8 万都市から車で約 1 時間、わずか 70km しか離れていない西蒲原郡巻町において、歴史の歯車はどのように回って、柏崎と対照的な選択をさせるに至ったのか。本章を通じて読者は、原子力政策とローカルレジームについて一定の理解を持たれたと思うので、それを基盤にして、次章では巻町の事例を概観することにしよう。

［注］

1　『越後の伝説』(小山・村山 1979: 38) による。

2　柏崎市内には、良寛門下である貞心尼の墓が残されている。

3　のちに松平定信の桑名藩領となり、幕末の戊辰戦争では奥羽越列藩同盟に与して幕府軍と死闘を演じた。柏崎でも至るところが戦場となった。

4　当時の農業生産力データは市町村別では手に入らないが、現在の数値から見ても、新潟県全体と比較したとき決して恵まれた条件にないことは理解されるだろう。表 3-2 を参照。

5　田中角栄は次のように演説している。「みなさんッ、新潟県は明治 13 年、日本で最大の人口を持っていた。信じられんかもしれんが、これはウソではない。今、県内の人口 245 万人。しかし、同じくらいの人が県外に出ている、外国にも出ているんです」(高畠 1986 → 1997: 13)。

6　高等教育機関は明治 30 年から 38 年までに 10 校つくられたが、日本海側には 1 校もできなかった。こうした「裏日本化」説に対して、「明治 30 年以降、新潟は治水のための投資が大規模になされている。これらのバランスを考えないと、一概に裏日本化政策が進められたとは言えない」(本間恂一県政記念館長、新潟日報 99/3/7) という反論もある。

7　以上の記述は『市史』第 11 章による。

8　1993 年の衆議院選挙制度改正以前の、中選挙区の区割りは第 1 章の扉に示した。

新潟三区は、県内でも最豪雪地帯の刈羽・魚沼を含み、田中角栄元首相の出身地として多くの公共事業投資を受けた。こうした風土的・政治的条件については、第4章で詳しく論じる。

9 田中の影響力の一例をあげる。高柳町収入役だった村田徳雄が、1960 (昭和35) 年に柏崎－岡野町間の県道を改良舗装するよう陳情に行った際のエピソードとして、次のように語られている。「田中は『舗装なんてケチなこと言うな。道路は都市から都市へ結ばんばダメだ』と言って、地図を広げ、柏崎から会津若松までググッと赤線を引いた。陳情の後で、同行した柏崎の助役・小林治助と、『あんな大計画、できるハズないこて』と笑ったが、昭和三十八年には全線が国道に認定された。ホント、たまげたわね」(新潟日報 1983a: 137)。

10 具体的には次のような事業がある。1962年鯖石川災害復旧助成工事、国道8号大改修、機械金属工業団地造成、西中通地区圃場大型化事業。小林市長に代わった翌63年には本町商店街アーケード建設、米山大橋建設、柏崎駅舎新築などである。

11 『にっぽんの民主主義』朝日文庫。

12 こうした事情については、(新潟日報 1983a) などに詳しい。

13 こうした新潟3区の論理については、高畠や本多勝一のルポに詳しい。たとえば本多 (1976 → 1983) では次のような地元民の声が紹介されている。「裏日本の新潟県は、表日本に比べていつまでもウダツが上がらなかった。とくにこの山村地帯はひどかった。死にかけていた。そこに活を入れたのが田中先生だ (...) われわれにとっちゃあ死にかけた子を救ってくれた親だ。救うためのカネをロッキードからとったとしても (...) 子にとってはかけがえがない。親が泥棒しなけりゃ子は死んでしまったハズだもの」(239)。これを受けて本多は次のように述べる。「田中を圧勝させたもの。それはもはや政党レベルや汚職次元の問題ではなかった。明治以来政治の「日の当たらぬ場所」であり続け、戦後さらに「高度成長」の犠牲にされてきた地方の、中央に対するイナカ、表に対する裏、都市的・秀才的・エリート的な「日の当たる世界」に対する「ふみつけにされ続けた側」の怒りと痛み。それを田中にたくして反撃に出たのが、こんどの「十七万票」だともいえよう」(240)。また、(新潟日報 1983a) はこうした風土的条件と歴史を、戦前からの流れも踏まえながら丹念に追った優れたルポルタージュである。

14 長野茂氏、Interview 99/3。

15 さらに、小林が発電所にこだわったのにはもう一つ、柏崎の電力事情の悪さという要因がある。柏崎は周波数50サイクルであるのに対し、西隣の中頸城郡は60サイクルと、配電系統の上で境界の位置にあったため、送電線が弱かった (3万ボルト1回線のみ)。市産業界が強く要望していた6万ボルト回線が実現したのは1962年12月のことであった (吉田 1982: 210)。

16 町のケース（表 3-19）と比較すれば、工業都市としての柏崎の特徴がさらに明確になる。

17 「市長さん。今日の話、どう思いますか。私達が全く分からない原子力発電などという話を持ち出してきたのは、東北電力にその気がなく、問題をスリかえたんじゃないかと思うのですが」（吉田 1982: 211）。

18 理研ピストンリングは戦時中の国策会社として誕生し、自動車のピストンリング製造を担当して柏崎に本社を置いた。現在は株式会社リケンと改称して東京に移転したが、子会社のリケンキャステックが引き続き柏崎市内に本社を置いている（表 2-4 参照）。

19 松根は明治 30 年愛媛県生まれ、電力連盟書記長、電気事業連合会副会長、日本原子力産業会議副会長、経団連エネルギー委員会副会長、アラスカ石油開発会長などを歴任した。昭和 62 年に 90 歳で没。『ジャパン WHO was WHO －物故者事典 1983-1987』日外アソシエーツ（1988）による。経歴から分かるように、日本原子力産業の第一世代を代表する人物である。

20 電源立地促進対策交付金については、78-99 年で約 237 億円が交付された（『原子力発電その経過と概要』:43）。固定資産税については、平成 3 年 81.1 億円、4 年 71.9 億円、5 年 67.4 億円、6 年 97.2 億円、7 年 121.3 億円がもたらされている（『柏崎市新長期発展計画』:177）。

21 この点に関して、星野誠柏崎市議は次のように証言している。「1 号機建設の際は、柏崎にもそれなりに発注はあったが、今は東京に集中している。人手も技術も地元ではとても対応できないんです」（新潟日報 96/7/5）。

22 日本原子力産業会議『原子力施設立地への提言』1968 年 8 月。

23 「トイレなきマンション」というスローガンを作り出したのも柏崎です、と矢部氏はいった。

24 ヒアリングの経緯については、新潟日報 1999/12/12、朝日新聞新潟版 2000/9/9 などによる。

25 飯塚晴紀市議（社民党）の発言、朝日新聞新潟版、2000/9/9。

26 社会党・共産党から距離をとること、現地主義をとることを意識して「守る会」にも当初から関わってきた矢部市議は次のように述べている。「この間ね、私の地区の人からね、矢部さん反対運動をやっているから共産党だと思っていたと、いわれたんですよ（笑）。それだけ、これまでの運動が地区に浸透していなかったということなんでしょうね。」（Interview 98/11）

27 通産省資源エネルギー庁公益事業部編『発電用施設周辺地域整備法解説』（1975 年）。

28 （清水 1991）の指摘による。

29 1983 年いらい 44.5 銭 /Kwh の電源開発促進税が課されており、月間 200Kwh の電力を使用している家庭ならば、年間千円程度の税を納めていることになる。しかし電力会社の発行する領収証では「消費税等」のなかに含まれているため、一般家庭がこの税の存在を意識することは難しい。

30 正式名称は「地域整備開発・自治体財政問題に関する検討会」。

31 2004 市長選挙では、こうした批判も響いて、西川氏の 3 選が阻まれた。

32 崎原発反対地元三団体によれば、次の 5 つが期待されたとしている。①巨大建設投資に伴う地域経済への莫大な波及効果②雇用の増大③電源三法交付金による地域整備と開発④運転開始後における固定資産税 (大型償却資産税) による自治体財政への貢献⑤結果として市民一人当たり分配所得の大幅上昇。1997 年 5 月 17 日、『反原発全国集会』における報告「原発は街を豊かにしない！―柏崎市は原発でどう変わったか―」による。

33 もっとも、その内発的対応の力を育てることの難しさは、6 章で触れる巻町の事例が示している。しかし少なくともその方向を目指そうとした巻町と、そのような指向性が醸成されているとはいえない柏崎とは、1996 年時点で明確な対照を描いていた。

34 この点を補足するため、新潟日報 1997/7/4 の記事を引用する。「中村良三・柏崎商店街連合会会長は、『積極的に原発とつながりを持とうとした店には利益があったし、東電がなかったらもっと衰退は早かっただろう』といい、企画運営会議の増田議長も『延命効果はあったのではないか』とみる。だが口々に『衰退の大きな歯止めにはならなかった』と語った」。

35 のちにも触れるように、1 次下請けは 7 社、うち 6 社は警備やランドリーなどのサービス部門である (柏崎刈羽原子力発電所広報部、98/11)。

36 もっともこれは、すでに 1981 年の段階で柏崎商工会議所が認識していた論点である (『明日への創造』)。

37 そこで東京電力柏崎刈羽発電所はホクギン経済研究所に委託して、立地がまったくなかった場合のシミュレーションと立地があったときのモデルの比較をさせた。2000 年 2 月にまとまった報告書では、発電所がなかった場合と比較して、柏崎県の人口は 7600 人、市町村内純生産は 1300 億円、市町村民所得は 470 億円増加したとしている (ホクギン経済研究所 2000)。

38 そこで、2000 年以降にはより根本的な手当てをした交付金法を制定できるか否かというところに焦点が移行していった。いわゆる原子力地域振興措置法案である。自民党内で検討されていたこの法律案は平成 12 年の通常国会に提出できず、同委員会の座長であった新潟選出の桜井新代議士がこの年の総選挙で落選した。しかし結局、平成 12 (2000) 年秋の臨時国会で成立した。

39 『原子力工業』42巻10号（1996年）では、地元の識者のコメントとして以下のように述べられている。「正直いって、電源三法の交付金によって地域が活性化するという論理は、新潟市のベッドタウン化した巻にとって、いまや通じなくなってきている。柏崎・刈羽原発がある柏崎市をみても、原発交付金によるメリットは思ったほど多くないことを住民は肌で知っている」(72)。

40 柏崎刈羽原発は、その名前から分かるように柏崎市と刈羽村の敷地に跨って建設されている。本論文では、便宜上刈羽村は柏崎市と一体のものとして扱い、刈羽村内のレジームや事件には基本的に言及しないこととするが、刈羽村には柏崎市と異なった統治連合や構造があることは勿論である。

41 巻商工会幹部も、同じように誘致運動当時「馬を水辺につれてゆくことはできるが、水を飲ませることはできない」といっていたという（後出の田畑氏、Interview 98/09）。

42 ここから分かるように、30年の歴史のなかで原発誘致・反対に力をつくした第1世代は既に引退し、現在の推進・反対の主力は第2世代とでもいうべき人々になっている。

43 この点を傍証するため、品田庄一氏へのインタビューの一端を引用しておこう。

　中澤　いままでお話を窺っていても、安全性に対する信頼の根本的な部分で、根拠となっているのは科学技術の理解とは違う何かであるような気がするのですが。

　品田　鋭いですね。あまりおおっぴらに言ったりはしないが、われわれは何回も国に行って、資料をもらったり、こちらの要望を伝えたりしています。横須賀の日本ニュークリア・フュエルにも行きました。そのような過程で、通産省の方々とは様々な話をしました。

　中澤　その人たちが信頼できる人たちだったということですね。

　品田　そうです。

(Interview 98/11)

44 さらにシステム運営側の論理が顕在化した用語として、原子力界が近年の「逆風」を説明する概念として、よく利用する「NIMBY現象」という用語を挙げることもできよう。NIMBYとは Not in my backyard の頭文字を取ったものであり、「総論賛成各論反対」を意味する。日本語では「地域エゴ」と同じ意味の言葉として理解され利用されている。しかし、アメリカにおいては地域レベルで生じる運動は全て、価値判断なしに NIMBysm と呼ばれており（Broadbent 1997; Lesbriel 1998 など）、必ずしも日本のような否定的な意味を持っていないようだ。

45 この点を補足するものとして、市役所原子力安全課の須田氏に対する次のようなインタビュー記録を挙げておく（2000/9/7）。

第2章 「角栄の風土」の原発都市　101

　中澤　地元商工業者にとって、地域振興が思ったほど自分たちに利益をもたら
　　さなかった。そのことへの不満がむしろ、プルサーマル住民投票への支持とし
　　てあらわれたのではないでしょうか。

　須田　そういう側面はあるでしょう。

46　「当初とは話が違う」ことへの不満の一端として、武田英三氏に対する次のよ
　うなインタビュー記録を挙げておく（1999/3）。

　中澤　誘致当時、安全性は充分だと、議長として確信していたわけですね。

　武田　ええ。公害がないということでね。ただ、東電は当初、こんなに大きな
　　プラントにするとは言っていなかった。原子炉1基108万 Kw6号・7号機のこ
　　となんかになるはずじゃなかった。われわれへの当初の説明では、そんな巨大
　　な計画ではなかった。話が違う。いつの間にかこんなになってしまった。

47　核燃料サイクル計画については（舩橋・長谷川・飯島編 1998）が詳しいので、
　ここでの説明はこの程度にしておく。

48　98年12月、東京電力など主催『プルサーマル問題討論会』（於東京国際フォー
　ラム）での東京電力の説明。

49　Interview、98/11。

50　『市民ネット』ホームページ（http://www.kisnet.or.jp/hanyu）より。

51　『新潟日報』は日本の有力地方紙の一つで、県内では圧倒的なシェア（60％以上）
　を誇る。そのなかで巻町の推進派は「新潟日報に叩きのめされた」（石田三夫・巻
　原子力懇談会会長、『エネルギーフォーザフューチャー』3号）と嘆いている。

52　この概念については、4章の註11参照。

53　品田庄一氏への Interview（99/03）から。

54　1999年11月8日に西川市長が平山知事に申し入れ、11月18日に東電が了承した。

55　この問題を契機に市民団体からプルサーマル計画実施の是非を問う住民投票
　が提起されていたが、2001年1月に住民投票条例案が村議会で可決された。品田
　村長が再議に付し、いったん廃案となったものの4月18日に再可決され、5月
　27日に住民投票が実施された。

　　刈羽は柏崎と同様に、安定した自民党支持の村であり、田中角栄の出身地西山
　　町に隣接している。この構図がはじめて揺らいだのが2000年夏から表面化した
　　不正経理問題であった。原発交付金で建設された生涯学習施設「ラピカ」（補助金
　　総額45億円）に、設計図面より安い材料が使われるなどして、多額の使途不明
　　金が発覚したものである。これをめぐって議会は百条委員会を設けるなど紛糾し、
　　反原発派と反村長派の連合により住民投票条例が制定されるという事態が生じた
　　のである。この条例は、いったん村長再議により廃案になるが、村民署名による
　　再度の請求により住民投票の実施に至ったのが2001年5月27日である。ただし、

102

新潟日報の報道量だけで比較しても、流通した情報やコミュニケーションの量は巻町にかなわないと思われる。じっさい、早い段階から在来権力構造は住民投票の結果を覆そうとする行動に出ていた。2002年8月まで、東電・国・地元自治体が計画再開を模索する動きが新聞紙上で報道され、品田村長は翌年の村長選挙で再度、プルサーマル問題に関する住民の判断を促す構えだった。

56　東京電力による、いわゆる「トラブル隠し事件」について、念のため補足しておきたい。刈羽村住民投票の衝撃がおさまり、プルサーマル計画の再開が模索されていた2002年8月29日、原子力安全・保安院と東京電力は記者会見を開き、柏崎刈羽・福島第一・福島第二の各原発において、1980年代後半から90年代にかけて、ひび割れなどのトラブルを見つけながら検査結果・修理記録を改竄していたケースが29件存在することを公表した。内部告発により原子力安全・保安院が調査した結果明らかになったもので、ふたたび新潟では大きな衝撃が走った。平山知事は「起ってはならないことで、怒りを感じる」とコメント、柏崎市議会もプルサーマル中止決議を採択し、プルサーマル計画は無期延期となった。その後、原子力安全・保安院と東京電力はこの件について繰り返し地元で説明会を開き陳謝するなどしたが、安全点検のため2003年3月末には柏崎刈羽原発の原子炉全号機が停止（ただし夏までに2機が運転再開）、電力需要の高まる夏場を前にして、首都圏でも電力危機・節電キャンペーンが繰り広げられた。

57　新潟日報2002年2月28日に全面広告で掲載されたシンポジウム議事録より。なお、本文で引用した石原知事の発言の後半部分は次のとおり。「地方の時代というのは、複合的、機能的な国家の中で、各地方が国家全体を左右する大きな役割を持っているということだと思うんですよ。その上に国家という意識があれば、東京はこれ、青森はこれ、新潟はこれを引き受けるという形で共同意識が出来てくると思うんだ。東京は環境保全条例の中で、省エネを義務づけてペナルティまで科すような形の新しい住み方をしようと思っています。しかし、地方にも東京が背負っているこの重荷を理解してもらわないと損しているとかいう問題じゃないんだ」。

第3章

「西蒲選挙」の町の住民投票

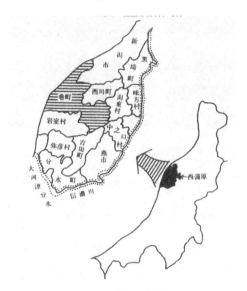

新潟県巻町の位置

巻町南部から角田山をのぞむ（2004年撮影）

1節　穀倉地帯の文化圏

　徳川幕藩体制の崩壊が明らかになりつつあった1868年、越後長岡藩九万石は奥羽越列藩同盟の一員として幕府側にたち、信濃川を戦場にして明治政府軍と対峙した。敗北した長岡藩牧野氏は、厳しい処分を受けて財政危機に直面していた。明治3(1870)年、窮状をみかねた分家三根山（みねやま）藩は米百俵の緊急援助米を届けた。

　このとき、長岡藩の大参事佐々木虎三郎は、受け取った米の分配を求める藩士に対し「自分の食うことばかりを考えていたのでは、長岡はいつになっても立ちなおらない」と説得して、百俵を売却し藩校設立の資金とした。山本有三が戯曲化し、「長岡の米百俵」として新潟県下の小学校で教える話である[1]。虎三郎は佐久間象山の門下生のなかでも学問に優れ、郷土の偉人とされる。

　さて、米百俵の送り主である三根山藩[2]一万一千石に比較的余裕があったのは、角田山の山裾に広がる豊かな領地ゆえである。周辺からはいまだに多くの縄文遺跡が発見されている。「人類の歴史はここから広がったんだて」と山賀小七町議は破顔一笑していった。巻町のシンボルとなっている角田山と、それに並ぶ弥彦山に落ちる夕陽は、西蒲原の広大な水田単作地帯に反射して美しい。農業生産力が高いにも関わらず、下越の市島家や伊藤家による大地主支配も及ばなかった[3]。昭和期に大河津分水が出来てからは、信濃川の氾濫もなくなった。一昔前まで「加茂と巻に住めないものは、どこに行っても住めない」と口伝されていたという。山の恵みの加茂市とともに、海・山・平野の恵みを持つ巻町は災害もなく、人情も穏やかという意味だろうねえと、後出の田畑護人氏が教えてくれた。

　長岡藩は明治3年に廃藩となり柏崎県に編入された。その2年後には、峰岡藩と改称した三根山藩も新潟県に編入されている[4]。いっぽう、角田山の反対側に広がる海岸地帯では角海浜、五ヶ浜、越前浜、角田浜の四部落がそれぞれ村をなしたが、零細漁業のため、冬季には女たちが毒消しの行商に回った。「越後の毒消し売り」発祥地はここである。これらの村々は、明治

期の合併によって形を変えていったが、明治34(1901)年の新潟県による合併に際しては、各村の違いがあり過ぎて融和の見込みがないとして反対運動が起きたという記録もある(『巻町史』下巻:203)。

いっぽう、こんにちの巻町中心部(旧巻町)には明治期から郡役所、警察署、裁判所が置かれ、西蒲原郡の中心地として順調な発展を見せた。とりわけ明治26(1893)年に設立された巻銀行は、近郷農村の農家取引の増大を基盤に拡大を続けたが、昭和4(1929)年に政策誘導により第四銀行と合併している。その他、新潟貯蓄銀行巻代理店が明治29(1896)年に開設されるなどの経緯があり、商店街が空洞化しがちな今日でも、駅前の本町通りには四金融機関の支店が軒を連ねている。

角田山と海岸の村々は、昭和30(1955)年の大合併によって巻町に編入された(図3-1)。これは町村合併促進法を受けたものであるが、このときにも用水問題から反対運動が起き、松野尾村が合併協定書に調印をしないなど曲折があった[5]。いずれにせよ、こうして鳴き砂[6]の角海浜から、ブナ照葉樹林の角田山麓地帯、潟の干拓で広がる西蒲原平野までを抱えた現在の「大」巻町が形成されたのである。ちょうど米作り百万トン運動が始まった頃であり、

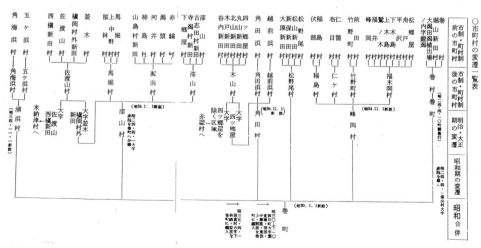

図3-1　巻町合併史

出典　『新潟県市町村合併誌』

山賀小七氏はこの百万トン運動で日本一に輝いたことがある。日本全体が高度成長を目指し、「右肩上がり」の夢を持って走り始めていた。

　原発計画が明らかになったのは、高度成長をめざす流れが頂点に達する1967年のことであった。しかし原発について語り始める前に、この町の特殊な政治史については、もう少し詳しく見ておく必要がある。「この町には、一言でいわんね複雑さがある」(山賀氏)と異口同音にいわれる、その文脈を整理しておきたい。

1.1　独立した文化圏

　かつて郡役所が置かれた巻町は、人口3万の小都市でありながら県総合庁舎と四つの高等学校を抱え、西蒲原の郡都と呼ばれてきた。「町というよりは小さな市なんだ」とひとはいう。笹口町長は「人格と同じような意味で町格みたいなものがあるのです」といった。「巻町にはそれがある。西蒲原でどの施設をどこに持ってくるかというようなもめ事があっても、巻におくということになればおさまるのです」(Interview 98/9)。

　この都市格意識は、これまで見てきたような江戸期からの歴史のなかで形成されたものである。自然条件に恵まれたこの地域は、県内でも高い農業生産力をほこる穀倉地帯であり(表3-2参照)、近年では柿やスイカの栽培でも有名になっている。こうした生産力を背景に、この町は早くから独立した意識を強く持っており、県都新潟市に隣接しているにも関わらず、それとは異質な生活世界を維持してきた。郷土の歴史に対する強い愛着は、人口3万の小都市でありながら「巻史学会」という団体をつくり、36巻に及ぶ郷土史研究の『巻町双書』が刊行されているところからも、窺うことができる[7]。

　のちの原発反対運動にかんして県内外の応援をしばしば拒むことから「巻モンロー(主義)」[8]と皮肉られたのも、こうした独自性に由来するだろう。この町で運動家が共通して強調するのは、「巻町の歴史的事情のなかで行われた住民投票であって、すぐに一般化できるような経験ではない」ということである。「巻モンロー」という言葉を教えてくれた、「原発のない住みよい巻町をつくる会」の桑原正史氏は、「私はほとんど旅行をしません。でも、

第3章 「西蒲選挙」の町の住民投票 107

表3-2 巻町・柏崎市等の農業指標(1997年)

1967年	全国	新潟県	柏崎市	巻町	単位
農家数	5419000	198000	5906	2432	戸
耕地面積	5938000	245700	5360	3450	ha
水稲収穫量	14257000	895300	20800	15500	t
水稲10aあたり収量	453	479	486	553	Kg/a
耕地10aあたり粗収益	―	―	55	66	千円
専従者1人あたり粗収益	―	―	330	545	千円

1995年	全国	新潟県	柏崎市	巻町	単位
農家数	3443550	128901	4142	1129	戸
耕地面積	4905000	183400	4280	3480	ha
水稲収穫量	8939000	611300	15300	10800	t
水稲10aあたり収量	499	509	499	534	Kg/a
耕地10aあたり生産農業所得	81	74	63	85	千円
専従者1人あたり生産農業所得	1196	1631	1014	1774	千円

出所 新潟農林統計協会『新潟農林水産統計年報』より抜粋

注 市町村別統計が整備されるのは1967年以降である。比較のため67年分と97年分をとりあげた。

注2 67年の全国・新潟県の粗収益データはなし(生産農業所得のみのため、市町村と比較できず)

この自宅の狭い窓からのほうが、むしろ世界が見えるんじゃないかと思っているのです」といった(Interview 97/3)。

　原発推進の立場をとっていた人々を取り上げてみても、町の独自色を様々な場面で発揮してきた。町議会は1977年に原発同意決議を行った、その過程は小林伸雄氏の『巻町に原発が来た』(小林1983)に詳しいが、そのときのことを回想して「我々は同意決議をしただけだ、誘致をしたわけじゃない」と山賀小七元町議はいった。「巻町に原発が来たいのならどうぞというこって。だから、あなたが聞くような、誘致した責任というのはない」(Interview 99/5)。

　柏崎のあちこちで「誘致をした責任がある」と悲壮ともいえる台詞を聞くのとは対照的である。確かに調べてみると、他の立地点ではすべて誘致決議であるところ、巻町だけは「同意」という文面になっている。さらに、同意の対象は1号炉に限定されているばかりか、次のような3条件がついている。

① 安全性の確保と公害の防止に万全の対策を講じ住民の生活環境が十分
　　に保全されること。
② 漁業との共存共栄はもとより、産業の振興と福祉の増進など地域の発
　　展に誠意を持って対処すること。
③ 国・県および東北電力は、前二項のほか原子力発電所に関する諸事項
　　について地域住民の意見を尊重すること。

　2番目の条件は、のちの高野・長谷川町長時代に東北電力から法的根拠の
ない「協力金」を引き出すのに役立つ。この町は、このしたたかさを持って、
明治以来続く保守2派の政争をくぐり抜けてきた。

1.2 「政争」の町

　大地主の多い新潟県は、自由民権運動の時代から名望家たちの政治的活動
が活発であった。国会開設の時期には2つの政治団体が結成された。自由党
系の越佐同盟会が明治23 (1890) 年、改進党系の同好会が明治21 (1888) 年の設
立である。とりわけ同盟会にあっては、西蒲原から多くの者が加盟し、設立
当時99名の会員のうち40名が西蒲原郡であったという (『町史』下巻: 36)。ま
た、巻町で第四代町長をつとめた田辺熊一は、その後明治41 (1908) 年に政友
会所属で衆議院議員に初当選、昭和期まで議員をつとめた。地域をこまめに
回り、地盤を築いたことから、西蒲原で代議士といえば田辺と言われるほど
になった (『町史』:217)。

　このように、すでに西蒲原では政友会優位の傾向が出ていたが、大正期に
は政友－民政対立の基本構図が巻町レベルでも出来上がった。大正4 (1915)
年に、同志会 (のちの民政党) の下部組織として実業協和会が設立され、同じ
ころに政友会系の巻町研究倶楽部が組織されたという (『町史』下巻: 238)。大
正6 (1917) 年の町会議員選挙で政友派が多数を占めて以降、基本的に「万事
政友派の天下の観あり」となった (同)。そこで大正初年における停車場道路
建設問題からはじまり、昭和4 (1929) 年の疑獄事件、各回選挙における激し

い買収合戦まで、民政党が勢力挽回を期し、政友がそれに対抗するという構図で戦われる政争は絶えることがなかった。大正 13（1924）年の第 15 回総選挙では、西蒲原郡全体で 500 名が選挙違反で検挙されたという。札束が飛び交う激しい買収・供応合戦をおこない、相手方の動きを見張るため夜回りまで立つ加熱ぶりを「西蒲選挙」と言い慣わしたのはこのころからである。「政友の家」「民政の家」という色分けは、戦後まで公然と行われていたという。

　戦後に大きく状況が変化するのは、「民政の家」の土建業者水倉家が力をつけたことである。水倉組の実質的創設者である水倉庄六は立志伝中の人物で、戦争をはさんで土建業者水倉組を新潟県下でも有数の会社に育てると同時に、多くの政治家と親交を結んで政治的にも力をふるった。

　水倉家は合併後最初の巻町長選挙において、激烈な選挙戦の末に河治忠を当選させた。巻町峰岡地区出身で 1 期だけ衆議院議員となった主婦と生活社社長・大島秀一は、この政争にはじきとばされた。そもそも庄六は、地元出身の大島を支援してもよいと思い、昭和 35 年に当時の高野助役を介して、「巻農業高校の改築に 500 万寄付してはどうか」と持ちかけたという（小椋 1967: 192）。しかし大島はこの申し出を断ったため、庄六は大島の応援を控えた。そして大島が 2 期目を目指して出馬した選挙では、対抗馬の小沢辰男を強力に応援したのである。このときに小沢の後援会・沢竜会に参加し、巻町中心部の票をとりまとめて小沢から感謝状をもらった石塚又造は、「とにかく最初の選挙なんだから、選挙違反なんて構っていられないという選挙だった」という（Interview 2004/09）。3 万とか 1 万とかの札束が乱れ飛び、選挙ボスが懐に入れる金もあった。このように西蒲選挙には多額の金がかかるため、必要に応じて土地を切り売りできる名望家でなければ立候補は難しい。この選挙で小沢にはじき飛ばされた大島は「巻町の人は情が薄い」とのべて東京に居を移してしまった。

　こうして戦後の 2 派対立が生まれた。水倉系が小沢辰雄代議士の後援会（沢竜会）を、反水倉系が高橋清一郎代議士の後援会（清風会）を支えるという構図である。しばらく水倉系の力がつよく、町長選挙は無風だった。この間、町長職は 1966 年までの 3 期にわたって河治が担当し、その死後は水倉系の

後押しで江端一郎町長が2期務める。

　反水倉陣営の清風会は、第35総選挙(1979年)において近藤元次を支持し、「元友会」と改名して[9]、反攻に転じた。こうして1990年代に至るまでの、代議士代理戦争の構図が定着する。表3-3から明らかなように、中選挙区制のもとで沢竜会と元友会はつねに拮抗した勢力を持っており、この2派の力関

表3-3　新潟一区総選挙の結果(55年体制下における)

May-58	1	桜井奎夫	50	社会現	46446	21.0%	Dec-76	1	小沢辰男	59	自民現	92814	31.3%
	2	大島秀一	61	自民現	40243	18.2%		2	山本悌二郎	46	民社新	72231	24.3%
	3	高橋清一郎	48	無新	38650	17.5%		3	米田東吾	61	社会現	66855	22.5%
28回	次点	松井誠	45	社会新	37242	16.8%	34回	次点	高橋千寿	55	自民現	66556	22.4%
Nov-60	1	高橋清一郎	50	自民現	64168	27.5%	Oct-79	1	小沢辰男	62	自民現	101240	28.7%
	2	小沢辰男	43	自民新	64061	27.4%		2	近藤元次	49	自民新	82342	23.3%
	3	松井誠	48	社会新	49950	21.4%		3	米田東吾	64	社会現	75262	21.3%
29回	次点	桜井奎夫	53	社会現	45553	19.5%	35回	次点	山本悌二郎	49	民社現	65401	18.5%
Nov-63	1	小沢辰男	46	自民現	81416	33.7%	Jun-80	1	小沢辰男	63	自民現	102416	27.2%
	2	高橋清一郎	53	自民現	68478	28.3%		2	近藤元次	50	自民現	100124	26.6%
	3	松井誠	51	社会現	44404	18.4%		3	米田東吾	65	社会現	75318	20.0%
30回	次点	桜井奎夫	56	社会元	44229	18.3%	36回	次点	山本悌二郎	50	民社元	74169	19.7%
Jan-67	1	小沢辰男	50	自民現	94910	37.2%	Dec-83	1	小沢辰男	66	自民現	123492	33.9%
	2	高橋清一郎	56	自民現	79553	31.2%		2	近藤元次	53	自民現	85216	23.4%
	3	米田東吾	51	社会新	73184	28.7%		3	関山信之	49	社会新	70532	19.4%
31回	次点	山本悌二郎	36	民社新	32133	12.6%	37回	次点	山本悌二郎	53	民社元	66678	18.3%
Dec-69	1	小沢辰男	53	自民現	95159	33.9%	Jul-86	1	小沢辰男	69	自民現	118771	32.2%
	2	米田東吾	54	社会現	63178	22.5%		2	近藤元次	56	自民現	104267	28.3%
	3	高橋清一郎	59	自民現	61046	21.7%		3	関山信之	52	社会現	66699	18.1%
32回	次点	山本悌二郎	39	民社新	45792	16.3%	38回	次点	山本悌二郎	56	民社元	58376	15.8%
Dec-72	1	小沢辰男	56	自民現	100824	30.7%	Feb-90	1	関山信之	56	社会現	128513	32.2%
	2	高橋千寿	51	自民新	72620	22.1%		2	近藤元次	62	自民現	116449	29.2%
	3	米田東吾	57	社会現	67396	20.5%		3	小沢辰男	73	自民現	111699	28.0%
33回	次点	山本悌二郎	42	民社新	54815	16.7%	38回	次点	高沢健吉		民社新	24497	6.1%

注1　『朝日選挙大観』各年版および朝日新聞本紙による
注2　第五位以下は省略したが、得票率計算の分母には含めている
注3　「沢竜会」を後援会とするものをゴシックで、「清風会‐元友会」を後援会とするものを網掛けで示した

係が西蒲原のローカル政治を決めていたといえる。巻町においても町長ポストを獲得した派閥が、公共事業をはじめとする多くの利益配分に与ることができる。建築業2社がこの「沢竜－元友」対立と結びつき、系列を構成していた[10]。そして多かれ少なかれ、これら企業との結びつきの中で商工業者たちは生活している。以上が合併当初の巻町権力構造であり、これは政府能力・統治連合・ルールのどの点からも「名望家レジーム」と理解されるだろう。その統治連合を図3-4に示す。

名望家レジームが江端町長のもとで準備され、戦後の政争の幕が開こうとするとき、突如として原発計画が持ち上がったのである。

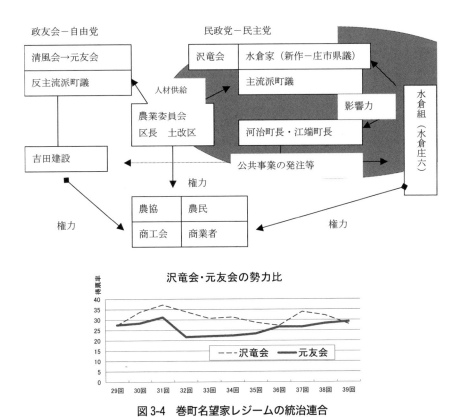

図3-4 巻町名望家レジームの統治連合
注　色付きの楕円で囲った部分が統治連合を示す。

1.3 反対運動の展開

1969年6月3日の新潟日報は、角海浜に原発建設計画が存在し、用地買収がすでに始まっていることを報じた。同日、東北電力もこのことを認めた。実際には一年ほど前から用地買収が行われていたが、「観光開発」の名目で東北電力から委託を受けた業者が行っていたため目立たなかったのである。

小林伸雄氏の『巻町に原発が来た』によれば、東北電力社内では68年夏頃に候補地が角海浜に絞られ、68年秋には君知事に近い食品会社社長を中心に実働部隊が結成された。用地買収の窓口になる東北興産が69年2月に設立され、「地権者─東北興産─東北電力」「地権者─東北興産─福田組─東北電力」という二ルートが存在していたという。すでに角海浜は過疎化しており、69年5月に開かれた部落総会で反対していた角海浜部落も、12月には賛成に転じた。1971年末には約9割の用地が買収された。「越後の毒消し売り」（佐藤 2002）で全国に名を知られた角海浜は、3年後に廃村となる。

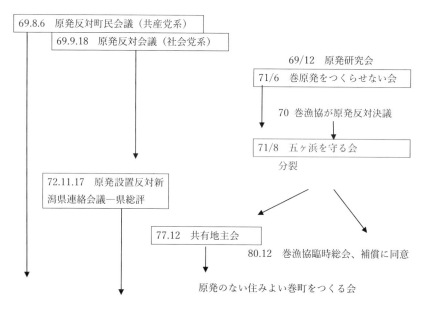

図3-5　反対運動の展開過程図（立地点運動期）

原発計画に対して革新勢力を中心とする反対組織の結成が早かったのは、すでに運動が始まっていた柏崎の影響もあったという。共産党系の「巻原子力発電所建設反対町民会議」がスクープの2ヶ月後の8月、社会党系の「巻原子力発電所設置反対会議」が翌9月に結成された（**図3-5**）。これらの組織は1972年に越後七浦シーサイドライン迂回反対運動、1975年には第2次海象調査補償交渉への抗議運動などを行うが、革新政党系の精鋭はおおむね柏崎に回ったこと、政党間の運動方針の差が表面化したことなどから、原発立地点の中では小さな運動に止まった。

　しかし一方、東京から地元にかえってきた学生を中心に作られた「巻原発をつくらせない会」（69年12月）は、独自の展開を見せ始めていた。町中心部でジグザグデモをするなど学生運動あがりの示威的活動が町民に冷ややかに見られるだけと気づき、予定地に隣接する部落である五ヶ浜に入るようになったのである。部落の人々は警戒していたが、朝のバスで来て夕方のバスまで帰る手段のない学生たちとともに、次第に学習会などを形成してゆくことになる。中心になっていた遠藤寅男氏は、部落の長老である阿部五郎治氏と次第と仲良くなり、一週間以上も顔を出さないと、「どうして来なかった」と言われる間柄になった[11]。

　こうして学生たちと部落の人々を糾合した形で「五ヶ浜を守る会」が形成されたのは71年8月のことであった。地元における本格的な住民運動の出現である。しかし、当時も今も海岸部は巻町の中心部とはあまりにも切り離されていた。「五ヶ浜は現在62世帯220人、当初から比べると、人数も若い人も益々減りつつある、過疎の部落です。また上水道もなく、前は雪がふると、私達は峠越えもできない状況だったのです」（松島1981）。したがって、この運動は浜手に限定されたものであって、町場には広がりを見せてはいなかった。

　反対運動が立地点に限定されるなかで、議会は受け入れを基本方向として進んで行く。巻町議会は、新聞報道ののち第一次の、正式な計画発表があった1971年6月に第二次の原発対策特別委員会を設けて、原発先進地の視察、東北電力からの説明聴取、全町民への報告書配布などの活動を展開した。し

かし、肝心の町長である江端は煮え切らない態度に終始した。再び小林伸雄によれば、挨拶にも来ない東北電力に不信感を強めてのことという (1983: 84)。これに業を煮やした保守勢力は、次の選挙で村松次一を擁立することにした。村松の方が与し易いと見た社会党も密かに村松支持に回った。

2選されていた江端を引きずり下ろすために「選挙戦は激烈を極め、別名「ビール券戦争」とまでいわれた (...) 巻の選挙史上、住民末端にまで買収工作が及んだのはこの選挙からだ」(小林 1983：82)。しかし、そもそも推進反対両勢力のバランスの上に成立している村松町長も、推進主体とは成り得なかった。「安全性が確認されない限り原発建設に賛成しない」とする選挙公約を、議会でも繰り返し表明し、1975 年 2 月には社会党系の「反対会議」との間にも同趣旨の確認書を交わした。

東北電力内と、自民党巻支部を基盤とする保守勢力がこのころから影響力を強めてくる。この勢力は、村松からのトップ・ダウンをあきらめ、議会外から攻勢をかけることにした。76 年には「巻原子力発電所推進連絡協議会」が発足している (図 3-6)。これは実体としては自民党巻支部であったが、76-77 年に大量の住民を原発視察に動員した。このとき同時に、原発誘致を求める署名が取り組まれ、12000 余りの署名が集められた。いっぽう、出遅れた反対運動が集めた署名は有権者の 3 割に止まった。

こうして外堀が埋められれば、あとは議会決議である。しかし 77 年 3 月から 3 回にわたる定例議会は紛糾した。「推進連絡協議会」と「反対会議」がともに原発建設に関する請願を提出、東北電力による町議会特別委員会への補足説明会は実力阻止された。そこで 77 年 12 月の同意決議開催には工夫が必要だった。反対する 4 議員には何も連絡せず、議会前日に新潟厚生年金会館に残りの推進派議員たちが集まってリハーサルをしたという (小林 1983: 98)。同日夜にマイクロバスで巻町に戻った議員たちは、予定通り議会を運営して採決に持ち込んだのである。

12 月 19 日、「原子力発電所建設同意に関する決議」が採択された。ここまでは、巻町の歩みは柏崎とほとんど変わるところがない。ただし、政争の火種が消えたわけではない。すでに見た自民党巻支部を中心とする新興勢力と、

第3章 「西蒲選挙」の町の住民投票　115

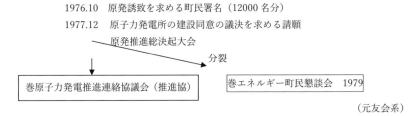

図 3-6　推進運動の展開過程図

　河治・江端町長を支えてきた水倉側との思惑と利害関係は、決して一致してはいないからである。東北電力の影響力が強まったということは、統治連合のうち図3-4の右側（水倉派）が主流派となり、small opportunitiesの配分に優先的に与るということを意味していた。反水倉勢力がこれに満足しているはずはない。彼らは「エネルギー懇談会」を形成して分裂し、のちに長谷川要一を町長候補に担いで水倉＝沢竜連合に対抗する。

　東北電力は1976年から漁業補償の前提となる海象調査（図3-7にいう環境調査）を開始したが、調査終了直後にスリーマイル島事故が起きたため、交渉開始は1980年にずれ込んだ。このころ、柏崎ではすでに原子炉1号機が着工しているから、図3-7上で見ると、順調な柏崎に比して巻原発計画は何も進んでいなかったに等しい。

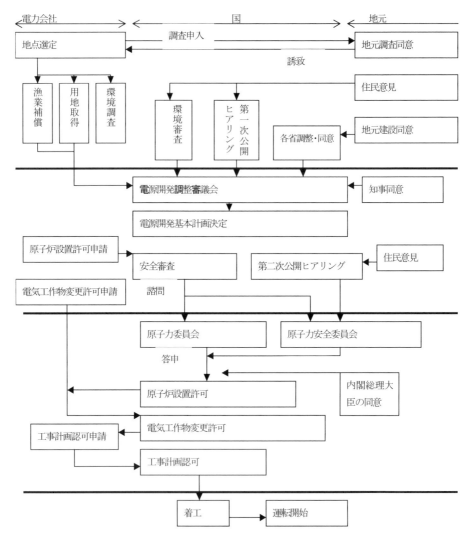

図 3-7　原発立地に関わる行政手続の概要

出所　通産省資源エネルギー庁, 1993: 357 から作成

先述のように「五ヶ浜を守る会」によって反対で結束していた五ヶ浜部落は、部落のリーダーであった阿部五郎治氏と遠藤正経氏の死去により、形勢を逆転させていた。80年12月20日、巻漁協（遠藤組合長[12]）は臨時総会を開催し、10年前の反対決議を撤回する。賛成158、反対10で39億6000万円の補償金を受け取ることにしたのである。補償額がまとまるかどうか微妙だったが、当時の君健男知事らが仲介に動いた結果である。

この漁協決定は、いわゆる「原発立地の三条件（地元同意、漁業補償、土地取得）」を整え終わったことを意味する。①用地はほぼ取得し、②漁業権は放棄され(1981)、③議会と首長の同意が得られた(1977)。この三条件は、電気事業法に定められている、通産大臣が発電施設立地許可を出す前提をなす。あとは、通産省の電源立地調整審議会に計画を上程すれば、地元の動向とは関係なく建設を進めてゆくことが可能である（図3-7）。

電源立地調整審議会の承認は1981年11月に下り、国の電源開発基本計画に巻原発計画が組み込まれた。翌1982年1月には一号機原子炉設置許可申請が出され、安全審査が開始される。角海浜に4つの原子炉を設置する手続きは離陸し、「スケジュール化」(1章参照)の波に乗った。

1.4 原発レジームの構築

町の権力構造に戻ろう。78年町長選挙において、村松次一は巻原発反対会議との申し合わせを破棄し、再選されれば最初の議会で原発建設に同意すると表明した。いっぽう、すでに言及したように、統治連合の主流を取り戻したい沢竜・水倉勢力は、江端時代の助役、高野幹二を担ぎ出した。高野は「住民参加の監視体制づくりなど企業ペースを許さない方向で原発推進」とか「安全の確認は町民の意思を尊重し巻町方式で進める」という主張を掲げた。新興勢力の影響力を削ぎ、統治連合の主流を取り戻そうとする意図を、言外に読みとることができよう。革新系の船岡も立候補したが、保守分裂のなかに埋没してしまった。この選挙は、「おびただしい選挙違反による検挙者を出し、原子力発電所建設問題が全国の注目を集め、また保守派同士のしこりを残す結果となった」と『町史』は書いている(676)。空き家にもビール券が

配られたといい[13]、使った金は双方で2億近くと言われた。この買収合戦の
なかで最終的には原発問題は霞んでしまった。選挙違反の摘発は20人以上
に及んでいる。

　結果としては、原発に関してより慎重な高野が当選した。79年、スリー
マイル島の事故が起きたため、高野町長は電源開発調整審議会への首長同意
は国や東北電力による安全確認がなされない限り行わないと言明した。しか
しこれは言葉の綾である。当初は新興勢力への対抗意識を持っていた高野町
政もまた、東北電力の豊富な資金力に頼るようになるからだ。文化会館への
寄付2000万円を初め、節目節目に大きな協力を受けている。

　こうして高野は翌80年12月には議会で原発建設への同意を表明し、電源
三法の受け皿となる地域振興計画[14]作成にも着手している。さらに漁業補
償の妥結とヒアリングという、巻原発建設にとっての最後のヤマが、まさに
彼の町長時代に訪れている。そして81年8月のヒアリングが、反対派と機
動隊の衝突のなか完了したことで、誰もが最終的なゴーサインが出たと考
えていた。東北電力が同意決議にもとづく「協力金」を支払いはじめたのは、
原発計画がこのように行政手続きラインに乗ったからに他ならない。協力金
の総額は、80年から83年にかけて32億6000万円に及ぶ[15]。

　原発レジームが形成されるように見える中で、高野 - 水倉勢力が small op-
portunities を独占することに対し、反主流派は反発を強めていた。高野町長
は「議会を軽視し、東北電力・県との折衝を単独で進めていると批判を受け
ていた」と『町史』はいう（下巻：676）。これに対して元友グループは1982年町
長選挙で長谷川要一町議を候補として擁立、高野の足下をすくって当選させ
たのである。長谷川が当選した要因の一つは、原発積極推進を打ち出す高野
に対して慎重な姿勢を印象づけたことにあった。加えて高野は町立中学校建
設をめぐる談合疑惑の渦中にあったという不利も背負っていた。こうして、
統治連合は10年ほどの間に沢竜（水倉）・元友（反水倉）勢力のあいだを揺れ動
いた。双方の抗争は、東北電力の提供する豊富な small opportunities をどちら
が多く獲得するかの争いに他ならないことが、以上の経緯を見るとよくわか
る。この争いのなかで議会運営・選挙戦など全ての局面にわたって駆け引き

と裏切りが繰り返され、両派の感情に抜きがたい不信感を植え付けた。

　なお 1982 町長選挙では、原発反対 3 団体（巻原発設置反対共闘会議、巻原発反対共有地主会、原発から市民を守る諏訪の会）が、はじめて独自の反対派候補を擁立したが、これがのちに「実行する会」で知恵袋的役割を果たす弁護士の高島民雄（当時 34 歳）である。高島が出馬した理由の一つは、公開ヒアリングを機に盛り上がりを見せた反対運動を持続させることだった。当時、反対運動を担っていた社会党が候補擁立を見送った。それに対して、「候補者を立てなければ、町民は原発反対派のことをどう思うだろうか」と危惧し、負け戦を承知で決断したという[16]。彼の展開した草の根的選挙運動の結果は、保守両候補が選挙戦のなかでは終始原発問題を回避したこともあり、2000 票あまりに終わった（**表 3-8**）。

　しかし、このときの高島選対を母体にして、「共有地主会」を発展させた「原発のない住みよい巻町をつくる会」が発足することになる。この会は特に会員名簿を持たず、また代表も置いていないなど、ネットワーク型組織としての特徴を持っていた。「新しい社会運動」の走りといえるかも知れない。そして、この会が発行する「げんぱつはんたい町民新聞」が、町民のなかに原発計画への懐疑を醸成してゆくことになる。運動が次第に浜手から町場に移行していったのである。

表 3-8　82 年までの巻町長選挙結果

選挙日	候補者		前職	得票	得票率	原発への態度
74.8.4	村松　次一		町議	9825	57.9%	曖昧
	江端　一郎		町長	7155	42.1%	曖昧
78.8.6	高野　幹二		元助役	8058	44.4%	慎重推進（安全協定など）
	村松　次一		町長	7610	41.9%	再選したら推進
	船岡　満	（無革）	地公労議長	2491	13.7%	反対
82.8.1	長谷川　要一		町議	8298	43.9%	慎重推進（事故補償金など）
	高野　幹二		町長	8256	43.7%	推進
	高島　民雄	（無革）	弁護士	2358	12.5%	反対

1.5 最初の躓き

高島の挑戦を弾き飛ばしたローカルレジームであるが、肝心の原発計画が
この時点で躓きを見せた。ネックになったのは土地だった。1983年末には、
東北電力は巻原発用地204万㎡のうち、97%を買収しており、未買収地のな
かでも公有地・共有地を除いて買収の目処が立たない土地は約3000㎡に過
ぎなかった（『新潟日報』1984/2/15）。このうち3区画の土地がとくに厄介な問
題を引き起こすことが、この頃になって明らかになってきた。

その1つは、旧角海浜村が所有し、合併に伴い町有地となった土地であっ
た（図3-9のA・Cの区画）。ここに墓地を持つ称名寺・城願寺が所有権確認訴
訟を起こしたのである。町長斡旋も成功せず、訴訟は1986年まで持ち越さ
れた。さらに旧地主の一部が「東北電力は原発用地と知らせずに土地を買収
した」として土地返還訴訟を起こしてもいた。

民有地の大部分は、補償額をさらに吊り上げるために売却を先延ばしてい
るものだった（図3-9のB・F・G・H）が、それとは別に反対組織が2区画の土
地を持っていた。そのうちの1つ、「原発反対共有地主会」が団結小屋を立
てた土地は（図3-9のD区画）、先述のように角海浜部落のリーダーであった
阿部五郎治氏から遠藤寅男氏が譲り受けたものである。譲渡の経緯は、た
ぶんに偶然によるものだった。70年ごろのある日、東北電力側から阿部氏
の所有地の買収見積もりが示されたと聞き、自分たちにも売ってほしいと
遠藤は申し出た。阿部氏は「海の中の土地だけど」と現地を案内してくれた
が、行ってみると本当に波打ち際だったという。それでも遠藤氏は71年10
月、囲炉裏越しに「おれに土地を売ってくれ」と頼んだ。阿部氏は「そうけ」
と言ったが、その土地はもう海に沈んでいるかも知れないとも言った。しか
し測量の結果、この51坪は水没しておらず、仲間7人が登記に参加して「共
有地主会」を形成したのである。遠藤氏の月給と、ちょうど同じ額の2万円
が譲渡額だった[17]。

たまたま土地が水没していなかったことが、計画を10年程度行き詰まら
せることになった。この土地は計画されていた3号炉の直近にあるため、原
子炉設置許可を出すことができなくなったのである。再び東北電力が動きだ

すのは、当初 4 基の原子炉計画を、いま見た反対派の土地を避けて 1 号炉の
みの計画に縮小してからである。

1984 年、電源立地調整審議会の安全審査は中断された[18]。東北電力は巻
原子力発電所計画の延期を発表した。その後 20 年間にわたり巻原発計画は、
立地手続きのなかで極めて居心地の悪い位置に置かれたままとなった（**図
3-10**）。原子力行政の継続性と権威を確保するためには、もはや撤回しては
ならない位置だったのである。

計画延期に伴い、町への協力金も中止された。協力金収入を前提に町は起
債を行い、大型事業を実施していたので、長谷川町長の任期後半はひたすら
財政再建に駆け回る毎日だった。統治者たちはこの経験を通じて、安定した
収入源である原発にたいする渇望をさらに強めたといえよう。守勢にたった
長谷川は、86 年の町長選挙において、1 回りも若い佐藤完爾の挑戦を受ける。
佐藤は原発に関して「凍結」という公約を掲げ、圧勝した。ここでも、原発
に対してより慎重な候補が当選するというパターンは踏襲されたのである。

佐藤はいかにも若々しく清新な印象を与えた。青年層をはじめ、幅広い層
に人気を持っていた。さらに彼は、これまでの政争を基盤にしてはいなかっ
た。彼のもとで、議員たちの対立は和らぐ方向に向かう。佐藤が 1 期目の 4
年間には「安定したパワー・エリート」[19]構造への変容が起きつつあったと
考えられる。

このことは原発計画にとっても好都合であった。おりしも、町有地をめぐ
る訴訟は 86 年 2 月に終結し、炉心予定地の墓地（図 3-9 の A・C）が町の所有
であることが確認されていた。残る障碍は「共有地主会」の民有地 (D) だが、
東北電力は先述のように反対派民有地を迂回する計画を立て直し、電源調整
審議会もこれを追認したのである。そして値上がりを当て込んでいた民有地
(BFGH) は 92 年からの 2 年間で買収を完了した。

佐藤が再選後に編成した 91 年度予算は前年比で一気に 11 億円拡大、92
年度も前年比 16 億円近く拡大している（**図 3-11**）。この予算では、大幅に拡
大した支出を再び町債で担保していたが、これは原発建設による固定資産税、
電源三法交付金などで埋め合わせることを予定していたとみられる[20]。91 年

122

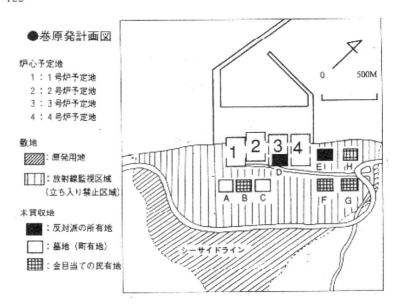

図3-9　巻原発計画用地の土地関係図（1992年時点）

出所　高島 1996: 4

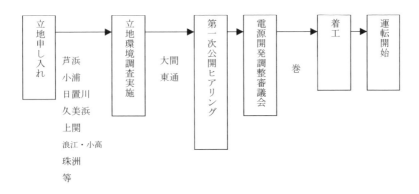

図3-10　各地の原子力発電所立地の段階（1999年時点）

注　その後、東通は2005年末営業運転開始。

の町議会選挙でも推進の立場をとる議員が優越した。1990町長選挙では佐藤の対立候補を支援して元友会勢力がいったん干されるということがあったものの、東北電力の努力などによって両派は合同して「原子力懇談会」を結成することになった（1992年）。角をつき合わせてきた沢竜系の「原子力推進協」と元友系の「エネルギー町民懇」が、12年ぶりに合流したのである。ただし、どちらの派が会長をとるかで対立した結果、バランスをとるために自民党支部長だった阿部熊一が会長に就任した[21]。阿部はのちに、住民投票運動をめぐるマス・メディアの取材の矢面にたって、しばしば立往生することになる。

さて、こうして統治連合を組み直すなかで、93年以降には、東北電力の広報活動が目に見えて活発化し、佐藤町長はフランスに原発視察に出かけた。こうした環境整備のうえに、佐藤は94年町長選の直前、「三選後は世界一の原発をつくる」と議会で宣言したのである（94年3月）[22]。

ここで、70年代中葉から始まった「原発レジーム」の構築は、15年もの月日をかけて、ようやく完成しつつあるように見える。しかし注意しておきたいのは、ここで統治連合の組み替え（商工派議員の台頭）は起きておらず、政府能力の拡大やゲームのルールの変更（補助金財政や都市型経営）は中途半端だったということである。原発レジームは、small opportunities の供給源としてのみ機能しはじめていた。2章で見た柏崎では名望家的な「革新レジーム」

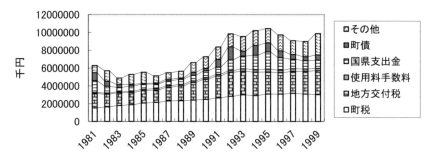

図3-11　巻町財政の推移

がいったん完全に解体されてから「地域開発レジーム」へ、さらに「原発レジーム」へと統治連合の組替えが進んでいった。ここは巻・柏崎の重要な相違点である。

2節　住民投票運動の展開

2.1　戦後巻町の政治文化

　小作争議もなく革新系勢力が伸びなかった巻町は、戦前戦後をつうじて安定した保守地盤であり、80年代までの議会構成をみると、おおむね定数22のうち社会1共産1が指定席で、残りは保守系という構図であった。議員たちは地区推薦を基盤にして当選し、これら地区は名望家を中心に選ばれる区長によって統制されていた[23]。したがって人々の投票行動は一貫して自民党支持である。このように保守イデオロギーが支配的ななかでは、国の権威は大きな重みをもち、逆に原発に反対するものはそれだけで「反体制」と見なされるだろう[24]。「加藤登紀子を聞いているだけでアカといわれる」[25]政治文化である。したがって、原発は町長選挙のなかでは顕在的争点となることは少なかった。それが辛うじて争点化するのは、78年や82年のように原発反対を掲げた候補が出馬するケースに限定されるが、この場合にはかえって、他の主流派候補は原発に触れない傾向が強まる。

　じっさい、94年までの歴史は、前節でみたように権力構造内部の変動として語ることができ、町民そのものは主人公として登場しては来ない。町の政治・経済権力とのつながりの中でしか生き残れない商工業者をはじめ、「不安定なパワー・エリート」構造の支配を受け入れてきた人々は、権力構造の再編にたいして抵抗することはなく、どうせ原発はできるのだという「深いあきらめに埋もれていた」(桑原 1995: 29)。

　この「あきらめ」については、次のような証言もある。建設予定地の五ヶ浜部落で漁師をしていた斉藤政六氏が語った言葉として、ルポルタージュのなかに残っている。81年の公開ヒアリング当時のことである。

第3章 「西蒲選挙」の町の住民投票　125

　　しかし、けっしてヒアリングを強行することを賛成派もふくめていい
　　とは思っていない。賛成側だって、金をもらったから賛成なんで、原発
　　はこない方がいいことはわかってるのだ。けれどもなんだって、時の政
　　府がやることだし、権力と儲師が組んでやることだし、その手先を町長
　　がやることだし、にらまれて損をしても困るし、仕方ないと思っている
　　んだね。(1981年8月、剣持1982:299)[26]。

　しかし、それから十年ほどのあいだに、大きな変化がおきつつあった。そ
れは主として、巻町の社会構成の変化によるものである。

　モータリゼーションが進展するなかで、新潟市に隣接する巻町はベッドタ
ウンと化しつつあり、とりわけ町出身の若い層が新しい建売住宅を購入して
戻ってくるようなケースが増加していた[27]。「これほど人口が増えるとは思
わなかった」と支配層も新聞記事で語っている (新潟日報報道部1997)。これま
でのように家長や区長を媒介にした統制が有効でない層が一定程度出現した
ことを意味する。「にらまれて損をする」こともない人々である。また観光
都市としての性格も強まった。隣接する弥彦、岩室が全国的に有名になっ
たことに伴い、82年度には78万人に過ぎなかった入り込み客は、95年度に
は149万人に達している。町商工観光課によれば、「新温泉・じょんのび館、
全国初の地ビール、地ワイン施設のオープン効果が大きい。海水浴観光が通
年観光に変わりつつある」[28]。

　こうして、「郡都を吉田町に奪われた」[29]ことに焦りを深める支配層に対し、
一般の町民の間ではベッドタウン化しつつある巻町という認識が生まれ始め
ていた。たしかに反対運動は町民への影響力をもてずにいたが、住民投票運
動の展開を見れば、町民が政治に満足していたわけではないようだ。同調を
強いられてきた町民層の一部には、「一回でいいから声を出したい」(「実行す
る会」ビラの表現による)という欲求が潜在化し、また住民意思から乖離した
既成政治への不信が強まってもいたと考えられる[30]。

　これまでのように既成政治に同調してゆく層と、むしろ既成政治に対する
不信を表明しようとする新しい層が2つながら町を構成していることが初め

126

表3-12　94年までの巻町長選挙結果

選挙日	候補者	前職	得票	得票率	原発についての公約
86.8.3	佐藤　完爾		9517	50.7%	争点にならず
	長谷川　要一	町長	9268	49.3%	
90.8.5	佐藤　完爾	町長	11438	60.7%	凍結
	長谷川　要一		7419	39.3%	凍結。社会党と政策協定
94.8.7	佐藤　完爾	町長	9006	45.9%	積極推進
	村松　治夫	町議	6245	31.8%	慎重推進、住民の意向調査
	相坂　功	保育園経営	4382	22.3%	反原発

て表面化したのは、佐藤が3選されたものの大きく票を減らした94年町長選挙の結果であった (**表3-12**)。この94年選挙から、巻町の政治は全く新しい段階に入る。

2.2　1994年町長選挙

　佐藤は「3選されたら世界一の原発をつくる」と議会で宣言して選挙戦に臨んだ。しかし、彼は選挙戦のなかでは原発に触れていない。また、対抗馬として立候補したのは町議の村松治夫 (村松次一の子) であったが、彼が本心から原発反対でなく、当選のための便宜として「原発に慎重に対処する」としているに過ぎないことは周知であった[31]。したがって、この両者が立候補表明した段階ではまだ、原発は顕在的争点にはならなかった。このとき、のちに「実行する会」に集まるメンバーたちは佐藤3選を阻止するために村松支持に回った。

　しかし社会福祉法人「風の子保育園」を経営していた相坂功氏は危機感と怒りを強めていた。

　　原懇とエネ懇が一本化されて、訴訟も終わって、佐藤はもうやれると思ったのだろう。(...) 町民はとうぜん原発計画が進みつつあることを分かっていて、反対派が戦ってくれると思っていた。(...) ところが社会党

の竹内十次郎 [元県議] は『負けるとわかっている犠牲候補は出せない』というんだ。犠牲候補。何という言葉かと思った。　　　　　　（Interview 97/3）

　相坂は「原発反対」を掲げて告示直前の7月初旬に出馬を表明する。政治とはなんの関わりもなかった彼は、とくに支持基盤を持つわけでも、知名度が高いわけでもない。8年前、高島民雄が挑み、2358票しか取れずに一敗地にまみれたのと同じ状況である。立候補を決めた7月2日に「さっそく警察とマスコミが来た。[頬に傷をつけるまねをして] こういうのも来たよ」（Interview 97/3）と相坂は言った。反対運動の一部とも確執があったようだ。

　このとき「原発のない暮らしと、福祉の町づくり」を掲げて主婦たちが結成したのが「青い海と緑の会」であったが、これは保育園関係者を越える拡がりを見せ、7月末には180人がメンバーとなった。相坂は自宅のパソコンを使ってビラを作り、それは後に記録集としてまとめられたが（青い海と緑の会 1997）、それらのビラから「青い海と緑の会」の「新しい社会運動」的な特質（長谷川 1991）を窺うことができる。環境・生活を重視するような脱物質主義的価値観を掲げていること、担い手のほとんどが主婦であることは、80年代後半以降に注目されはじめた全国的な反原子力運動と共通する部分がある[32]。また、町内ではしばしば共産党系と見られている相坂だが、「緑の会は個人参加であり、団体は入れない」と述べる彼は、共産党や市民新党にいがたの人々と共同作業をしたこと、それに感謝していることは述べつつも、組織としての党とは一線を画しているようだった。こうした反組織的な特徴も、「新しい社会運動」的と判断されうる。

　しかし一方で、この会の提示するフレーム（運動の主張を提示する枠組み）[33]には一般的な反原発運動を越えた新しさがある。ビラの内容を詳しく分析してみると（表3-13）、「原発の危険性」や「事故」「被爆」問題を強く訴えるフレームがほとんど登場していないことが分かる。むしろ繰り返し訴えられているのは「町民の願い」「民意」の実現であり、それを実現しない推進派への批判である。原発に関して触れられるときも、地域振興や核廃棄物問題が主たる論点となっている。こうした点は、「危険性」を全面に出し、しばしばセン

128

表 3-13 「青い海と緑の会」ビラの見出し分析[34]

号	見出数	メイン見出し	号		メイン見出し
23	10	町民の意思が町政の出発点	34	8	原発はいらない　住民投票は大きく確かな流れに
25	3	町民の願い　やっと実を結びました	35	4	住民投票の実施へ　いよいよ高まる期待
26	9	すり替えと骨抜き　原発推進派の住民投票条例案とは	36	7	春はもうすぐ　住民投票めざして一直線
27	9	町民を信頼し町民と歩むことが住民投票の原点	37	7	さよなら原発　こんにちは新しい町づくり
28	9	町民の願いが息づく美しい巻町を	38	4	やっぱり被爆します　放射線
29	2	住民投票について佐藤町長がついにホンネをはく	39	6	原発に頼らない新しい町づくりへ　あふれる町民の息吹
30	4	これが原発推進の議会制民主主義	40	7	太陽光発電に自然の恵みを実感
31	8	はっきりしました町民に背を向け議会を操る人	41	2	あと少しです　町民の願いが実現する日
32	4	安心できる町政をつくるために	42	20	住民投票に向けて考えよう
33	6	原発のない町への重要なとき東北電力が重大発言	43	3	一人ひとりの町民の願いが巻町をつくります

サブ見出しまで含めた用語の登場回数

号数	「意思」「民意」「願い」	「住民投票」	推進派・電力への言及	原発のコスト・廃棄物関係	エネルギー	トラブル・被爆関係	地域振興・まちづくり	その他
23	1	2		6				
25	1	1	1					
26	2	5	3					
27	1	3	1	4				1
28	1		2	2		1	1	1
29								
30	1		3					
31	2	1	5					
32	1		1				1	
33	1	1	3					
34	1	2	4					
35		1	1				1	
36		2	1	2		1	1	
37	1		1		1		1	2

38					1	3		
39			2				2	3
40	1			1	4			
41	1							
42		2			3		8	2
43	1	1	1					

セーショナルな見出しとフレームを掲げる従来の反原発運動とは一線を画すものである。

　彼の選挙運動はそれまでの常識を破るものだった。選挙責任者がフォークシンガーの横山作栄であり、さらに横山の父は町商工会長までつとめた有力商店主であった。相坂によれば、その商店は各方面から圧力を受けて売上が激減したという。

　投票箱をあけてみると、組織も地盤もない相坂は 4300 票を獲得していた。「ギターを弾いているだけでなぜそんなに得票したのか」と人は驚いた。これまでの町長選挙で保守派候補が取ってきた原発の非争点化戦略がもはや有効でないことを示す結果でもあった。

　しかしいずれにせよ、反対派にとって政治的完敗であった。相坂候補と村松候補に原発反対票が分散した結果、共倒れとなり佐藤完爾が 3 選を果たした以上、町政は原発レジームに向かって最終の舵をきることになるからだ（表 3-12）。「住み良い巻町をつくる会」の桑原氏は葉書による住民投票を提案したが、メンバーの反対をうけ実現には至らなかった。運動は手詰まりとなり、原発推進派にとって最終的な勝利が訪れたはずだった。

2.3　「実行する会」の誕生

　しかし、巻町の「熱い二年間」はここから始まった。相坂に 4300 票が集まったという事実は、新しいタイプの投票行動の顕在化を示したものと解釈できる。高島は次のように総括している。

私は20何年、原発反対運動をやってきましたが、町長選挙で明確に原発反対を意思表示するまでの意識は巻町民の中にはまだない、と分析していました。(...)しかし結果の数字を見て、私は反省しました。相坂功がこれほどの票をとるとは思わなかった。私たちの支持もない厳しい条件の中で、彼にこれだけの票が集まったことは大変ショックでした。自分自身の方針も分析も誤ったと思いました。20何年も闘ってきて、肝心要のところで町民の気持ちを見誤っては勝てません。おそらく私と同じように反省した人がたくさんいたと思います。　　　(高島 1996: 6)

　ここから、何か行動を起こすべきだとする意識が、のちに「住民投票を実行する会」を形成するメンバーのなかに芽生えていったようだ。このメンバーは、普段から町の目抜き通りにある田畑酒屋に集まり、さまざまな茶飲み話をしていた。田畑酒屋の主は、高島の義兄にあたる田畑護人である。この間の事情を、今井一の描写によって描くなら次の通りである。

　　選挙が終わって二週間が過ぎた八月下旬、彼［田畑］は店にやって来た友人の大橋四郎にこう言った。「町民の半数以上は絶対に原発を嫌がってる。ここに暮らしてりゃそんなことはわかるさ。今度の選挙だって、村松（原発慎重）、相坂（原発反対）の取った票の合計が1500票以上も完爾を上回ってるし、完爾に投票した人の中にも原発については反対だと考えている人が大勢いるはずだ。それなのに原発がつくられてしまう。こりゃ、どう考えてもおかしな話だで」
　　そして、九月二日の夕刻、大橋四郎、笹口孝明、菊池誠ら数人の町民が田畑の店に集まった。来訪者はみんな、ほぼ同じ考えを持っていた。つまり、このまま放っておけば、近い将来必ず町に原発がつくられることになる。町民がそれを求めているのなら黙ってもいるが、町民の多数意思に反してつくるのは絶対に許さないということだ。
　　「まず、これが民意なんだというものを示さんとな」
　　「民意をはっきりさせるためには住民投票が一番いい。やれんもんか

なあ」

　「町長も議会も、やれば反対票が多くなると思って絶対にやらんよ」

　「じゃあ、自分らでやるか。自主管理でやろう」[…]

　田畑や笹口らは十日後の九月一二日の夜、町内の居酒屋で顔を合わす。集まった七人は、自主管理の住民投票を実行することを決め、本気だということを町民や町長・議員、そしてマスコミに示すために、すぐさま事務所を開設することにした。

（今井 2000: 36　（　）は原文のまま、　[…]は中略をしめす）

　会の名前を「住民投票を実行する会」と決め、笹口が代表をすることになった。笹口は地元では圧倒的なシェアを誇る日本酒の蔵元「笹祝酒造」の跡取り息子であるが[35]、田畑によれば「彼が言い出しっぺだから彼がやればいいという話になった」(Interview 96/3) という。費用は少なく見積もっても 1000 万円かかる。そこで当初 7 人のメンバーは 150 万円ずつ出しあった。化粧品業を営んでいた菊池誠氏（のちに代表代行）は、このときの借金を返し切れていないという (Interview 00/3)。いわば、金を払うことで始まった運動といえる。それまで爪に火をともすように蓄積してきた財産を、必要なときに惜しげもなく投げ出すことは、商人精神として先輩から教わったね、と菊池氏は言った。

　プレハブ造りの事務所を建てて、「実行する会」が正式に発足したのは、94 年 10 月 19 日のことであった。会は推進であろうと反対であろうと入会でき、純粋に「住民投票で決めよう」という以上の主張をしない、と決められた[36]。新聞の折り込みビラで「賛同者会」メンバーを募ると、町民から 100 人近くが集まった（最終的には 40 人前後に落ち着く）。賛同者会で会の方針が決まるが、関心のある人のオブザーバー出席を許容した。これにより、「実行する会」の動きがマス・メディアを通じて町民に伝えられる一方、既存ローカルレジーム側は料亭などでの秘密会合を繰り返し、両者の持つ組織文化の違いが際だつ結果となった。のちに「実行する会」の代表になる専業農家の大越茂氏は、このとき「いてもたってもいられなくて」この賛同者会に身を投じた。

連日の農作業と折り合いをつけるのが難しかったのではないですか、と問うと「やり方次第だね」と笑った (Interview 2004/3)。

94 年 10 月、発足と同時に「実行する会」が明らかにした「趣意書」は次のようにいう。「巻原発が建設されるか否かは、巻町にとって、又、巻町住民にとって、将来、決定的に重大な事柄であり」、だからこそ「民主主義の原点に立ち返り、主権者である住民の意思を確認すべく、住民投票を行う必要」がある。そこで、次の 2 点の方針を掲げるという。

1. 町当局に対し、巻原発の賛否を問う住民投票の実施を求める。
2. 町当局がこれを実施しない場合には、町民の総意を結集して、町民自主管理による住民投票を実行する。

それまで 25 年継続してきた反対運動は、「実行する会」の旗揚げに面食らったようだ。高島は「自分たちで住民投票をやってしまおう」という笹口氏や田畑氏の話を初めて聞いたときのことについて、インテリの彼にとって奇想天外ともいうべき発想だったので、「頭を殴られたような衝撃を受けた」とマス・メディアのインタビューなどで繰り返し語っている。このとき高島は、既存の反対運動とは一線を画すかたちで「実行する会」に合流した。

いっぽう、「住み良い巻町をつくる会」などで細々と運動を続けてきた、高島以外の運動家たちは、「実行する会」結成に遅れること 1 か月（11 月 27 日）で「住民投票で巻原発をとめる連絡会」を結成することになった。そして、この「連絡会」と「実行する会」との間には、最後まで連絡機関などは設けられなかったし、非公式に連絡をとりあったことすら、ほとんどない。「住み良い巻町をつくる会」を事実上代表する桑原正史氏を[37]、1995 年の原稿の中で、実行する会とは「これからも間合いをはかりながら運動してゆくことになるでしょう」（桑原 1995）と総括しているが、この微妙な表現の中に、「実行する会」と既存反対運動との関係を読みとることができる。

「実行する会」のメンバーは、会を立ち上げた当時「反対運動をつぶす気か、もし住民投票で負けたらどうするのか」と怒鳴り込まれた、と回想する。桑原氏も間接的な表現ながら、このときに対立があったことを認めている

第 3 章　「西蒲選挙」の町の住民投票　133

(Interview 98/9)。最終的には、住民投票以外に手段はないと悟った桑原氏は、住民投票に賭けることにしたが、このときには「実行する会」との間に大きな溝ができていた[38]。その後、反対運動と住民投票運動との間には自他ともに認める断絶がある。「私はもう役割を終えたのです」と、彼は歴史家が資料を再構成するように淡々と語った[39](Interview 98/9)。

94 年 10 月当時、動きのとれなくなった桑原氏にかわり、「住み良い巻町をつくる会」のメンバーでもあった佐藤勇蔵氏が、ともすれば組織利益を主張する反対 6 団体の間を奔走し、何とか連絡会を立ち上げた。そのために空白の 1 か月が生まれたのである。反対 6 団体は図 3-14 に示してある。この図では、ほかの運動団体との関係も示してあるが、図の上方が権力構造の中心に近い位置であることを示す。また、協力関係にある団体は同じ枠のなかに示すが、「実行する会」だけが他の運動組織と関係を持っていないことが分かる。

11 月 2 日、代表の笹口らメンバーは役場に町長を訪問し、住民投票条例を制定するよう求めたが、佐藤町長が拒否するのは折り込み済みであったという。じっさい、この申し入れのとき既に、町が拒否するなら自主管理住民投票を行うとして、投票場の確保や立会人の派遣、選挙用具の貸し出しなどの協力を要望している。完爾町長は住民投票を実施せず、また費用援助はできないと回答した。

そのため、彼らはその後すぐ自主管理住民投票運動に入る。住民投票条例の原案をつくる上では、高島弁護士が中心的な役割を果たしたが、疑問点も多かった。このとき彼がアドバイスを求めたのが新潟大学の秋田周教授であった。教授自身によれば、「条例に関わったというのは過大評価です (...)若干の点について意見を求められたことはあるが、中心的な役割を果たしたことはありません」(Interview 97/3)。ただ一方で、窪川町の条例などを参照したこと、買収にあたるような事前運動に対して条例で罰則を入れなかったことが後悔であることなど、細部にわたって案文を検討したプロセスを語っている。

秋田教授が発言しはじめた契機は、自主管理住民投票に対して、佐藤町長

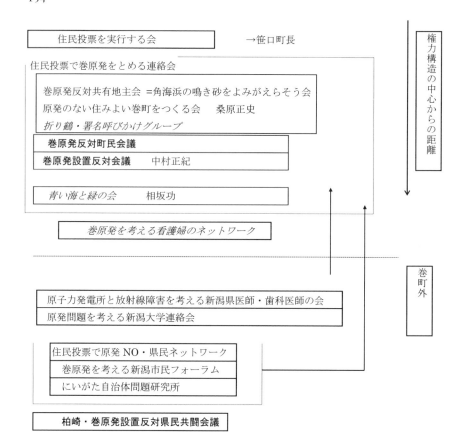

図 3-14　住民投票にかかわる組織連関図

らが厳しい対立姿勢を見せたことだった。マスコミの取材に対し、「直接民主主義で選ばれた首長がいて、間接民主主義で選ばれた議員がいる。この人たちにあとは任せたよということでしょ」と佐藤町長は言っていた。そして住民投票は間接民主主義に対する挑戦である、このような「革命」は断じて許されないとテレビカメラに向かって宣言していた。

　教授は「そういう地方自治論というのがまかり通っていくのはおかしいのではないかということから取材を承諾したのです」。だから「住民投票を支持するという立場は貫いてきたが、中に入った形でものをいうよりは、中立的な形で発言していくことが住民投票の実行のために役立つと思いました」。かれは地方自治法の権威であり、かつて自治省の高級官僚でもあった[40]。教授のインタビューは『新潟日報』の紙面を何度も飾った。

　いっぽう間接民主主義を守ると宣言した佐藤町長は、高校時代には同級生だった笹口らに対し一貫して挑戦的な姿勢を貫いた。自主管理住民投票には、町民体育館や公民館を使うことを「実行する会」は予定していたが、町は「違法な投票には貸し出さない」として使用許可をださなかった[41]。町内各所の公民館も区長の使用拒否にあった。「実行する会」はそのため、プレハブを借りるなど別に投票場所を準備した。

　さらに、「実行する会」が94年末から自主管理住民投票の告知を町民に対して始めると、住民投票に行かないようにというボイコット運動が始まった。町内企業のなかには、朝礼等において「違法な投票だから参加しないように」とわざわざ訓辞したところもある[42]。このとき配布された原子力懇談会名のビラでは、以下のように述べられている。

　　(...)〈選挙〉という町民の審判は最も尊重されなければなりません。それを、法的根拠のない住民投票などで選挙に示された町民の意思を覆そうとすることは、民主主義に反することで許されないことです。(...)法的根拠のない住民投票の結果が、原子力発電所の存廃に決定権をもつものであってはならないことは当然です。そんなことになれば、町議会議員の審議権まで侵す恐れがあります。(...)(95年1月)

しかし、秋田教授が住民投票を支持している以上、このように「住民投票は違法だ」とか「民主主義に反して許されない」とまで主張するのは却って受け手の違和感を強める。のちに柏崎で住民投票運動が持ち上がったとき、統治者たちが「一般論として住民投票を否定するものではないが、エネルギー政策には住民投票はなじまない」という、より洗練された論理を展開して問題領域を別のところに置いたのと比べ、大きな違いである[43]。

統治者の正統性を失わせた、もう一つのポイントは、企業や区長等を媒介にした締め付けが行われたことである。問題を民主主義論争に発展させておきながら、むき出しの権力を行使するという手法は、大きな矛盾と違和感を発生させずにはおかない。「巻町には議会制はあっても民主主義はなかった」と笹口氏がのちに振り返るような状況である。逆にいうと、西蒲原ではこの時点までは、企業や家父長、地域においては区長を媒介とした、階統的なレジームが打ち立てた「秩序」が存在すると考えられており、それを通じた影響力の行使と秩序維持が可能だったのである。その頂点に位置する議員は高い威信を持つと考えられてきた。この秩序だけが政治なのだった。選挙もそのような形で戦われてきたし、ボイコット運動も同じ手法が取られただけである。「西蒲選挙」とは、このような秩序と、そのなかで適用されるゲームのルールを一言で表現した日常語にほかならない。

このように見てくると、「原発レジーム」は完成しきっておらず、「名望家レジーム」的な要素を多分に残していたことが改めて確認できる。すなわち、統治連合の完全な入れ替えが行われていないばかりでなく、レジームを貫くゲームのルールや統治連合が「名望家レジーム」時代とほとんど変わっていないのである。

町民の間に「推進側は時代錯誤だ」[44]という意見が見られるようになったことは、この排他的政治領域が厳然たる存在でなくなりはじめたことを意味する[45]。人々は、既存レジームの外にある公共空間にも政治領域を創出しうることに気づき始めていた。ただ、町民は公的な場面ではまだ発言を始めていなかった。テレビカメラを向けられても、口のなかでごそごそと何かを

言って逃げて行くのが一般的な行動様式だった。じっさい、95 年 1 月 22 日から二週間を投票期間と設定された自主管理住民投票には、人々は顔を隠して投票に来たし、昼よりも夜の方に投票者が多かった。町民はまだ、新しく創出された政治領域に参加する決意を完全に固めたわけではなかったといえる。自主管理投票は、原理的には賛成票を投じても構わない。しかし、投票に行けばその時点で反対派と見られた。「原発推進派は、賛否どちらに投票するかではなく投票に参加すること自体が「反原発・反体制」なんだという警告を町の隅々に発していた」(今井 2000: 42)。

　そのような中で投じられた票は、公正さが確保できるのかという推進派の批判を意識して、管理会社に預けられて保管された。2 月 5 日に投票箱が明けられると、投票率 45.4%(10378 人)、うち反対票 9854 という結果だった。

　結果が明らかになった翌日の 2 月 6 日、「実行する会」メンバーは町長を訪問し、結果を尊重するよう求めた。その様子はテレビカメラが記録している[46]。

笹口　巻町の主権者は誰ですか、お答えください。

佐藤　町民ですよ。

笹口　それでは、その主権者の、事実上動ける人の過半数が投票に来てこの結果が出たということを、それでも関係ないとおっしゃるか。

佐藤　行政としては拘束されないと考えています。

高島　関係ないということですね。無視するということでお聞きしてよろしいか。

佐藤　(間)　個人的にはね…

高島　個人は関係ない。あなたは町長なんだから、

(一時騒然)

佐藤　行政としては、関係はないと考えてます。

高島　結構じゃないか。いまの回答をそのまま町民にお聞かせすればいい。

この交渉のあと一週間も経たない11日、東北電力は佐藤町長に町有地売却の申し入れを行った。4月に予定されている町議会議員選挙で状況が変わる前に手続きを完了させたかったのだと思われる。「実行する会」と反対6団体が抗議するなか、2月20日には町有地売却を諮る臨時町議会が招集された。本来、この町有地売却は内規からいって町長の権限であり[47]、独断で売却しても法的な問題はない。が、町長からすれば一人で決断の責任を負うことに迷いがあったと推測される。

2月20日未明、推進派の議員は町役場に入っていった。それを察知した中村正紀や桑原正史ら反対派の運動家たちも直ぐ建物内に入り、議場のある3階の廊下前に集まった。雪のなか、3日前からハンストをはっていた桑原正史氏の妻、三恵さんはその様子を見守り、午後には町長室に入って町長に訴えもした。多くの町民が役場を取り巻いて様子を見守ったこの一日については、桑原夫妻の著書に詳しい（桑原・桑原 2003）。ちなみにハンストとは何かを知らなかった町民が、心配して三恵さんにおにぎりを差し入れてきたという（鎌田 1996: 309）。桑原正史氏は町長室に入って、佐藤町長と押し問答をした。今井一の描写によれば（今井 2000: 46）、次のようなやりとりである。

桑原　あんた誰のために町長やってるんだね。東北電力のために町長やってるのかね。

佐藤　いや、違いますよ。

桑原　町民のためにやってるんでしょ。だったら町民が何考えているかわかるでしょ。なんで町有地を東北電力に売ろうとしてるんだ。

佐藤　町にとって不要な土地だからです。

桑原　だったら俺に売ってくれよ。東北電力じゃなくてもいいだろ、あの土地は俺が買うよ。

正史氏は退職金を前借りできる額を頭の中で計算し、本気で買うつもりだったという（Interview 03/3）。

この膠着状態を見守っていた県警は巻署に機動隊約250人を待機させてい

た。しかし、午後5時の自然流会の時刻まで、山賀議長からも佐藤町長からも実力行使の正式要請は届かなかった。機動隊に守られて議会が招集されていれば、町有地は間違いなく売却され、その後の住民投票はほとんど無意味になり、巻町の名前が日本を揺るがすこともなかった。大きな分水嶺である。

議会が結果として流会になった背景には、自主管理住民投票で投じられた9854票の重みが存在したといえる。それ以前の原発反対運動において、これほど多くの住民の支持を背景に起こった事件はなかった。そこから山賀氏に「そこまで無理をして東北電力に売ってもいいのだろうか」[48]という思いがよぎったのは事実のようだ。また、力で排除すれば済む、見慣れた県評の反対運動家たちではなく、本当の巻町住民が早朝から心配して集まっている、その様子を見た権力にも迷いが生じたのかも知れない。

2.4 日本初の住民投票へ

町立施設の使用拒否、2月20日臨時議会の招集など統治者による一連の過剰反応は、かえって自主管理住民投票の重みと、町による正式な住民投票への希求を浮かびあがらせてしまったといえる。この時点から賛成反対に関係なく、「住民投票で決めることはいいことだ」という意識が定着していったようだ[49]。この意識にもとづく態度と行動が、これまでの「西蒲選挙」とは異なる、新しいゲームのルールを創出していった。ローカルレジームが変動しはじめたといえる。

既存のレジームによる統治力が有効でなくなったことを、目に見える形で示したのが95年4月の町議選であった。これまでの地区推薦の常識では考えられないほど多くの現職が落選の憂き目を見たのである（**表3-15**）。いっぽう条例制定派が大量に当選し、しかも上位3名までは女性であった。また保守系町議のうち、元友会系の数名も条例賛成に回った。その結果、この選挙は、いまや町の権力構造が流動し、「原発レジーム」の構築が失敗しつつあることを誰の目にも分かる形で明らかにした。マスコミのインタビューに対する町民の反応が変わりはじめ、「自分たちの意見を表明したい」という回答が増えてきた。新潟日報紙上でも、名前を出して意見を述べる住民が出て

きた。

このようにゲームのルールが不安定化したことに対応して、ここから半年間の議会運営は複雑な展開を見せる。

まず、条例派（「二六会」）が過半数を占めていたはずの町議会構成が、蓋を開けてみると逆転していた。推進派の「町政クラブ」が2名の議員（坂下志、梨本国平）の「一本釣り工作」に成功したためである。とりわけ坂下氏は「住民投票条例に賛成」との覚書をとって「実行する会」が推薦した経緯があるだけに、条例派の憤激の的となった。トップ当選の高島敦子町議（高島民雄氏の妻）は議会で条例制定を求める質問に立ちながら、「こんなことをして意味があるのかしら」と漏らしている[50]。条例制定の議員提案は6月議会の最終日に採決されることになったが、このとき傍聴席が満員となり、抽選になったのは町議会始まって以来だという。条例案は否決される見通しだった。

ところがここで、第2の波瀾が起きた。当日の議会構成は議長1、残り21のうち条例派10、条例反対派11であった。しかし、賛成11反対10で、議員提案の住民投票条例が可決されてしまったのである。確かに、住民投票条例採決の前後に多くの動議が出され、投票が繰り返されていたため、混乱が起きやすい状況になってはいた。「ちょっと間違いがあったみたいよ」と佐藤町長は閉会後記者団に語っている。この経過に触れた文章は「ある推進派議員が賛否を誤ったともいわれるが、真相は不明である」と申し合わせたように書いてあるのが面白い。したがって、住民投票条例が可決されたこともまた、多分に偶然によるものであった。

成立した住民投票条例は、制定から90日以内に投票を実施しなければならないと定めており、実施期限を区切って実現可能性の高い条例は全国初として、マスコミや研究者の注目をにわかに集めることとなった。

しかし、議会対策に慣れている反住民投票の「町政クラブ」議員たちは、推進派町民から条例修正の直接請求をさせることにした。条文そのものはほとんど同じだが、投票期日を「町長の判断による」と修正する案である。95年10月3日議会において、この修正条例は成立した。事実上の無期延期であり、住民投票条例だけは持っている窪川立地点などと同様、実施されない

表3-15 91年および95年巻町議選における得票と、新議員の会派

91.4.21	有権者21446	投票率85.92%			95.4.23	有22700	投票率87.74%

当順	氏名		地区	得票	当順	氏名		地区	得票	新会派
1	佐藤靖之	現	二区	1148	1	高島敦子	新	東六区	1030	二六会
2	村松治夫	元	東六区	1065	2	相坂滋子	新	十三区	1028	二
3	坂田礼二	新	峰岡	1058	3	中村勝子	新	十二区	929	二
4	金子興一郎	現	十二区	1057	4	村松治夫	元	東六区	824	町政クラブ
5	大沢喜一	現	竹野町	1036	5	坂田礼二	新	峰岡	822	二
6	近嵐省一郎	新	新保新田	996	6	佐藤靖之	現	二区	738	町
7	川村茂	現	舟戸	917	7	坂下志	新	柿島	727	町
8	山賀小七	現	竹野町	916	8	梨本国平	新	漆山八	709	町
9	長谷川一男	現	十三区	855	9	土田誠	現	並岡	685	町
10	鈴木司	現	越前浜	831	10	山下清司	現	越前浜	671	町
11	田中タツ子	現	グリーンハイツ	772	11	山賀小七	現	竹野町	667	町
12	小林重蔵	現	十一区	769	12	竹内文雄	新	十二区	665	二
13	斉藤和伸	現	馬堀下	745	13	乙川靖衛	新	十二区	658	町
14	山下清司	現	越前浜	719	14	大沢喜一	現	竹野町	651	二
15	小川敏夫	現	角田浜	717	15	斉藤和伸	現	馬堀下	639	町
16	大越勇	現	三区	686	16	田中タツ子	現	グリーンハイツ	625	町
17	土田誠	現	並岡	684	17	大越茂	新	大原新田	606	二
18	大橋孝	新	堀山団地	662	18	金子興一郎	新	十二区	589	二
19	三島吉郎	現	六区	642	19	小川敏夫	現	角田浜	584	町
20	板羽英基	現	馬堀西下	607	20	小林重蔵	現	十一区	575	二
21	小林柾	現	漆山二	489	21	鈴木司	現	越前浜	567	町
22	花岡利勇	現	漆山七	465	22	川村茂	現	漆山七	534	町
次	本田清男	現	四区	440	次	菊池誠	新	十区	521	
						近嵐省一郎	現	新保新田	518	
						大越勇	現	三区	510	
						土田年代	新	十三区	484	
						長谷川一男	現	十三区	476	
						大越敏雄	新	松野尾	472	
						田辺三夫	新	漆山八	417	
						板羽英基	現	馬堀西下	373	
						大橋孝	現	堀山団地	357	
						長倉敏夫	新	越前浜	67	
						田村誠一	新	松野尾	32	

95年 注1 住民投票はゴシックで示す

95年 注2 「実行する会」候補は網掛けで示す

ままお蔵入りになりうる修正だった。傍聴席は満員だったが、議場には葬式のような雰囲気が漂っていた。落胆した高島敦子町議はテレビのインタビューに答えて「ああ、やっぱり駄目だったかという気持ちです」と、すべてが終わったかのように語った。住民投票運動を支持してきた町民のなかにも、似たような諦めの空気が漂っていたようだ。NHK スペシャル「小さな町の大きな住民投票」に収録されたインタビューでは、こう語る白髪の町民が登場する。

　　町民　仕方ない。いずれにしてもできることだからさ。
　　記者　何がですか。
　　町民　原発だよ。国がやりたいというものを、こんな小さな町がとめられんだろ。

　しかし「実行する会」の緊急会合において、代表の笹口は「もう住民投票をやるしかないところまで町民の気持ちは来ている。それ以外の道を歩めない町になっているんだ」と述べた。「実行する会」と反対 6 団体は最後の手段として、過去 20 年間で最も人気の高かった町長のリコール運動を決意したのである。95 年 10 月 28 日、「実行する会」の発足からちょうど 1 年後のことである。ふたたび統治連合から締め付けが行われ、「署名は役場に掲示される」という内容のビラが配布された。これまでの政治文化からいえば、公に名前を表明することに伴うデメリットを考えて、人々は沈黙するはずだったからである。しかし、すでにゲームのルールは流動化していた。佐藤完爾後援会の熱心なメンバーの 1 人だった石塚由美（石塚又造の息子の妻）は、このとき悩みに悩んだ末、リコール署名簿にサインして「実行する会」に転じる。わずか 3 週間の期間に 1 万人以上が署名したが、由美と同じように、もともと佐藤を熱烈に支持していた町民の名前が多数含まれていた。そして 1 万という数字は、佐藤が直前の選挙で得た票を上回っていた。
　佐藤町長は選管の審査を待たず、12 月議会において辞任を表明する（15 日）。慰留の会合が持たれたが説得は空振りだった。会場から出てきた佐藤は、待

ちかまえていた記者たちに「明日は雪になるよ」と、さばさばした表情で話しかけ、表舞台から完全に姿を消した。NHK記者の取材に対して「馬鹿らしくなっちゃった。(...)こんなに一生懸命やっているのに、一般の人は何を考えているんだろうと思ってね」と漏らしている[51]。

このとき、1万人以上の町民が署名したことは、誰にとっても驚くべきことであった。「巻町は変わった」[52]ことを端的に物語っている。これまでのように沈黙しているのではなく、自ら公的に発言しようとする新しい政治文化が創出されたのである。この政治文化においては、住民の意思表示と参加が可能であり（「実行する会」の公開性が象徴的である）、また買収や供応が影響力をもたない。しかし、この政治文化は「ゲームのルール」が確実に変わったという実感なしには持続しない。すなわち、この政治文化を定着させるためには、レジームの完全な編成替えが不可欠であることが、住民投票以後に次第に明らかになってくる。

96年が明けてすぐ行われる町長選挙のため、統治連合は何人かに候補者を打診したが、全員に断られた。統治連合は、この未曾有の混乱のなかで核を失ってしまった。「実行する会」の笹口代表が[53]、無投票に近いかたちで町長となった（96年1月21日）[54]。

笹口は96年三月議会に、住民投票の実施を7月と提案した。この議会は傍聴席が満員になるなか懲罰動議が乱発され、混乱したものの、実施日程を多少遅らせることで「町政クラブ」も妥協せざるを得なかった。投票日は8月4日と決まった。

黄金週間を待たず、住民投票に向けた活動は本格化した。推進反対両派ともに、何度も戸別訪問を繰り返し、毎日のようにビラが新聞に折り込まれたので[55]、大抵の家は両派のビラを何通も読み、それぞれの主張を比較対比することができた。もっとも、強引な署名集めや買収供応といった、「西蒲選挙」のルールがなお健在であったことも確かである。たとえば5月26日には、柏崎刈羽原発を見学したのち、牛の角突き見学やフランス料理がセットになった格安ツアーが発表され、参加者が募集された（新潟日報96/4/28）。費用の不足分は東北電力が負担した。この「飲ませ食わせ」には反対派から激し

い批判が浴びせられたが、賛成の立場をとる人でも、苦々しくこの手法を見
ている人がいなかったわけではない。こうした事件はニュース価値が高いた
め、毎晩のように繰り返された料亭での推進派会合とともに新聞・テレビで
大々的に報道されたからだ。さきほどの秋田教授の発言にあったように、住
民投票条例は公職選挙法を適用せず、戸別訪問をはじめとする事前運動に特
段の制限を設けなかった。これは町民の議論を促すという趣旨だが、同時に
「西蒲選挙」の文化のなかで買収行為が頻発しても、取り締まれないという
ことを意味した。しかし「実行する会」は、こうした「飲ませ食わせ」に対し
て特に抗議していない。笹口は当時、次のように述べている。

　　飲ませ食わせは、あるかもしれない。だけど、今度の住民投票はこれ
　までの選挙とはわけが違う。これは巻町のみならず日本の命運を左右す
　るような重大な意味を持っているんだということを、有権者はちゃんと
　理解していると私は信じています。もし万が一、それでもカネで自分の
　意思を変えるという人がいれば、この町の人間はそれだけのものでしか
　なかったんだと私はあきらめますし、それも含めて、それが町民の答え
　だということです[56]。

　この激しい運動のなかで膨大な量の情報が流通した。そのプロセスを知り
ながら、「原子力のことを理解もせずに○だの×だのと騒ぎおって」という
評価を、なお主張できるのであろうか。表3-16 は、この住民投票の期間に
開催された講演会や戸別訪問を一覧にしたものである（新聞記事だけをソース
にしているので、実際にはもっと多い）。原子力に関して、現在の日本社会に存
在する様々な立場からの情報はほとんど、この小さい町のなかに流通した。
とりわけ国・電力は総力を挙げたといってよい体制でバックアップし、東北
電力社員や資源エネルギー庁の担当官が戸別訪問によって工学的安全性を
「懇切丁寧に」説明したのである[57]。

96 年 8 月 4 日に投票が行われると、報道関係者がこの小さな町に殺到した。投票率は 88.2% という高い数字を示した。反対票は最終的に 61% を占めたが、これは佐藤が長谷川に最終的に勝利した町長選挙 (90 年) と同じ割合である。

「投票率 70% なら大成功」といっていた笹口町長は、その晩のうちに記者会見をおこない、「この結果を受けて町有地は売却しません。売却しない以上、巻原子力発電所の建設は不可能になります」と発言した。このとき TBS の筑紫哲也キャスターは、「この町の人々は、誰でも 3 時間は原発について議論できるだけの知識を持っている」とコメントしている。翌日の全国紙は巻町の名前を大々的に報じ、翌週日曜日午前の政治報道番組は住民投票の話題一色だった。この集中豪雨的報道の反作用で、一部の保守政治家やメディアは、しばらく反住民投票のカウンターキャンペーンを張った (舛添 1996; 曾野 1996 など)。

運動家たちは、この全国的な騒ぎをよそに冷静だった。住民投票の直後や、そこから時間が経過したのちの発言も、ニュアンスはほとんど変わらない。

　　「やることはやった。特別感想はない。うちのメンバーは皆、淡々としているよ」(「実行する会」の菊池代表代行、新潟日報 96/08/05)。
　　「住民自身がそんなに大変なことをやったのではなくて、自らの問題としてやっただけだ。あくまでも地域に根差してやったものなんだ。そんな大それたことをやったつもりもない」(相坂氏、Interview 97/3)。

じっさい、話はこれで終わるところではなかった。マス・メディアの大取材陣が去った後こそが、巻町にとって本当の混乱だったのである。

3 節　制度政治と政治領域

3.1 「ねじれ」の始まり

住民投票が一段落したとき、町民のかなりの部分は、これで決着がついたと考えた。すなわち、原発問題だけでなく、締め付けをともなう激しい政争

表 3-16　住民投票に先だって巻町で開催された講演会等（1996 年 4-8 月）

	日時	会場	主催団体	講演者	参加者	備考
1	4/16~18	各地区	東北電力	電力社員 80 人		戸別訪問
2	4 月 20 日	町文化会館	「とめる連絡会」	松下照幸（原発反対福井県民の会）	80	
3	4 月 28 日	柏崎刈羽原発	青い海と緑の会		40	見学会
4	5 月 11 日	町公民館	「とめる連絡会」		300	町民集会
5	5 月 14 日	町商工会館	虹の会	内藤信寛（柏崎商工会議所専務理事）	300	講演会
6	5 月 17 日	町文化会館	町	中村政雄（科学ジャーナリスト） 高木仁三郎（原子力資料情報室代表）	730	町民シンポジウム
7	5 月 18 日	志賀原発・和倉温泉	村松町議		50	東北電力が一部費用負担
8	5 月 19 日	町内太陽光発電住宅	青い海と緑の会		30	見学会
9	5 月 19 日	柏崎刈羽原発	東北電力		40	見学会
10	5 月 19 日	ホテル新潟	自民党県連など	高島進（原子力発電技術機構理事）	3100	
11	5 月 26 日	柏崎刈羽原発・山古志村	東北電力		47	見学会・牛の角突き観戦
12	5 月 29 日	町商工会館	資源エネルギー庁	浦野秀一（町づくりコンサルタント） 西塔雅彦（電源立地対策室長）	20	階層別懇談会 1 非公開
13	6 月 1 日	町公民館	巻原発をとめる連絡会	藤田祐幸 慶応大学助教授	80	
14	6/5 から	各地区	明日の巻町を考える会	東北電力社員		戸別訪問
15	6 月 6 日	町文化会館	資源エネ庁	知久多喜真（原子力発電課長）	800	連続講演会 1
				高島進（原子力発電技術機構）		

16	6月7日	漆山地区公民館	資源エネルギー庁	西塔雅彦	100	地区別懇談会1
17	6月11日	新潟市ホテルイタリア軒	資源エネルギー庁	江崎格（資源エネ庁長官）		推進シンポジウム
18	6/18から	柏崎刈羽原発	「考える会」		461	見学会33回
19	6月23日	柏崎刈羽原発	東北電力		40	見学会
20	6月24日	町公民館	資源エネ庁	久保寺昭子（東京理科大教授）		地区別懇談会2
21	6月25日	越前浜公会堂	資源エネ庁			地区別懇談会3
22	7月2日	松野尾開発センター	資源エネ庁	東京電力社員		地区別懇談会4
23	7月6日	町文化会館	自民党県連など	山東昭子（元科技庁長官）	1300	推進シンポジウム
24	7月7日	新潟市ホテル	巻原発NO県民ネット	五十嵐暁男（立教大学教授）髙木仁三郎		反対シンポジウム
25	7月9日	福井集落開発センター	資源エネルギー庁	関西電力社員		
26	7月18日	町商工会館	資源エネ庁	中部電力社員		
27	7月21日	やすらぎ会館	設置反対会議	広瀬隆（評論家）	100	
28	7月22日	町公民館	資源エネ庁	木元教子（評論家）	250	連続講演会最終
29	7月24日	町文化会館	とめる連絡会		1000	反対総決起集会
30	7月26日	町営体育館	明日の巻町を考える会	ガッツ石松（元ボクサー）渡辺絵美（元スケート選手）	3000	推進総決起集会

注1　出所は『新潟日報』本紙
注2　講演者は町外からの招待者のみを掲載
注3　反対派主催の講演会等を網掛けで示した

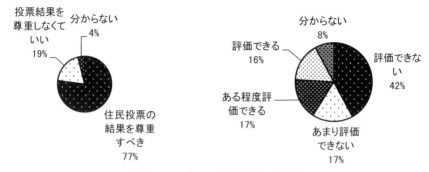

図3-17　97年1月世論調査の結果

出所　新潟日報報道部(1997)

の終わりをも期待していた。さらには、人々が公的領域で発言してゆくという政治文化の創出も意味していた。こうした変化を裏付けるデータとして、住民投票の4か月後に行われた新潟日報のアンケートでは、推進派も含めた八割近くの町民が、「結果を尊重すべきだ」と答えている（**図3-17**）。

しかし、このことは議会や国の態度が変わったことを意味しない。住民投票直後の国のコメントは以下のようなものである。

> 通産省は原子力発電所の必要性について地元住民の理解を得るよう最大限の努力をしてきた。しかし、今回の結果はまだ充分な理解が得られていないことを示した。今後も地元の了解を確保するよう一層努力したい。
>
> 塚原通産大臣、新潟日報96/8/5

これに対応して、町推進団体の幹部が、「いまはしばらく"冬眠"だ。われわれは国、電力と同じ考え。引っ込めるわけにはいかない」[58]と発言するなど、町内における推進派の活動も終わることはなかった。97年年頭には、「巻原子力懇談会」副会長の五十嵐光一氏は次のように述べている。

住民投票は、観客席にいたサポーターがいきなりグラウンドに立たさ
れ、さあ戦えと言われたようなものだ。冷静にエネルギー問題を考えな
くてはならないのに、市街戦だ。どっちに転んでも泥沼。投票で原発賛
成が上回ったとしたら、原発反対派は反対運動をやめますか。われわれ
も退くわけにはいかない。

新潟日報 97/01/05

　じっさい、住民投票後の九月議会は、むしろ住民投票が出発点に過ぎない
ことを示すものとなった。推進派の議員たちは、同意決議と、92年に行わ
れた促進決議が、法的に有効なのであって、住民投票には意義がないという
立場を貫いた。住民投票条例を制定したのは他ならぬ議会である、その議会
が住民投票を何故無視するのかと笹口町長は述べたが、こうしたケースにつ
いて法解釈は定まってはいない。地方自治法体系のなかで住民投票条例が
「首長は住民投票の結果を尊重しなければならない」としか規定できない曖
昧さが、この膠着状態を導いた一因である。このように法体系の解釈が対立
し、議論の的となる状況は、レジームが流動化していることの一つのあらわ
れであると同時に、これまで安定した法体系のなかで生き延びてきた「名望
家レジーム」がなお解体に抵抗していることも意味している。
　これ以降も、議会の多数派を構成する「町政クラブ」と笹口町長はしばし
ば対立することになる。新潟日報のアンケートに対して、「町政クラブ」の
議員たちは、民意と議会のねじれ状況を肯定し、もしねじれだと思うならば
選挙で構成を変えればいいことだ、と答えた (新潟日報1997/2/24)。
　こうした「ねじれ」状況によって、住民投票で決着がついたとする楽観的
な雰囲気は急速にしぼんでいった。「実行する会」は、97年5月に入ってか
ら坂下議員のリコール運動を開始する。坂下議員は95年町議選において「住
民投票条例に賛成」という覚書を交わしたが、先述のように「切り崩し」に
あって議会内での態度を変えてしまっていた。97年3月付けで出された声
明文は次のように述べる。

坂下議員は、住民投票条例の制定が最大の争点となった平成7年4月23日の町議選で、条約制定を公約して当選を果たしました。(...)その選挙公約に反し、坂下議員は(1)平成七年六月議会で条例派議員の条例案に白票を投じて反対し、(2)九月議会では直接請求で提案された住民投票先送りの条例改正案に賛成し、(3)平成八年十二月議会、平成九年三月議会において、笹口町長が八月四日の住民投票の結果を受けて提案した電源立地課の廃止案に二度にわたって反対票を投じています。

政治を行うものに住民との約束事－選挙公約を守ってもらわなければ、住民主権も民主政治もなりたちません。公約違反を反復する坂下議員にもはや町民を代表する資格はありません。(...)ここで坂下議員の大手を振った公約違反を見逃したら、「住民の意思も尊重する」と言いながら当選後は平気で反対に回る人たちが次々と出てくるのではないでしょうか。そんな議員が多数になれば、町民の血と汗の結晶は、議会で簡単に覆されてしまいます。この巻町で二度とそんなことを許してはなりません。(...)

9167名分の署名が選管に提出され、97年9月にリコール投票が実施された結果、坂下議員は失職した。このリコール運動は、声明文も強調しているように、公約を破ったことを遡って追求するというよりは、次の町議選・町長選を見据えた上で、公約を覆す議員への警告であったという(高島民雄氏、Interview 97/7)。

このような運動が発生したことには2つの意味があると解釈できよう。1つの意味は、この時点で巻町の課題がなお新しいヴィジョンづくりにあるのではなく、抵抗する旧ローカルレジームと、可能性としての新レジームのせめぎあいであった、ということだ。2つ目は、「実行する会」のスタンスがこれによって最終的に固まったということである。それは制度政治と社会との関係を維持し続け、「過程」を問題にし続けるという戦略である(詳しくは5章)。この運動のなかで、なぜ坂下氏だけなのかという疑問に対し、「信念をもって原発賛成なら構わない」[59]と主張されていた。住民投票賛成の公約を

掲げておきながら、当選後にそれを踏みにじることが問題なのであって、最初から原発推進・住民投票反対という公約を持って当選したのなら構わないということである。もっとも、選挙戦のなかで「住民投票反対」をまともに掲げた候補はいなかったが、それにしても選挙合意書まで交わしておきながら議会で条例反対に回った坂下氏のケースは極端ではあった。「議員が町民と交わした公約を守っているか＝制度政治が町民意思を代表しているか」という手続的代表性のみを問題にし、政策内容については問わないという点で、住民投票のときと同じスタンスが繰りかえされたといえよう。

こうして、「実行する会」の特徴は、むしろ住民投票以後に明確になってきた。原発住民投票運動ないし原発反対運動というよりも、「代表性」のみを問題にして民主主義の徹底化を求める性格の運動なのであった。議会を監視し、町議会選挙に候補者を立て、町長選挙を支援するという方向性である。巻町の旧来における空間感覚では、政治は議会のなかにしかなかった。それを96年以後の3年間で「政治は、しかも日常的に議会の外にある」ことを実践しようとし続けた。これは結果として、既存レジームがルールとしてきた「西蒲選挙」や small opportunities の供給を解体することも意味する[60]。

彼らは最終局面にいたるまで「住民投票の結果を守る」という以上のことを言わなかった[61]。あくまでも「住民投票にいたる過程を守り、その過程を後退させない」という趣旨のビラが発行されたのであり、原発の危険性を訴えるとかとかいうことは無かった。すなわち、町づくりの新しいヴィジョンを出すわけでもないし、原発反対を訴えるわけでもなかった。だから綱領だとか政策というものは会には存在していない。また、会を母体とする笹口町長自身も「目玉政策」というような言葉を嫌い、1期目には「町民参加」と財政再建につとめるだけであった。この基本方針は最後まで変わらないとはいえ、とくに会の外から見た場合に一つの変化が笹口町政2期目前後に訪れる。この点については、のちに6章で触れる。

3.2　持続する対立

1997年秋以降、町議会はどうなったか。主要な争点となったのは、電源

立地対策課の廃止、町立老人ホームへの太陽光発電設備の設置というような、いわば原発のあとしまつに属する出来事だった[62]。「住民投票によって出された結果を確実にする」という論理から導き出された政策提案として、これらの点については「実行する会」と「二六会」はビラを出して、これらの争点への支持を訴えているが、「町政クラブ」の議員たちはどちらの政策にも強く反発し、議会では平行線の論議が繰り広げられた。

　一方で、学者や新聞が「住民投票以後は新しいヴィジョンを」と「まちづくり」に関する様々な提言をすることに対し、「実行する会」は反応を示さなかった。その理由は次のように説明される。

　　推進の人たちは、もう原発があることを前提にしかものを考えられなくなっている。その条件を取っ払ってやらないと、町づくりなんて話はできないんだ。

田畑氏、Interview 98/9

　確かに、住民投票前後のまちづくり論議においても、原発推進派と反対派はどちらも「町づくり」を主張しながら、そのために原発財源が必要か否かという点については平行線を辿っている。

　　巻は決して貧しい町ではない。なんで原発に頼る必要があるのか。人がやたら増えて、箱物ができることが真の活性化なのか。

相坂功氏、新潟日報 96/7/8

　　海と山があれば生きられるのか、町民全体の所得が上がるのか。観光開発だって財源の裏打ちがいる。町はそこそこ豊かだった。だから脱皮できなかった。原発は脱皮への突破口。

石田三夫氏、同

このように、まちづくり論議に移行する以前の感情的対立が、住民投票後

第3章 「西蒲選挙」の町の住民投票 **153**

に次第に明確化してくる。さきに触れた市の老人ホーム「得雲荘」への太陽光発電設置問題はその典型である。町予算に計上されたこの計画に対し、98年9月議会は「クリーンエネルギーというなら原発だ」と主張する「町政クラブ」の主導権のもとに太陽光発電設置の予算を否決した。その後、町がやらないのなら自分たちで設置しようと、「実行する会」が主体となって募金活動をはじめた。しかし、これも町議会の同意が必要なことから、けっきょく太陽光発電設備は設置できないままとなった。このように議会では笹口与党（二六会）対野党（町政クラブ）という対立軸の中で、町独自の政策と呼べるものが殆ど進展しない状況となって、マスメディアはこれを「ねじれ状況」と呼んだ。

　そこで「実行する会」は99年町議選において、候補者の発掘に苦労しながら5人を立てた。しかし原発について公約で触れる候補者はほとんどおらず、必ずしも争点化しなかった。その結果、議会構成は賛成（と見られる議員）13、条例派9となった（実行する会の候補のうち2人は落選）。これまで偶然を味方につけて重要な場面を切り抜けてきた「実行する会」が、はじめて敗北を喫した形となった。マスコミは「9連勝の運動の1敗」という言い方をした。これでは政争の繰り返しではないか。以下のコメントはそのような認識を推進側から示したものである。

　　だから人間の意思なんてすぐ変わるかて。原発にかんしては人間はかわる、原発を道具に使うてるだけだて。反原発の連中もそうだて。自分が当選するだけのためでないか、まさにエゴイズムでないか。原発に限ったことではないが、けっきょく人間はエゴイストだと思う。だから町議選もこの結果になったんでないかね。

　　　　　　　　　　　　　　　　　　山賀小七氏、Interview 99/05

　こうして住民投票から4年経過してみると、巻町はかえって対立と混迷を深めていた。笹口氏の再選がなるかどうか注目された2000年1月の町長選挙において、「どちらが町長になっても争いが続きそうでうんざり」（新潟日

報 1999/12) という声が出たことから分かるように、町民の間には、嫌気が漂いはじめていた。住民投票までの過程を通じて、住民が自ら考え自ら行動する「内発的発展レジーム」の芽を出したかに見えた巻町は、こうして対立のなかで前に進めないまま、新しいローカルレジームの可能性を自ら閉ざしていくことになるのである。その中で原発に関しては、なお事件が続くが、それについては 6 章で触れることにしよう。

小括

　巻町では、レジームの形態は結局名望家的なままに推移しており、地域開発レジームに移行しきることがなかった。その名望家レジームが、住民投票を契機として対抗勢力の挑戦を受けているという構図が続いている。ただし、この新しい対抗勢力が民主制レジームを形成しえたかについては、なお事態の推移を見守る必要がある。

　いずれにしても、名望家レジームが長く続いたことが、柏崎と比較したときの巻町の顕著な特徴である。その結果、この小都市は中央に対する相対的独自性を強く維持している。山賀小七氏は、私との公式なインタビューが終了したあと、問わず語りに次のように述べた。

　　　正直言って、国と電力がどこまで本気だったのか疑問に思っている。
　　東北電力のえらいさんとも何度も喧嘩した、本当にやる気があるのかと。
　　でも国が腹の底で考えていることは、わしらには最終的にはわからんさ。
Interview 99/5

　推進派すらこのような感想を抱くほど、巻町にとって「国」が遠い存在だということを意味している。また「実行する会」も、その後全国的に波及していく住民投票運動に対する支援をとくに行わず、住民投票が行われるたびにコメントを求めるマス・メディアに対しても、通り一遍の答えしかしていないという。

沖縄とか徳島で動きがあるたびにコメントを求められて、それなりの
　　ことは答えますが、巻町と事情が違うことだし、あまりアドバイスでき
　　ることもありません。住民投票は、それぞれの歴史の中で形成されてく
　　るものですからね。

高島弁護士、Interview 99/3

　1節で触れた「巻モンロー」という言葉は、立場を越えてこの町の人々に当
てはまる。独自の文化圏のなかで、この地方小都市の自立性・自足性が育ま
れ、狭く原発に対する推進・反対を越えて、国から独立した生活世界を生み
出してきたといえる[63]。
　このように、中央と地方との関係のうえで、レジームがどこまで相対的自
律性を持っているかに関して、柏崎と巻町とではかなり相違があるといえる。
中央とのパイプを重視し、とくに「第2世代」になると中央の官僚と殆ど同
じ意識を持つに至った柏崎に対し、巻町ではなお、名望家たちは中央との距
離を意識し、また積極的に距離を保とうとしている。このような相対的自律
性の中で行われた住民投票運動もまた、柏崎とは異なった意味を持っていた
と考えられる。そこで第4章では、レジームや住民投票運動を取り囲む地域
の構造的諸条件について、柏崎と巻町との比較をおこない、2つの対照的な
選択がもたらされる淵源を明らかにする。
　ところで、このような巻町の相対的自律性から導かれる示唆として、巻
町民は日本の原子力政策の是非を判断したのではない、ということがいえ
る。小さな町の住民投票に国策を左右させてよいのか、という言い方がある
が、それはあべこべというものだろう。都会で話題に上せたとたん誰もが憂
鬱な顔をする原子力政策についての全ての責任を、なぜこの小さな町に負わ
せねばならないのか。一方で、会う人ごとに数時間もエネルギーと原発につ
いて会話ができるほどの知識を、果たして都会の人々に期待できるだろうか。
そして、その都会の人たちが何故いまだに「地域エゴ」批判を投げつけるこ
とができるのだろうか[64]。巻町では、原子力に関して社会的に存在する情報

が（もちろん推進反対どちらの立場のものも）膨大に流通していたことは、たとえば表 3-17 を見て頂ければ、明らかだろう[65]。

　中央からものを見て現場を見ない人は問題の本質を把握できないし、その結果、最後まで現地の理解を得ることはないだろう。しかし東北電力はこのあと 8 年間にわたって、「町民のご理解を得る」ための活動を継続した。町民にとっては住民投票で決着したはずの原発問題が燻り続けるなかで、「一人一人が輝く巻町」として内発的なまちづくり活動に取り組みはじめたかに見えた巻町は輝きを失っていく。住民投票以後の、この苦い構図について 6 章で触れるが、いったん 1996 年時点に視点を固定して、柏崎・巻の比較（4 章）および巻町における住民投票運動のメカニズム（5 章）について、それぞれ分析しておこう。

［注］

1　山本有三の戯曲では次のようになっている。「自分の食うことばかりを考えていたのでは、長岡はいつになっても立ちなおらない。貴公らが本当に食えるようにはならないのだ。だからおれは、この百俵の米をもとにして、学校を立てたいのだ。学校を立てて、子どもをしたてあげてゆきたいのだ。この百俵は、今でこそただの百俵だが、後年には一万俵になるか、百万俵になるか、はかり知れないものがある。いや、米だわらなどでは、見つもれない尊いものになるのだ。その日ぐらしでは、長岡は立ちあがれない。あたらしい日本はうまれないぞ」（長岡市教育委員会 1975: 79）。

2　三根山が正式に藩となったのは幕末の文久三（1863）年であるが、すでに寛永十一（1634）年には牧野定成が将軍から六千石文知の沙汰を受け、旗本として地域を支配していた（武田 1973）。

3　明治から昭和にかけて、巻町における地主は 59 名にのぼるが、50 町歩地主は内木家のみであった（『巻町史』下巻 : 81）。

4　丹後峰山藩と紛らわしかったため、新政府の命令で改称した。

5　このとき、こんにち潟東村に編入されている旧大原村大曽根部落では、巻町への合併を求めて住民投票を実施した。しかし『町史』（下巻 : 645f.）によると、投票に不正があったという疑いから騒ぎになり、投票中止・投票用紙焼却という事態となった。また、こんにち大部分が岩室村となっている和納地区では、昭和 35 年に住民投票を行って下和納・安尻の二部落が巻町に編入されている。昭

和 26 年に巻町警察廃止に関する住民投票が行われている（『町史』下巻：522）こととあわせ、この地域に自治体レベルでの住民投票の経験がいちおう存在したことは、柏崎との大きな違いである。

6　不純物の少ない石英砂によって構成された浜は、人が歩くと「クックッ」という美しいメロディーを奏でる。これを「鳴き砂」（ミュージカル・サンド）といい、角海浜は戦後に至るまでこの現象が見られたそうである。のちに登場する「共有地主会」の遠藤氏は、これにヒントを得て「鳴き砂を守る会」を結成し、巻町の町場にすむ人々の注目を角海浜に集めようとした。なお、同志社大学教授の三輪は、1982 年 11 月に鳴き砂現象の再現に成功している（三輪 1982）。

7　巻町双書の内容は、町の風土詩からはじまり、菖蒲塚の古墳、鎧潟周辺の民俗と野鳥、越後の毒消し、角海浜、三根山藩、方言、年中故事など多岐にわたる。このほかに別巻があるが、とくに 1968 年の巻原子力発電所立地決定に対応して、2 つの報告書が出ている。『角海浜綜合調査報告書』（1975 年）および『城願寺跡・坊ヶ入古墳墓調査報告書—巻原子力発電所建設計画用地内埋蔵文化財調査—』（1985 年）である。

8　周知のとおり、「モンロー主義」とは第一次大戦中のアメリカの孤立主義政策のことである。この挿話に引っかけて巻町の孤高さを皮肉っている。

9　近藤は相川町議会議員、新潟県議会議員などを経験し、佐渡地区における小沢辰男の参謀であった。しかし、1972 年 10 月に死去した高橋と、そののち 1 期だけ務めて落選した清一郎夫人・千寿の組織票を受け継ぐかたちで初当選した。

10　町経済の中で水倉組が占める規模の大きさについては、**表 3-18** によって窺うことができる。

11　朝日新聞新潟版、2000/8/5。

12　剣持（1982: 304）によると、遠藤組合長は日蓮の弟子遠藤左衛門丈の子孫にあたるという。この日蓮伝説は、柏崎と共通の要素を伝えていて興味深い。すなわち、佐渡に流されていた日蓮が 1274 年に許されて鎌倉に戻るさい、船は浦浜についたというのだ。前章冒頭でみたように、柏崎の伝説では、このとき柏崎海岸に漂着したことになっている。この地域一帯で日蓮が慕われていることのあらわれであろう。いずれにせよ、浦浜で日蓮の弟子になったのが左衛門丈だという。日蓮はこの地で私の教えを広めよと申しつけ、自分の印判を 2 つに割って 1 つを浦浜に残した。それは毎年 4 月に公開されているという。

13　『新潟日報』78 年 8 月 18 日の記事による。

14　この計画は日本立地センターによってまとめられ、大規模な地域共生型ショッピングセンター、電力多消費型工業、物産センターの建設などが打ち出されている。

15　協力金は、80 年度 6 億円、81 年度 11 億円（その他町立病院会計に 1 億円）、82

年度 8 億円（町立病院会計に 1 億円）、83 年度 5.6 億円。各年度の町の財政規模は、それぞれ 59 億円、73 億円、64 億円である。それ以前の町財政規模と比較すれば拡大ぶりがわかる（図 3-12）。1976 年度の財政規模は 26 億円台だったが、77 年度 35 億円、78 年度 43 億円、79 年度 51 億円と、わずか 3 年間でほぼ 2 倍となっている。77 年度以降、継続的な協力金収入を前提に予算が組まれた可能性が高い。なお、以上の数字は（三島 1985）によった。

16　朝日新聞新潟版、2000/8/5。

17　鎌田 1996: 290、および朝日新聞新潟版、2000/8/5。

18　原発設置の際には電気事業法上の許可手続きが不可欠であるが、放射線監視区域予定地内の土地が取得できていない状態では「その計画が確実であること」という同法の要件が充たされない。同法上の許可がない以上、土地収用も行うことができない。したがって 82 年 1 月に設置許可申請がなされながら、83 年 9 月には安全審査は中断せざるを得なかったのである（高島 1996: 4）。

19　「安定したパワー・エリートは、リーダーが大衆の意見におかまいなしに支配している場合にあらわれる。ここではコミュニティ権力構造の核心を構成している人々の態度が同質的であっても、彼らの態度は市民によって共有されていない。(...)こうしたコミュニティ権力構造のもとでは、多くの根本的問題は、なんら公けの討論をすることなしに解決される」（Kuroda 1976 :33）。

20　この点を裏付けるものとして、次のような発言がある。
「表向きは違うが、『原発ができれば』という思いが町政のベースだったといえる。だから町長の人気取りのために文化会館のほうにも、いろんな事業をやって借金がかさんだんだ」（乙川靖衛町議、新潟日報 96/11/18）。

21　石田三夫氏のインタビューによる（2004/3）。なお、この合同のとき、石田三夫氏はエネ懇（沢竜系）の事務局長で、推進協の事務局長だった田畑氏（下の名前不詳）と協力して、以後「原子力懇談会」の事務局を支えることになる。

22　なお、87 年から 89 年にかけての審議ののちに策定された「第 3 次巻町総合計画」の財政見通しでは、町債の拡大も財政規模そのものの拡大も予定されていない。佐藤町長も当初は原発に関しては決して積極姿勢でなかったことを意味するかも知れない（**図 3-19**）。

23　『広報まき』の区長名簿に読みとれる傾向として、A.2-3 人の有力者ないし有力な家系が持ち回りで行う B. 特定の有力者が長期にわたってつとめる C. 完全な持ち回りになっている、の 3 ケースがある。町場以外では AB が多いが、とりわけ B が議員職と兼任になっていることがあり、こうしたケースでは名望家の地区支配力がより強いといえる。

24　27 年間、反対運動を継続してきた「住みよい巻町をつくる会」の桑原氏も、「原

発反対以外は周囲と同じ人間であることを示すように心がけてきた」し、既存の「保革イデオロギーとは無縁の運動を展開してきた」が、それでも周囲からは距離があることを認めている (Interview 96/8)。

25　田畑護人氏の妻、久子さん (96/3) による。彼女は高島弁護士の実姉でもある。念のため付け加えれば、歌手の加藤登紀子が東大全共闘元闘士の夫人であることから、「聞いているだけでアカ」という話が出てくる。

26　補足するものとして、次のようなインタビュー記録もある。11 年前に転居してきた主婦・長谷川京子氏の発言として新潟日報 96/11/15 に紹介されているもの。「以前は PTA など、どんなところでも原発の話はタブーだった。原発のことはほとんど聞かなかった。『できるんだ』とあきらめている人がほとんどだった」。

27　第 4 章の注 15 も参照。

28　新潟日報 96/7/8。

29　第 4 章の注 9 も参照。

30　それを窺わせるのが、89 年参院補選における投票行動である。それまで圧倒的に自民党支持だった巻町だが、このときは社会党候補の得票のほうが多かった (『巻町の統計』1994:72-73)。もちろん当時、農政不信・消費税反対の嵐は全国で吹き荒れたのだが、これだけ保守地盤が強いところで起こった現象の意味を、統治者は反省すべきだったのだろう。

31　村松はその後の町議会では原発推進を求める「町政クラブ」に属している。

32　こうした点については長谷川公一が議論している。(長谷川 1991) 参照。

33　運動が提示する文化的フレーム (cultural framing) をどう分析するかということは、社会運動論の焦点の一つである。文献は数多いが、表 3-13 の分析にあたっては、Gamson 1992 を参考にした。「フレーム」という用語はもともとゴフマンに由来し、彼による定義は「われわれの従属的包絡とイベントとを統括しているような組織原則に従って構築される、状況の定義である」(Goffman 1974:10-11) というもの。

34　同会の冊子『住民投票行きましょう』に掲載されているビラ (1995 年の自主管理投票後から 1996 年 8 月の住民投票まで) の内容分析。

35　笹祝酒造は 1899 年創業の老舗である。笹口氏は巻高校、明治大学経営学部を経て、現在は同酒造の専務となっている。なお、巻高校では笹口氏と佐藤完爾氏は同期にあたり、お互いの性格を良く知っているという。ちなみに (吉田 1999) は、柏崎のプルサーマル住民投票運動代表の羽入氏が「笹口氏と同じ巻高校出身である」ことを強調しているが、こうした事情をよく調べてから書いたほうがよい。要するに、巻高校は西蒲地域の伝統校なのである。そして巻においては、原発への賛成反対では割り切れない濃密な人間関係と緊張と感情の中で、さまざまな物事が進んでいるのである。

36 代表の笹口は、住民投票が終わるまで賛成とも反対とも言わなかったという。「酒を飲ませても絶対に言わないというのが会の中での評価である」『AERA』96/7/15、今井一のインタビュー記事。

37 「事実上」と表現しているのは、この「住み良い巻町をつくる会」には会員名簿も規約もなく、代表もいないからである。80年代以降に各地に登場したネットワーク型住民運動体の一つといえる。

38 Interview 98/03/23。

39 『新潟県の歴史』(田中ほか 1998)の分担執筆者であり、古代を担当している。氏は県立高校の歴史教員であり、『巻町史』編纂にも関与している。

40 秋田教授は 1933 年生まれ、内閣法制局参事官、自治大学校副校長を経て新潟大学法学部教授。99 年からは椙山女学園大学教授(新潟大学名誉教授)となっている。

41 この決定は、地方自治法の解釈からするとかなり明白な違法であり、実際に町長は新潟地方裁判所で敗訴している (年表参照)。佐藤氏はおそらく違法を承知で、運動を攪乱するためにこのような決定をしたのだろう、という解釈もある (高島 1996)。

42 NHK スペシャル『原発・住民投票』96 年 9 月などを参照。

43 もっとも、柏崎は巻における統治者の失敗から戦術的な教訓をさまざまに学んだ形跡があり、これもその一つのあらわれと見ることもできる。

44 NHK スペシャル『原発・住民投票 小さな町の大きな選択』96 年 9 月。

45 戦術の新しさは、それ自体当局者の不適切な対応をもたらすので、運動にとっては大きな資源となる (Koopmans1993)。本文中で見たように、佐藤町長による体育館使用不許可は、権力構造の「正当性」を失わせ、支持者の離反をもたらした。また民主主義論争に発展させたことにより、かえってマス・メディアの注目を呼んだ側面がある。

46 『原発・住民投票』96 年 9 月、NHK スペシャル。

47 町の財務規則では、5000 平方㍍未満の土地売却に議会の同意は必要ないが、このとき売却を予定されたのは 1176 平方㍍であった (朝日新聞新潟版 2000/8/26)。

48 朝日新聞新潟版 2000/8/26。

49 このような意識の定着は、住民投票前の段階で各新聞社が行った世論調査によって傍証される。たとえば朝日新聞 96/7/23 (新潟版)によれば、原発立地に関する住民投票の適否を聞いた質問に関して「地元のことを町民が決めるのは当然」とする人が 46% を占めた。その他の答えは、「投票結果がどうなっても原発計画は変わらないだろう」26%、「国全体の問題だから住民投票はそぐわない」「町内にしこりが残る」が各 9%。

第3章 「西蒲選挙」の町の住民投票　161

50 NHK スペシャル『原発・住民投票　小さな町の大きな選択』96 年 9 月。

51 50 に同じ。

52 秋田教授は、佐藤町長リコール運動における自らの情勢判断の誤りにふれ、「自分達や自分たちの住む地域に重要な関わりを持つ問題については、自らも参加したいという考え方は、本物であり、しっかりと多くの町民の方々の中に定着していた」と総括し、この言葉を用いている (秋田 1997: 26)。

53 笹口代表が町長職についたため、「実行する会」では菊池誠氏を代表代行とし、のちに 1999 年町議選ののちに大越茂氏を代表とした。

54 当初は無投票と思われたが、告示直前に「無投票はよくない」として会社員の長倉氏が立候補した。しかし長倉氏はとくに支持基盤があるわけでもなく、笹口氏の圧勝が予想されていたので、投票率は 45% に止まった。1996 年 1 月 21 日投開票、当日有権者数 23065、投票総数 10565、無効 1005、投票率 45.81%。笹口孝明 8569 票、長倉敏夫 991 票。『広報まき』716 号、1996/1/25 による。

55 町内のある新聞店は「うちの店だけでも六月末からこれまで七月末の約一ヶ月で 87 種類をそれぞれ約 6000 枚ずつ配った」という (新潟日報 96/8/1)。

56 『ΛERA』1996/7/15 号、今井一によるインタビュー。

57 他の支社からの応援も含めて 80 人の社員が動員された。また表にあるように通産省資源エネルギー庁 (当時) の西塔室長 (当時) をはじめ担当官は、複数の懇談会に足を運び説得を続けた。

58 巻原子力懇談会の石田三夫会長、新潟日報 96/9/17。

59 いずれも、「実行する会」メンバーの Interview 97/3。

60 「これまで、町長を握った方が便益を供給するというような錯誤はあったかもしれません。しかし、いまや笹口派などというものはないのですから、そのような錯誤も消滅したということです」笹口町長、Interview 97/3。

61 ただし、マスコミ報道はその趣旨を正確に伝える能力を次第に失っている。笹口町長が「実行する会」の 23 人に町有地を売却したことを伝える (99/9/2) 記事の見出しが「反対派に売却」となっていたことが、象徴的である。

62 ここから、「原発のことしか発言しないというのでは議員は務まらない」という「町政クラブ」側からの批判も出てくる。土田誠町議、Interview 1999/5。

63 ここで、かつて 83 年総選挙の新潟三区を分析した政治学者渋谷武の指摘を引用しておきたい。渋谷は、このとき「土木事業ではなく文化を持ってくる」と主張した野坂になぜ人々は反発したのかを論じ、「人間の生活のある所には文化がある。ある特定の文化のみを文化とする人間の傲りは、真の文化を育てるために有益ではない」と述べている。「ある文人は、雪国の生活文化は、どのように暑い夏の間にも、雪深い冬の生活への営みにあると語る。すなわち、そこに、住民を包

162

む地域的文化のあることにわれわれは注目すべきであろう。この地域的文化特性に共鳴する者としての田中角栄像がある」(杣編 1985: 340)。この指摘は、当時とは異なる文脈においてではあるが、中央に位置する人々に対する警告として、現在にも通用するだろう。

64　「地域エゴ」論に関しては、1970 年代に住民運動が高揚した時期から論争が繰り返されている。残念ながら、その際の論点が記憶されているとはいえず、当時と同じような批判が投げかけられるのが現状である。たとえば以下を参照せよ。「高度経済成長の初期には開発政策の推進との関連で、都道府県の行動に対し地域エゴイズムなる言葉が投げかけられ、逆に中央省庁の行動は機能エゴイズムではないかと逆襲されていた (...) エゴイズムの発露こそ民主的統合の出発点であるとすれば、民主主義の政治手続がはじめて市町村にまで要請され、地方自治を政治の場に変えたといえる」(西尾 1979: 256)。第 2 章の注 42 も参照。

65　ただし、ひとが確信を持って選択をするとき、それは科学技術や情報の「理解」という地平ではない。「町民が心で判断した」と運動家たちは語った。これは、感情的非合理的に投票が行われたという意味ではなく、ひとびとが利害からではなく世界観から一票を投じたという意味である。どんなリスク計算も、最終的には価値観の選択の問題に行き着くということは、リスク文化論が明らかにしてきたところである (たとえば、Douglas and Wildavsky 1982)。

表 3-18　巻町における資本金 3000 万円以上の企業

企業名	資本金(万円)	営業内容	従業員(人)
五十嵐コンピュータープレス	4000	精密板金プレス加工	60
ウルシヤマ金属工業	9500	ステンレス厨房用品・医療器具・建築金物の製造	130
角産	3000	土木工事、骨材販売	26
水昭	3500	運送業、建設業	24
梨本組	3030	土木工事、建築工事	46
新潟カントリー倶楽部	31575	ゴルフ場	95
北洋印刷	1000	印刷業	41
水倉組	20000	土木建設工事	503
吉田建設	6000	土木工事、建築工事	190
伸和	49120	各種プラスチック製品製造	200

出所：平成 8 年『新潟県年鑑』新潟日報社

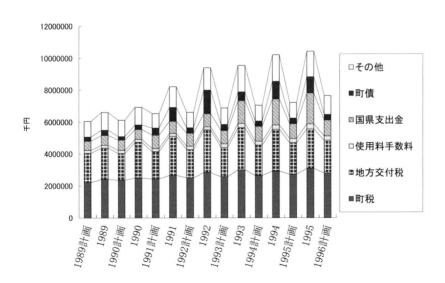

図 3-19　巻町第三次総合計画財政見通しと実績との比較

第4章

巻・柏崎の対照的選択とレジーム移行

巻町内に立てられた推進派の看板（1998年撮影）

2章から3章まで、2都市における「レジーム」の変動と、その帰結を見てきた。

改めて、この近接した2都市はまったく正反対の選択を行ったことが分かる。それは何故なのか、意欲をそそられるテーマである。2つの章を通じて、すでにいくつかの要因を提示しているが、本章では改めて諸要因を整理し、対照的な選択がもたらされた原因を確定してみたい。

さて、巻と柏崎の原発をめぐる年表を巻末に掲載している。2つの原発計画が表面化した時期は、巻が1967年、柏崎が1968年である。用地買収が開始されたのは1964年頃とほとんど同じである。2つの計画は全く同じスタートラインに立っていた。したがって、時代状況の違いということは説明要因にならない。「他の条件が等しければ」同じペースで建設が進むはずであった。しかし、全く対照的な選択が行われたわけである。社会科学では一般に実験が出来ないが、この事例は社会的実験を行ったようなものである。「他の条件」――政治・経済・社会・地理・文化など多くのものが想定される――が大きく異なって、対照的な結果が生まれたのだから、これらの条件を要因と考え、各変数と他の変数との関係を調べることで、かなり明快な整理が出来るだろう。

これらの要因間の関係をどのように考え、比較してゆけばよいのだろうか。その方法論を1節で準備し、そのうえで2節においてレジーム側の状況配置を、3節において運動側の状況配置を検討して、4節においてその結果を総括することにしよう。

1節　比較の方法

1.1　歴史的経路と比較

我々が取り上げている要因関係を追求していくうえで参考になるのが、T. スコチポル (Theda Skocpol) らのいう歴史社会学 (Historical Sociology) 的な手法である (Skocpol 1984=1995)。このアメリカ歴史社会学部会を根城とする、彼女らの方法の特徴としては、すでにさまざまな解説が出回っているので (筒井編

1997 など)、ここで詳細に立ち入ることは避けたい。ここで特に注目しておきたいのは、歴史に関していくつかの「代替的仮説」を立て、そのどれがもっとも適切かを確定してゆくような手続きを彼女が意識しているということである。

ある時点まで類似した歴史的経路をとっていた複数の国家ないし地域が、別の歴史的帰結を選ぶのはぜか。スコチポルはミルに由来する「一致法」と「差異法」[1]という 2 つの調査設計の片方もしくは両方を用いることによって、比較史分析において有効な原因と無効な原因とを操作化し、因果的状況配置を特定できるとしている。たとえば B. ムーアの『独裁と民主政治の社会的起源』(Moore 1966=1986) は主として一致法を使用しつつ、ところどころ差異法を使用している (Skocpol 1984=1995: 352)。比較対象たる 7 つの農業国家の各々が民主主義・ファシズム独裁・共産主義独裁という 3 つの経路のうち 1 つをたどったのはなぜだろうか。そして、各経路内部に含まれる2、3 の国がどのようにして同じ帰結を辿ったかについて一致法が使用されるのに対し、3 つの経路の比較という次元においては差異法が使用される。「因果についてなされつつある主張の確証に資すべく、同一の地点から出発しつつも対照的な発展方向をとったこれらの経験が利用されるのである」。農民革命を経験した国であるフランス・ロシア・中国と、経験しなかった日本・ドイツ・英国との比較が行われる。後者の一群は構造的・歴史的に前 3 者と重要な類似性を持つにもかかわらず、革命的危機にあっても社会革命には成功しなかった。

まさに、この先行研究と同じ方法論をわれわれは使うことになる。対象が国家であるか、地方小都市であるかが異なるだけである。説明されるべき現象——片方は原発に反対し、もう片方はそうでなかったのはなぜか——を追求するとき、巻・柏崎という 2 つの地方小都市に共通する値をとっている変数ではなく、異なる値をとる変数を探し出すことになる。これが「差異法」なる方法論である。

そこで、歴史的経過のなかで、2 つの都市が異なる値をとったような構造的諸変数を列挙してゆくことから始め、次にそれら諸変数の決定力の大きさ

を、思考実験によって考えてゆくことにする。このとき、常識から、あるいは時間的な前後関係から導くことのできる因果連関をモデルとして組み立て、選択に至る複雑な力学のからみあいを明らかにしたい。

　以上述べてきたような歴史社会学的方法は、比較的構造的な要因を追求するための手法である。これに対して主体の戦略や行動といった要因については、より事例内在的に見ていく必要がある。この点については5章において、巻町における「実行する会」という先導者(initiator)の主体的動機やネットワークに着目して、改めて論じることにしたい。

1.2　変数の抽出

　2章と3章において、巻町と柏崎市との相違点について、適宜触れてきた。それらは、レジームの構成と運動のあり方を決める諸変数——いわば直接的な変数となっているもの——と、これらレジームや運動の在り方を決定するような、よりマクロな諸要因とに分けて考察してゆくことができるだろう。マクロな諸要因とは、地理的・自然的条件に加えて、中央や国家のレベルで決定され形成される国家政策や流通経済、さらには人口学的変動や価値観の変化などが考えられる。

　ここで、第1章において行った「ローカルレジーム」概念の定義を想起すれば、「非公式なルールによって運営される統治構造であり、政府と企業との協調によって形成される統治連合を核とする権力と影響力のネットワーク」というものであった。このレジームに関係する直接的な変数を、2節において考察する。さらに、この定義のなかでは、レジームにおけるゲームのルールに反対しようとするような勢力が含まれていないが、このような反対運動のあり方もまた、「ローカルレジーム」に規定を受けるから、当然考察の対象となる(3節)。いっぽう、地理的要因などのもっともマクロな要因[2]については、レジームの類型移行との関係のなかで4節において扱うこととする。

1.3 時間的差異と空間的差異

本書で被説明変数として置いている「選択」は、2つの異なる値をとっている。第1章の表現を繰り返せば、「住民投票によって原発反対の意思を示した」巻と、「世界最大の原発基地となった」柏崎である。これを、より操作化された比喩で説明すれば、「原子力発電所建設を拒否したか誘致したか」という、1か0かのダミー変数として被説明変数を置いておくことができる。

それでは、この選択はいつなされたと考えれば良いのだろうか。巻町の場合には住民投票の時点であることは論をまたない。しかし、柏崎の場合には、政治的に誘致の意思表示をしたと考えられる点も複数あるばかりでなく、行政手続きの上で誘致が決定したのちにも、それに反対する運動はかなりの勢力を維持し続けたのであって、運動が敗北したり失敗したりした点も複数ある。そこで、これら複数ある可能性のうちのどれを採用するかを決めておかねばならない。

もし2つの選択の時期を揃えたいのであれば、柏崎における住民投票運動が敗北した2000年3月の時点を最終的選択と捉えることが望ましい。しかし、これは世界最大の原子力発電所が完成した後のことであり、また既に存在する原発上でのプルサーマル実施の可否を問うものであるから、すこしばかり次元が異なっている。

そうなってくると、原子力発電所そのものの誘致が決定され、しかも選挙などの公的政治制度によって正統性が与えられ、反対運動が決定的に敗北する点を選ばなければならない。そのさいの候補として、①誘致決議(1969)、②電調審決定(1974)、③着工(1978)というような複数の候補がある。この3段階を経て、行政単位としての柏崎の意思決定は為されている。この期間、選挙によって市民意思が示されたのは1971/75/79/83/87の各年であるが、明示的に原発反対を掲げ、しかも有力な対立候補があらわれたのは71年と83年のみである。さらに、運動の決定的な敗北点として保安林伐採阻止闘争(1978)を挙げることにおそらく異論はない。以上のことを考え合わせると、これらの出来事が引き続いて起きた1980年前後が、「選択」の分水嶺であったといえる。

さらに、これを補強するかのように、チェルノブイリ事故わずか一年後の1987年に柏崎では1・7号炉のヒアリングが行われ、さらに市長選挙が行われて飯塚が勝利している。87年の帰結によって、柏崎が世界最大の原発基地となる道は揺るがぬものになったといえる。したがって柏崎の「選択」は1970年代後半から80年代初頭にかけて行われ、80年代を通じて緩慢に補強されていったのである。

こうして、柏崎の選択と巻町の選択との間には、10年から10数年のタイム・ラグが存在することになる。このタイム・ラグの間に、いうまでもなく様々なマクロ変数は変動している。したがって、われわれが問題にしている比較には、このままでは2つの平面が混在することになる。第1に、巻町と柏崎という空間的差異の問題であり、第2に、80年代初頭と90年代中葉という時間的差異の問題である。

もし第2の差異が解消されたとき、被説明変数そのものが消滅してしまうなら、われわれの議論は無意味になりかねない。すなわち、もし柏崎でも1996年に原子炉設置の選択を問う状況があったとして、建設不可という結論が出るのであれば、われわれが問題にしている「対照的な選択」の原因はすべて時代状況に還元される。したがって、いかなる都市であろうと同じことが発生したということになり、空間的な考察は無意味となる。都市間比較というアイディアは、あくまでも第1の差異が第2の差異よりも決定的だから詳細な考察に値するという前提のもとで成立する。第2の差異のほうが重要なら、そちらを被説明変数にすべきなのである。

しかし、結論からいえば、原案どおり進むのが妥当である。1990年代後半においても、たとえば石川県珠洲市において原発推進派の市長が当選するなど、建設不可としない結論は出されているし、逆に1970年代後半当時にもまた、原発設置不可という結論を出し、建設が断念された立地点も数多い。したがって、時間的差異にすべてを還元したり、時間的差異を被説明変数としたりするのは妥当ではない。時間的差異はせいぜい、説明要因の1つを構成するものと見ておくべきであろう。

第4章 巻・柏崎の対照的選択とレジーム移行 171

2節 ローカルレジームの変動と失敗

　第1章でレジームの構成要素として3つのものを定義した。①統治連合
②ゲームのルール　③思想　である。このうち統治連合の内容は、統治者の
性格や出身階層と、影響力を持つ有力者層も含めた統治連合の性格とに、分
けて考察することができる。

2.1　統治者

　これまで見てきたように、2都市における統治者のリーダーシップ・スタ
イルは全く異なる。小林・今井の両柏崎市長が激しい交渉に身をさらし、「命
を縮めるように」原発建設を進めたのに対し[3]、巻町では原発が「政争の具」
に過ぎなかったことは否めない。3章における統治連合の分析から分かるよ
うに、東北電力の影響力が避けられないほど大きくなったときに初めて、統
治者は重い腰を上げるのであって、強いリーダーシップのもとに原発建設を
進めようとしたことは基本的にない。

　しかも、小林・長野両氏が「原発市長」「原発助役」と呼ばれるほど原子力
工学に詳しかった柏崎市に対し、巻町では原子力に関する専門知識を備えた
統治者はあらわれていない。誘致当時の『巻町史』を見てみよう。巻町議会
では、第3次原子力発電所対策特別委員会のなかで、原発の安全性をめぐっ
て一時的な対立が生まれたものの、「原発先進地の実態を調査し参考にしな
がらも、最終的には国の権威ある安全性審査を信頼する以外にない」とする
多数意見と、「地元住民が自主的に安全性について判断し可否を決めるべき
だ。そのため各種の意見を聞き討論を重ねる手だてが必要」とする少数意見
が対立したままだった。この2つは「平行線をたどり、実質的審議は深まら
ないままで説明会開催、視察などが主な活動となった」(『町史』: 682)。柏崎の
地盤論争のように、専門的知識にまで踏み込んだ安全性論議は、ついに行わ
れた形跡がない[4]。すなわち、巻町においては、統治者も決して深い知識の
うえに原発に賛成しているとはいえない。それは誘致ではなく「同意決議」
という文面になっていることにもあらわれている。このような政争を梃子に

172

した原発誘致に対する反発が住民投票運動につながったのであって、中央で理解されるような、単なる反原発というものとは性格が異なる。

　統治者のリーダーシップ・スタイルの相違は、より本質的にはローカルレジームの性格の違いに由来する。巻町では名望家レジームが必ずしも解体されず残っていた結果、これが原発レジームと結びつき、過剰なまでの防衛反応によって町民を離反させたところがある。それに対し柏崎の場合には、初期の革新市政と結びついた名望家レジームは早期に解体し、商工派の統治者を中心とする「地域開発レジーム」の基盤が形成されてから、原発計画が持ち上がるのである。ここでは、地域開発レジームと原発レジームが結びついたため、原発は地域開発の一種と理解され、「陸の孤島からの脱出」というフレームの正統性に支えられながら進んでいったといえる。

2.2　統治連合

　次に挙げられるのは、統治連合のパートナーをなす事業者の相違である。東京の膨大な需要をバックにしている東京電力と、新規電源開発の必然性を持っているわけでない東北電力とでは、潜在的な圧力が全く異なる。原子力発電所を必要とする客観的条件は、電源種別において原子力発電への依存率が高い東京電力のほうが遙かに高いといえる (**表 4-1**)。柏崎の小林市長と松根会長が早くから東京電力に狙いを絞っていたのは、東京電力の方が原子力発電に積極的である一方、東北電力には原発を立地する強い動機づけが欠けていると見えたからでもあった (吉田 1982)。

　また、立地を進めていく手法に関しても、すでに3サイトの立地経験を持つ東京電力 (福島第1、第2、柏崎刈羽) に比べて、女川原発しか完成していない東北電力の経験は少ない。その結果、統治連合のなかでの影響力行使の手法についても、東京電力ほどの洗練度をもたないということがいえる[5]。じっさい、巻の政争に業を煮やして東北電力が前面に出た2回 (高野町長期と佐藤町長期) とも、すでに見たように結果が思わしくないという歴史がある。東北電力による影響力行使がさまざまな場面で記録に残る (小林 1983) 巻町に対して、東京電力による影響力行使は、柏崎の諸文書にほとんど残っていない。

表 4-1 東京電力・東北電力の電源構成

	総発電量	原子力	水力	火力	原子力依存率
東京電力	305790	114916	16376	174477	37.58%
東北電力	96182	8459	18880	67037	8.79%

単位 100 万 Kw　平成 7 年度

出所　『平成 8 年版　電気事業便覧』日本電気協会

2.3　ゲームのルール

　統治連合によって決められ、公的に異議を申し立てることができないとされるゲームのルールについてはどうだろうか。

　第 1 に、建設が既成事実化するか否かによって、「原発レジーム」に転換するか否かが決まり、原発を前提にしたゲームのルールが決まってくる、ということがある。

　この点、注目されるのは、土地買収をめぐる相違である。巻では計画炉心近くにある町有地が紛争に巻き込まれ、電力会社に買収されないままになったが、柏崎においては予定地は荒れ果てた砂丘であり、比較的スムースに買収された。さらに巻では、町有地以外の未買収地も、第 3 章の図 3-9 から明らかなように、電調審上程時点でも相当残されたままになっていた[6]。

　さらに土地買収をめぐって、どちらにも疑惑が持ち上がったが、その内容はかなり異なる。「観光開発」の名目で土地所有者を偽ったまま買収をすすめ、のちに土地返還訴訟を起こされた巻原発に対し、柏崎の場合には事前に田中角栄の子会社が土地を買い占めていたという、インサイダー取引の疑惑に関わるものであった。しかも後者はマス・メディアによって取り上げられたものの、真相は明確でないままこんにちに至っている[7]。虚偽と紛争によって土地所有権が確定しなかった巻と、早期に土地所有が確定した柏崎とでは、既成事実の作られるスピードが異なったのは当然である。

　ゲームのルールの第 2 は、選挙がどのようなものとして戦われるかということである。

　すでに見たように、巻町では選挙は買収合戦によって戦われ、「西蒲選挙」

の悪名をとっていた。買収・供応のすさまじさを語るエピソードには事欠かない[8]。それに対し、柏崎での選挙は、とりわけ小林－今井の政権期には、有力な対抗馬を欠いて事実上の信任投票という状態を続けていた（表2-4を参照）。

　買収供応というゲームのルールは、そもそも公職選挙法からして違法であるだけに正統性を欠いているが、信任投票には異議を申し立てにくい。巻町のほうが、ゲームのルールが変わる可能性の高い状態に置かれていた。

2.4　思想

　「誘致した責任がある」という柏崎と、「巻町に来たいならどうぞ」という巻町との対比を2章・3章で確認した。そこでは、原発誘致の思想にかなりの差があると考えられる。すなわち、柏崎においては成長思想の思想がすでに存在し、そこにエネルギーへの危機感が加わって、積極的に原子力発電所を誘致しようとする思想が働いた。それに対して巻町の場合には、そのどちらの思想も支配的にはなってこなかったといえる。

　ただし、政争に明け暮れしているうちに、工業化をすすめた吉田町に「郡都」の座を奪われてしまった[9]という認識が支配層のあいだで優勢になりつつあった佐藤町長期には、ようやくこの成長主義への転換が図られたものの、運動の抵抗にあって統治連合そのものが崩壊してしまった。

　そして笹口前町長、および議会における笹口与党には、次の発言に見られるように成長主義からの離脱という思想が色濃く流れていた。

　　　この町はもともと豊かなところ。「棚田サミット」の安塚町のようにイベントをしかけなければならないところもあるが、この町には必要ない。自然体でいい。

笹口町長、98/09/21

　「都市そのものが競争しているわけではない。競争しているのはエリートに過ぎない」（Machimura 1998）と言われるように、統治者が競争を止めてみる

と巻町民が競争を求めていたのかどうかは分からない。笹口は、「収入が読めない蔵元経営の方が自治体経営より難しい」といい、支出を削減することによって、「原発レジーム」によって膨張したバランス・シートを戻そうとしていた。3章でも触れられたように笹口前町長はもともと造り酒屋の専務であり、経営学部出身でもあるので、自ら貸借対照表をつくることができる。町の広報誌には頻繁に財政表が載るようになった。町長が独自の財政指標として用いている式に〈(町債残高＋債務負担行為残高)－(基金残高＋町債残高のうち交付税交付見込額)〉[10]というものがある。この指標を、任期のあいだに改善させることが笹口の目標の一つであった(図4-2)。

　こうして巻町のケースは、その恵まれた地理的条件にも支えられながら、成長主義からの離脱という思想への変化を起こすようにも見えた。巻町のレジームは、やはり「名望家レジーム」から一足飛びで「原発レジーム」に移行しようとして失敗したのである。

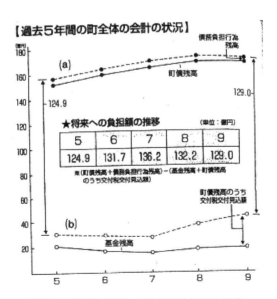

図4-2　笹口町長期における財政状況の推移

出所　『広報まき』1998/10/25

3節　運動をとりまく諸変数

運動がどの程度の資源を動員できたのか、運動がどの程度の公共性を獲得できたのか、という点もまた、選択に影響を与えたと考えられる。ここでは、運動をとりまく諸要因を、①政治的要因とりわけ政治的機会との関連、②運動をとりまくマクロ変数とりわけ地理的要因、を中心にしながら比較考察しておきたい。

3.1　運動と政治的機会

すでに見てきたように、「実行する会」の旗揚げが巻町にとって、住民投票で反対多数という、最終的選択を導いた分岐点をなしている。これまで運動経験のなかった人が、突然運動に参入した最大の原因は何だったのだろうか。

考察に値する1つの要因として、運動にとって「政治的機会」(political opportunity)[11] が急激に閉鎖されたという点を挙げることができる。S. タローは政治的機会の要素を四つあげている (Tarrow 1994)。①アクセスの増大　②政治的不安定性　③同盟者の存在　④エリートの分裂、である。巻町の文脈においては、反対派社会運動から見たとき、この四要素は次のように理解できる。①アクセスは法的・行政的手続きへの接点を持てるかどうか、とくに原発予定地の土地が計画の障碍になっているかどうか、　②不安定性とは原発事故などによる状況の流動化、　③同盟者とは県内・県外各地からの応援、　④エリートの分裂とは支配層のなかでの政争、と理解できよう。反対運動(「実行する会」ではない) 側から見たときに、これらの要素がどれだけ増大したり減少したりするかを、時期ごとに整理してみよう。それが反対運動にとって有利なときには政治的機会が「開放」されているとき、不利なときには政治的機会が「閉鎖」されているときと見なすことができる。

表4-3 が述べるところを要約しよう。基本的には原発計画はさまざまな制約に直面し、高野町長期のように運動にとっての機会がきわめて開放されていたのに対し、佐藤の2期目になると、急激な政治的機会の閉鎖が起きてい

表 4-3 巻町反対運動にとっての政治的機会の変化

町長と任期＼政治的機会	アクセス（予定地の土地処分可能性）	不安定性（原発事故など）	同盟者（町外からの応援）	分裂（政争）	閉鎖度（＋が開放、－が閉鎖）
江端 70-74	大 － (閉鎖) 買収進む	小 － (閉鎖) なし	大 ＋ (閉鎖) あり	大 ＋ (開放) 政争	± 0 拮抗
村松 74-78	大 － (閉鎖) 買収進む	小 － (閉鎖) なし	大 ＋ (閉鎖) あり	大 ＋ (開放) 政争	± 0 拮抗
高野 78-82	小 ＋ (開放)「共有地主会」	大 ＋ (開放) スリーマイル	大 ＋ (閉鎖) あり	大 ＋ (開放) 政争	+4 開放
長谷川 82-86	小 ＋ (開放) 土地訴訟	小 － (閉鎖) なし	小 － (閉鎖) なし	大 ＋ (開放) 政争	± 0 拮抗
佐藤 1 期 86-90	大 － (閉鎖) 訴訟終結	大 ＋ (開放) チェルノブイリ	小 － (閉鎖) なし	大 ＋ (開放) 政争	± 0 拮抗
佐藤 2 期 90-94	大 － (閉鎖) 計画変更	小 － (閉鎖)	小 － (閉鎖) なし	小 － (閉鎖) 対立解消	－ 4 決定的閉鎖

ることが分かる。「こんなことで原発をつくられたらたまらない」という危機感 (Interview 96/3) から「実行する会」が形成されたという事情を、3章で見てきた。それまでの地縁・血縁のしがらみを捨て、自前の資金で自主管理住民投票を運営するためには、このように、突然すべての道が閉ざされたという決定的な危機感が必要だったのだろう。これに対し、政治的機会がもともと閉じている場合、あるいは緩やかに閉じてゆく場合には、新たな戦術が発生しにくいと考えられる。柏崎の場合が、後者のケースに相当する。

すなわち、巻町では名望家レジームから原発レジームへの移行が試みられた瞬間に、機会の決定的閉鎖が起きている。それに対し、柏崎では原発レジームの形成が緩慢に進んでいる。このことが、運動の発生状況を規定した側面がある。柏崎のように緩慢なレジーム形成が起きたならば、巻町で住民投票運動が発生したか、疑わしい。

3.2 運動とマクロ変数

また、運動を取り巻く地理的な条件 (マクロ変数) もまた異なる。

すでに触れたように巻町は新潟市に隣接しながら、なお自律した経済圏を

保っているという地理的位置を持つ。いま一つ、人口 3 万人という規模である。これは、旧来の地縁・血縁による支配が可能になるほど小さい規模ではあるが、同時に政治文化が変容してゆく中では、運動者の意図が効果的に伝わっていく規模でもあった。当事者たちも、これ以上の人口規模であったら成功しなかっただろうと証言している[12]。

　変化を引き起こす役割を果たした「実行する会」の中核メンバーは、旧来の巻の文化を代表する人々である。中核メンバー 23 人[13]のほとんどは商業者・農民である。地付きであるため時間的・資金的資源が多い。また、町のなかの人間関係や勢力関係、さらに個々人の性格を的確に把握している[14]。

　その一方で、住民の人口変動がまったくなかったわけではなく、変化の潜在的社会基盤が一定程度形成されていたことも重要である。『新潟県の人口移動』を見ると、巻町は第三次産業に従事する町外からの転入者が増えている。ただし、桑原正史によれば、純粋な町外からの転入は少ない、という。「ここ数年、原発反対運動の一環として巻町全戸の個別訪問をくり返してきた実感からすると、新興住宅地の増加は、主に巻町のなかでの移転や旧世帯の分離独立にささえられており、町外からの転入世帯は案外すくない」（桑原 2000: 69）。いわば、新住民というよりは「新世帯住民」なのである[15]。これら「新世帯住民」を基礎にして、「実行する会」の先発運動が生じることになる。当初の反対運動の中心となった「住みよい巻町をつくる会」のメンバーは東京で学生時代を送り、故郷に帰ってきた 40 代の人々であったし、相坂候補の支持母体となった「青い海と緑の会」のメンバーは 30 代の女性が中心であった。これらの運動がつねに争点を喚起してきたことは、重要なポイントである。

　地理的要因の最後のものとして、住民投票条例への助言や、反対運動への理論的援助などの点で有力な外部資源となった、新潟大学が巻町に隣接していたことも一つの条件であろう[16]。

　これに対して柏崎の場合には、このような旧中間層と新世帯住民の有機的な関係が存在しなかった。既存の反対団体は実質的に地区労であり、学生運動の経験を持つ層はその経験をそのまま持ち込んだところがある。また、98 年 7 月

表4-4 「市民ネット」支持者の社会的背景

	人	備考
農業・自営業	7	うち農業3
僧侶・牧師	8	うち牧師1
会社員・公務員	7	うち教員2・会社役員2
主婦	25	
医療関係者	25	うち医師16、看護婦5
団体	1	原発反対刈羽を守る会

注 旗揚げ時のビラ (98/7) に賛同者として名を連ねた約100人 (多くは匿名) のうち、職業が判明した分を分類

　に形成された「市民ネット」は主婦・医師層を基盤にしているものの、会社員・労働者や自営業といった層までには必ずしも広がりを持っていない (**表4-4**)。

　さらに、巻町と比較したとき、外部資源の動員には困難があった。確かに労組系の応援は得られるが、住民からの心理的抵抗を受けないような講演者を呼ぶことは、相対的に難しかったようである。また、弁護士が開業できる規模の都市でもなく、専門職業層も十分に調達できなかったといえる。

　このように柏崎は、そもそも地理的条件からして住民運動が発生する基盤を欠いている。それにも関わらず「市民ネット」のような団体が形成され、そして有権者の 1/3 に達する署名を集めたこと自体が、むしろ驚くべきことといえよう。

　こうして柏崎をめぐる困難を見てくると、「それでは、なぜ巻町の住民投票運動は、ここまで人々の心をつかんだのか?」かという疑問が、逆にふくらんでくる[17]。この課題について第5章で検討してゆくことにしたい。

4節　レジーム移行とマクロ要因

　これまでの2節で、選択に関わるレジームと運動のあり方を見てきたが、両者を規定するマクロ要因としてとくに地理的要因が重要な意味を持つことを示唆してきた。

巻町は江戸期から豊かな農業生産力を誇る西蒲原平野に位置していた。こんにちでも農村都市といえるほど、農業を中心とした産業構成をとっている。一方では、近年の新潟市への通勤者の増大等により、町民所得・町税収入も順調に伸びている。財政力指数も良好である (表 4-2)。「自然体でいい」と笹口町長は強調していたが、柏崎との比較でいえば国の政策誘導を切実に必要としない条件のもとにある。したがって工業力は弱く、地元経済の中心となってきたのは建設業として県下 9 位[18]の水倉組であったことは、政治史において見た通りである。

それに対し、柏崎は江戸期まで、何といっても流通都市であり行政都市であった。明治以降の「裏日本化」のなかで流通優位と行政的枢要性がともに失われるなか、構造転換が必要とされた。明治から昭和初期にかけては石油が噴出したため、日本石油の工場が置かれるなど、工業都市としての存立基盤を固めるようになってきた。巻町において、数少ない有力企業がほとんど建設会社であるのに比べて、柏崎には製造業関連で比較的大きな企業が立地している (表 2-4)。ここから表 0-3 で見たように、人口規模は巻町の 3 倍ながら製造業出荷額[19]は巻町の 10 倍に上るという柏崎の特徴が出てくる。

こうした 2 都市の相違は、地域社会学が工夫してきた地域社会類型によっても確認できる。**表 4-5** は小内透 (1996) が作成した全市町村にわたる地域類型表から、両都市の部分だけを抜き出したものである。1965 年時点では似た性格を示していた 2 都市は、1980 年前後を境に柏崎は工業型へ、巻町はサービス型へと分岐を遂げている[20]。

このように経済基盤が異なっているので、経済界から見たときに発電所をどれだけ身近に感じ、どれだけ必要としているかという相違が出てくる。柏崎では工業的に電気を必要としていながら、中部電力と東北電力の管轄地域の境界にあるため、思うような電気供給がなされなかったという潜在要因が既にある。さらに、工業界の人脈から政府・事業者との連携も取りやすかった。それに対し巻町はあくまでも農業都市であって、発電所そのものを必要としてはいない。

2 都市のあいだでは、産業振興をどれだけ切実に必要としているか、過疎

第4章　巻・柏崎の対照的選択とレジーム移行　181

表 4-5　巻・柏崎の地域類型

	1965	1970	1975	1980	1985	1990
巻	農業	低生産力農業	産業基盤停滞	低生産力商業	低生産力サービス	低生産力サービス
柏崎	農業	産業基盤停滞	産業基盤停滞	低生産力工業	低生産力工業	低生産力工業

注　一人あたり個人所得、就労人口、産業構造、通勤人口比率、人口規模の各指標から全市町村を 38
の類型に分けている。詳しくは (小内 1996) を参照。

化の圧力をどれだけ感じているかという要因も異なる。巻町は新潟市の観光
都市・衛星都市として生きていけるのであって、過疎化や開発の圧力とは無
縁である。地域振興の効果に疑いがあるものを敢えて誘致するほどの強い動
機づけが、巻町には相対的に欠けていた。その姿勢を象徴するのが「誘致」
ではなく「同意」した議会決議である。

　こうして、2つの都市ではレジームの移行の様子が異なっていることを見
てきた。その移行の仕方を整理すれば、**表 4-6** のようにまとめられるだろう。
　柏崎が 1950 年代には地域開発レジームに移行したのに対し、巻では佐藤
期の 1980 年代にようやく移行をはじめた。しかも、なお名望家レジーム的
な性格を強く引きずっており、「原発レジーム」には完全に移行しきれなかっ
たことは、すでに触れた通りである。第一章において、レジームの類型を設
定した表を再掲しよう (**表 4-7**)。

　この表に即して説明するならば、柏崎が地域開発レジームから原発レジー
ムに移行した (第Ⅱ象限→第Ⅲ象限) のに対し、巻町は名望家レジームから原
発レジームに移行しようとしており (第Ⅳ象限→第Ⅲ象限)、巻町は一度も人々
の態度を「代表」してくれるようなレジームを経験したことがなかった。巻
町民のあいだに潜在していた、「代表」的なレジームへの渇望が、「実行する
会」による、「町のことは自分たちで決めよう」という訴えへの共感を生む基

表 4-6　2つの都市における「レジーム」の移行

レジームの種類	名望家	地域開発	原発
柏崎	州崎市政	吉浦・小林Ⅰ	小林Ⅱ～現在
巻	江端～長谷川	佐藤Ⅰ・Ⅱ	佐藤Ⅲ

182

表4-7　日本におけるレジームの類型設定（再掲）

	外部志向	内部志向
代表的	地域開発レジーム	内発的発展レジーム
非代表的	地域開発レジームの変形（原発レジーム）	名望家レジーム

盤となったと考えられる[21]。

　こうして、名望家レジームを引きずっていた巻と、地域開発レジームへの転換が進んだ柏崎とでは、住民から権力構造に対して与えられる正統性の度合いが異なった。ただし、巻町の場合には「原発レジーム」に移行しはじめたときに住民投票運動が発生したため、原発レジームに分類できる期間はきわめて短く、むしろ移行に失敗した事例と捉えられる。運動にとっての政治的機会も、巻町において激しく変動したのに対し、柏崎においてはあまり変動しなかった。柏崎の場合には早い時期に地域開発レジームへの移行が終わっていたこと、そこから原発レジームへの移行が緩やかに行われたことが、その原因といえる。

4.1　運動の展開過程

　こうして見てくると、運動もまた「レジーム」のあり方に、規定されながら展開してきていることがわかる。どちらの場合にも、運動の展開過程を3段階に整理することができる。①立地点における阻止運動、②一般住民へと反原発をアピールしてゆく運動、③住民投票運動、である（**表4-8**）。こうした展開過程は、レジームの展開過程と対応している。

　①の段階では、「原発レジーム」は形成されてはいないが、当初漁民たちの住民運動としての性格を持っていたとしても、既存レジームの統治能力の高さによって地域から切り離され（松原・似田貝編1976にいう「分離独立型」）、運動目標を達成することができず、やがて運動資源を持つ左翼政党への依存を強める。こうして、①段階での運動は、地元の漁民と、学生や左翼勢力とが結合した形になることが多く、機動隊との衝突など実力行使を伴うことが

多い。

　過激化がさらに地域社会からの支援を弱め、運動がより孤立化するなかで①から②への展開は、原子力立地点においてはほぼ共通するものである。漁業権が放棄されれば、獲得目標を失った①の運動は収束せざるを得ない。これにより立地手続きが軌道に乗るため、「原発レジーム」の形成に向かいやすいことは、すでに記述した通りである。換言すれば、②の段階の運動は、ほぼ「原発レジーム」の形成に対応して、運動がより孤立化させられたものである。運動は地域社会への反原発アピールを新しい目標にするものの、①ほど注目されることはなくなり、活動の総量も停滞気味となる。80年代後半になると「新しい社会運動」的な特質を持つようなものとして展開しはじめることもあるが（第3章の注32参照）、引き続き左翼勢力が運動を担う特質も持続する。両者のバランスは、レジームの性格に対応して変動するということがいえる。「原発レジーム」がいったん成立してしまえば、新しいルールのもとで諸誘因が供給され、多くの住民はレジームの統治能力のなかに組み込まれていく。運動は孤立したままとなり、新しい社会運動を支えるような担い手は登場しにくい。いっぽう既存のレジームが持続するのであれば、ゲームのルールは変わっておらず、また①のような激しい衝突が発生しないことなどから、地域社会からの孤立の度合いは薄まる。これが巻町において、左翼政党とは距離をおく「住みよい巻町をつくる会」が誕生しえた一つの理由であろう。

　1990年代以降には、原子力事故や地域振興の不調などにより、「原発レジーム」はそれ以前ほどの統治能力を持てなくなり、ゲームのルールが多少不安定化する。それに伴い、運動もレジームに対抗する程度の力は持てるようになり、地域社会からの心情的支援も得られる。それによって新しい担い手が参入し、新しい戦術も生まれる。それが柏崎で発生した事態である。いっぽう、巻町ではこれとは逆に、「名望家レジーム」から「原発レジーム」への移行が始まったことにより、運動側に危機感が発生し、新しい担い手の参入を生むことになった。

　このように、2つの都市において運動の展開過程に共通点はあるが、一方

で対応するレジームのタイプが異なることによって、運動の担い手、戦術等に差異が発生している。巻町では「名望家レジーム」が継続したことにより、運動の過激度は低く、また左翼勢力に支えられる度合いも低かった。

以上の議論をまとめると下表のようになろう（表4-8）。

表4-8　巻・柏崎における運動の展開過程

	巻町	柏崎市
立地点阻止運動	1982 (町長選挙) まで 「共有地主会」 漁民、学生、左翼勢力中心 実力衝突 「名望家レジーム」から孤立	1980 (ヒアリング) まで 反原発地元三団体 農漁民、学生、左翼勢力中心 実力衝突 「地域開発レジーム」から孤立
アピール運動	1994 (町長選挙) まで 「住みよい巻町をつくる会」 新中間層、左翼勢力中心 ビラ・チラシ 「名望家レジーム」から、やや孤立	1998 まで 地区労 官公労、左翼勢力中心 集会、デモ、抗議行動 「原発レジーム」から孤立
住民投票運動	1994 から 「実行する会」 商店主、農民、新中間層中心 折り込みチラシ、署名活動 「原発レジーム」構築への対抗	1998 (市民ネット形成) から 「実現する会」 官公労、医師、主婦中心 チラシ、署名活動 「原発レジーム」への対抗

4.2　地域類型論への位置づけ

さらに進んで、この2事例を地域社会研究の文脈のなかに位置づけておきたい。1章でも多少触れたように、地域権力構造研究の課題として残されていたものの1つに、地域類型論への個別事例の位置づけが充分になされていないこと、その結果、事例を越えた比較と一般化がなされていないことがあった。

これに関しては、平岡・高橋 (1987) が、権力構造研究を地域類型論のなかに位置づける試みをしている。彼らは、地域の産業構成をベースにしながら、都市社会学における都市類型論の展開を踏まえて**図4-9**のような7つの地域類型を考えている。

第4章　巻・柏崎の対照的選択とレジーム移行　185

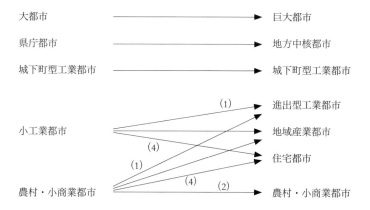

(1) 素材型工業の進出、(2) 組立型工業の立地、(3) 管理機能の集中、(4) ベッドタウン化

図4-9　7つの地域類型の成立系譜

　そして、これらの類型ごとに典型的に成立するような経済構造、社会構造、権力構造を表のように整理する(そのさい、彼らは「巨大都市」の類型は考察の対象外として除いている)。こうした整理が成立する理由について、平岡らは充分に説明していないが、ここではその内容の検討はせず、おおむね妥当なものとしてこの類型を利用することにしよう。

　この表を、巻・柏崎の地域類型的性格を確定するために利用することができる。とりわけ柏崎の反対運動は、電力会社の「企業城下町」という表現を好んで用いるが、それが妥当かについて、ここで判断を下すことができよう。

　たしかに電力会社は巨大な存在であり、ローカル政治に強い影響力を持っているが、秋元らの先行研究が対象とした「企業城下町」とは質的に異なっているといえる。すなわち、刈谷市、釜石市などは、図4-9にいう「城下町型工業都市」であるが、巻・柏崎はあくまでも「農村・小商業都市」から出発した「進出型工業都市」ないし、それへの移行に失敗したケースである。このように判断できる根拠は、(1) 有力者が中心企業の関係者という段階に至っていない[22]、(2) 中心企業を頂点とした系列ネットワークが形成されていない[23]、(3) 人口の過半が中心企業の関係者となっているわけではない[24]、

表4-10　6地域類型における経済・社会・権力構造

	地方中核都市	城下町型工業都市	進出型工業都市	地域産業都市	住宅都市	農村・小商業都市
経済構造	中枢管理機能の集積 第三次産業の優位 大手企業の進出多 地元企業のみのネットワーク	中心企業の成長 第二次産業優位 中心企業を頂点とした系列ネットワーク	素材型工業の進出 第二次産業優位 進出企業の系列ネットワークと地元企業ネットワークの分離	地場産業の発展 第二次産業優位 地元企業の緊密なネットワーク大	ベッドタウン化 第三次産業優位 伝統的企業のみのネットワーク	組立型工業の立地 第一次産業残存 建設業多 零細商店多 企業ネットワーク存在せず 行政依存度大
社会構造	流入人口多 経営者・業主層やや多 地域集団の形骸化	流入人口多 労働者層多 人口の過半が中心・系列企業に関係 地域集団の形骸化	流入人口多 労働者層多 人口流入地では地域集団が変容	人口停滞的 経営者・業主層やや多 地域集団残存	流入人口多 労働者層多 地域集団一部地域のみ残存	人口停滞的 農民層多 地域集団残存
権力構造	政治的有力者の専門化＝権力構造の中核は政治・行政関係者のみ 市長の権力大	中心企業の支配の貫徹＝政治的有力者の大半が中心企業の関係者、代弁者	地元企業の経営者・業主層が権力構造の中核を形成 進出企業は黙示的影響力保有	権力構造の中核部分は地元企業の経営者・業主層 権力基盤は企業ネットワーク＋地域集団	政治的有力者の専門化＝地方中核都市に類似 市長の権力大	権力構造の中核は政治・行政関係者のみ＝地域代表の性格大 上位レベルの政治・行政関係者の権力大 権力基盤として建設業界が重要

というような点である（**表4-10**）。

　こうして、巻町は農村・小商業都市から住宅都市へと移行したケースであり、柏崎は地域産業都市から進出型工業都市へと移行したケースである。こうした推移は、1章2節で述べたような日本の地域社会の一般的な戦後史とかなりの程度重なっている。それにも関わらず、このような類型移行の都市についての権力構造分析は、これまでほとんど存在していなかったといえる[25]。

以上のように、巻町・柏崎市の地理的 (ないし都市類型的) 特徴を位置づけることで、より普遍的な主張をすることができよう。すなわち、巻は豊かな穀倉地帯に位置し、農村・小商業都市として、「名望家レジーム」型の権力構造を最近まで維持していた。巻町では原発問題もまた「政争の具」とし、決着を引き延ばせるだけの経済的余裕があった。そのなかで 80 年代後半に至ると、住宅都市としての性格を強めつつある。選択的誘因としての原発誘致の魅力は、なおいっそう弱まった。

一方、柏崎は自治体経営に対して危機感を持たざるを得ない、厳しい経済的・地理的条件のもとにあったので、同じ農村・小商業都市から出発しながらも、早期に「進出型工業都市」となり、権力構造としては「地域開発レジーム」を構成した。しかし、誘致対象が素材型産業ではなく、エネルギー産業となったことにより、進出企業の系列ネットワークは極小化され、地元企業ネットワークとは強い関連を持てないままとなった。したがって、経済構造の点では一般的な進出型工業都市よりも地元波及効果が少ないのは当然である。しかし一方、権力構造の点では進出企業が黙示的影響力を保有している可能性はある。

小括

本章では、巻町と柏崎市における 2 つの選択——原発の誘致と拒否と——をもたらした要因と、その帰結について分析した。

レジーム側の要因については次のような対比ができる。

第 1 に統治者に関しては、政争で権力構造が安定しない巻と、市長の強力なリーダーシップを持った柏崎。さらに、統治者の出身階層を見れば、「名望家レジーム」が比較的長く生き残っていた巻と、「地域開発レジーム」へ、そこから「原発レジーム」への編成替えが早期に進んだ柏崎という対比ができる。

第 2 に統治連合に関しては、影響力を持つ経済主体として電力会社を持つのは双方とも同じであるが、それが東京電力か東北電力かという相違に加え

て、どの程度争点に対して有効な影響力を行使したかについて、かなり差異があると推測できる。

　第3にゲームのルールに関しては、土地がネックになった巻と、土地買収が容易だった柏崎という対比ができる。また土地買収に関する不透明さの相違がある。

　第4に思想に関しては、成長主義の思想に依拠している柏崎と、成長主義の普及が成功せず、住民投票以後にはむしろ成長主義からの離脱志向を強めている巻町との対比がある。

　柏崎市は、本質的に流通都市として成立しているため、明治以降の日本海側諸県に共通する「裏日本」化（古厩1997）のなかで「陸の孤島」感を深めていた。雪深い旧新潟三区地域に共通するこのような危機感から、早期に名望家統治連合は解体され、工業開発を基盤とするレジームへの移行が進んだ。地域開発の一種として原発計画が位置づけられ、代議士・市長の強いリーダーシップのもとで手続きが進展した。

　それに対して、巻町においては豊かな穀倉地帯という性格と、明治以来続いた政争という条件のもとで、名望家的な統治連合（governing coalition）が比較的長く存続した。そのことが、「巻原発・住民投票を実行する会」という新しい運動の担い手を生む1つの要因となっている。

　柏崎では地域開発レジームから早期に原発レジームを形成したのに対し、巻町では地域開発レジームを経由せず原発レジームに移行しようとして失敗した、というのがわれわれの説明となる。このレジーム移行形態の時間的・質的差は、人々が住民投票運動に与える正統性を異なったものとする。それにしても、なぜ巻町の運動はあれだけの共鳴を呼んだのか、というのは大きな謎である。われわれは5章において運動体に照準し、この問いに主体的要因から迫っていこうと試みる。

［注］

1　なお、彼女自身の整理によれば、これら2つの調査設計が想定する因果関係は次のような表によって表現できる（Skocpol 1984＝1995: 352）。

一致法			
事例 1	事例 2	事例 n	
a	d	g	
b	e	h	} 総体的差異
c	f	i	
x	x	x	} 重要な類似
y	y	y	

差異法		
積極的事例	消極的事例	
a	a	
b	b	} 総体的類似性
c	c	
x	x でない	} 重要な差異
y	y でない	

X　因果変数　Y　説明さるべき現象

2　マクロ要因の1つとして、本書のベースとなった博士論文では「社会的亀裂」という鍵概念を用いて、人々を動員するような潜在的圧力 (potential) が、どのような社会構造的要因によって生み出されたのかを考察しようと試みたが、中途半端に終わったので、本書ではこの章を削除した。この点については、また別の機会に考察を試みたい。

3　この点に関連して、新潟日報 97/6/11 は東京電力関係者の話として次のような発言を紹介している。「柏崎刈羽は保守勢力がまとまっていてくみしやすかった。商工会議所も推進のけん引役として前面に出てくれましたから」。

4　佐藤町長の2期目に行われた、議員たちのフランス原発視察旅行の報告書 (巻町 1995) を見ても、残念ながら仏当局への質問は初歩的なレベルに止まっている。たとえば、電源三法のようなものはフランスにあるか、というような質問が出ているが、三法が日本独特のものであることは原子力界では常識に属する。

5　不用意な発言や、表面化した影響力行使で反発を買うような場面がしばしば見られた。たとえば、住民投票前 96/6/28 の東北電力八島社長の記者会見である。記者の「住民投票で反対票が多ければ、巻町長は予定地内の町有地を売却しない。原発建設は困難になるのではないか」という質問に対して、「町長の考えに特段のコメントはない。電源立地は息の長い仕事だが、相手町長は4年ごとに代わる」と述べた。

6　この点に関連して、新潟日報 97/6/11 は東京電力関係者の話として次のような発言を報道している。「東北電力はどうしても巻町に建てるという姿勢に欠けていた。全予定地を買収せず虫食い状態にしておいたり、熱意が足りなかったのでは」。

7　田中角栄のファミリー企業である室町産業が、原発予定地において土地転がしをしたのではないか、という疑惑が柏崎市議会で指摘された (67/3/9、田辺栄作社会党市議の質問)。(新潟日報社編 1983b:188) によれば、次のような経緯である。荒浜の砂丘地 52 万平方㍍が、66/8/19 に北越製紙から木村博保刈羽村長に移り、

66/9/9 には室町産業、67/1/13 には木村に所有権が移動している。室町産業から木村に戻った経緯は登記錯誤によるものとされている。木村は当時、報道陣に対して「土地は刈羽村が計画したチューリップ栽培用地として必要だったので私個人で買った。その後、個人的に資金が必要になったため室町産業に売ったが、室町産業が国会追及を受け、誤解を招く恐れがあったので、契約を白紙に戻した」と説明している。この問題は、それ以上追及されないままとなってこんにちに至っている。

8　のちに第5章でも触れるが、こうした挿話は（新潟日報報道部 1997）や（今井一 2000）に多く紹介されている。「散々飲み食いさせたり、家々のポストに商品券を投げ込んだり、ときには直接現金を渡したりもする。供する側も応じる側もそれが「礼儀」だと心得ているところがあり、逮捕された者も堂々と拘置所から戻ってくる」（今井 2000: 48）。

9　「4年ごとにぷっつんだもの。まちづくりなんかできやしない。原発が政争の具にされたんだ。その間に隣の吉田町に" 郡都 "を明け渡した」石田三夫・巻原子力懇談会会長、新潟日報 96/7/10。

10　ただし、交付税交付見込額は国から約束されたものではなく、町独自の計算である。

11　政治的機会構造概念については、（成・角 1998）や（中澤 1999）などを参照。私がここで「政治的機会構造」と言わず、たんに「政治的機会」といっているのは、比較や一般化のないところで構造を論じることは出来ないからである。

12　いうまでもなく、この「規模とデモクラシー」の問題についてはダール（Dahl and Tufte 1973）の問題提起がある。「われわれには、非常に大きな政治単位と非常に小さな政治単位が必要なのである」というダールのコメントは、第6章でさらに重要な意味を持つ。

13　1999 年8月31日付で町有地の譲渡を受けた 23人。

14　「共有地主会」の遠藤寅男氏は、中学・高校と佐藤完爾氏の同級生で、一緒に遊び歩いた仲であるという（新潟日報、97/1/6）。

15　『新潟県の人口移動』などの統計だけではこの点を確認することはできないが、本書初版巻末に掲載した 2004 世論調査問2の集計結果により、一応確認されたといえよう。

16　新潟大学は、新潟市のなかでも巻町から 10 キロほどの至近距離にある。巻町内に住まいを持つ教員も多い（同大の小林教授への Interview、97/3）。すでに述べた秋田教授とは別に、教授・学生が、「新潟大学連絡会」（図 3-15 参照）を形成して巻町内の講演活動などを行った。ただし、住民投票直前の活動に関して、巻町反対運動とこの新潟大学連絡会との間には不一致がある。すなわち、巻町で 96

年6月8日から「連絡会」が連続講演会を企画したことに対し、巻原発設置反対会議は、計画中止を求める要請書を送っている。それによれば、連続講演会は「現地反対住民からみれば時期を失した取り組み」で、「反原発住民に不団結を持ち込む恐れがある」。また「知識階級が運動を先導するという、住民運動とは無縁の路線で講演会が計画されている」(96/6/2)。このような反発には様々な背景事情があると推測されるが、巻町のさまざまな勢力が自律性を維持しようとする「巻モンロー主義」(3章参照) の1つのあらわれであろう。

17 なお、この問いは「巻の運動がなぜメディアの注目をひき、爆発的な報道を呼んだのか?」という問いとも重なる部分がある。たしかに最初の住民投票として注目された部分があるが、それだけでは割り切れない部分、記者たちが「実行する会」に引きつけられた部分があるはずだからである。なお、もともとメディアは「左寄り」ないし「反原発」だとか、メディアはセンセーショナルな報道が好きで原発はその格好の対象だとかいう説明は、柏崎をはじめ他の立地点と比較したとき、巻町がなぜこれだけ爆発的に取り上げられたのかという問いに答えられない。ちなみに、西塔 (1996) は原発推進活動が巻町で敗北した理由としてメディア報道の仕方をあげ、(大西 1998: 2003) は巻町をめぐって爆発的な報道が行われた様子を定量的に示そうとしている。また (吉田 1999) もメディア報道に疑問を呈している。しかし筆者の見るところ、これらの議論は、なぜ「実行する会」が記者たちを引きつけ、推進勢力は引きつけられなかったのか?という一番重要な問いを忘れているように思われる。

18 植木組 (県下3位、資本53億) であり、水倉組 (県下9位、資本2億) である。順位は帝国データバンクのランキングによった。

19 電力販売などを含まない、製造業のみの数字である。

20 ちなみに、このようなデータもまた、「選択」が80年前後に行われたという筆者の解釈を裏付けるだろう。

21 これに関しては、第6章で詳しく論じる。

22 柏崎・巻ともに、進出企業の幹部が自治体の公職についている例はない。ただし柏崎市議会では、東電労組出身者が一議席を占めている。

23 巻で電力関連企業が存在しないことはもちろん、柏崎においても1次下請けは7社に過ぎないことには、すでに触れた。

24 巻町においては、「電力関係者は10軒に1軒」と言い習わされる。それに対して、柏崎市においては「4軒に1軒は電力関係者」といわれる。どちらも反対派の主張であるが、それを受け入れたとしても関係者の数は人口の過半には至っていない。

25 (河村・高橋編著 1990) が分析した静岡県S市と千葉県Y町の事例は、それぞれ地域産業都市、農業・小商業都市のまま推移している (平岡・高橋 1987)。また、

それ以外の地域権力構造分析は、釜石・刈谷のような城下町型工業都市に偏っていたといえよう。すなわち、静態的な像を描いていることが多いのである。

第5章

「実行する会」という仕掛け

「実行する会」のプレハブ事務所(1999年撮影)。2000年に撤去された

第 4 章では対照群としての柏崎との比較によって、新潟の 2 つの対照事例
──1998 年時点における柏崎と巻──の相違がなぜ起きたのか、という初
発の問いに対する答えを追求して、一応の答えを得た。しかし、それでもな
お、巻町でこれほどの障害を乗り越え、旧来の政治文化を劇的に変革するよ
うな運動がなぜ発生し拡大したのか、納得しきれないものが読者には残るの
ではないか。

そこで本節はそのメカニズムを明らかにしようと試みる。まず巻住民投票
がいかに特異なものであったか確認し、その基本的価値観を「根源的民主主
義」という形で押さえる。さらに、例のない住民投票を実現させたメカニズ
ムを「臨界量」(critical mass) および「閾値」(Threshold) という概念によって説明
する。

1 節　巻住民投票の特異性

巻住民投票が行われた 1996 年以前にも住民投票要求は存在している。実
施になった例は少ないものの、要求そのものは頻繁に行われている。原発立
地点に限定しても、柏崎の荒浜部落住民投票、福井県大飯原発をめぐる自主
管理投票など、部落単位で実施された事例もある。

しかし、巻町の場合には自治体単位での投票であり、合併などではなく自
治体内の特定の争点に関する投票としては最初のものである。しかも、これ
がかつてなく大きな注目を集めた点も特筆すべきであろう[1]。注目を集めた
理由として考えられるのは、政治に対する閉塞感が強まっていたということ
である。巻町で繰り返し指摘され、人々の共感を得たのは、議会制が自らを
特権的な存在と認識し、民の声に謙虚に耳を傾ける姿勢を失っていることで
あった。いっぽう、「票を入れれば日が当たる、それが民主主義だ」と考え
られ、政治が住民に寄り添ってきた柏崎の場合にも、人々の感じていること
をくみ取れるだけの共感能力を持った統治者が消滅しつつあることを指摘し
た。住民投票が、このように閉塞した代表回路をふたたび開くのではないか
という期待を集めたからこそ、あれだけの注目を集めたといえる。

第5章　「実行する会」という仕掛け　195

　さらに特筆すべきことは、巻町の事例をきっかけに、住民投票が運動戦術としても普及したということである。住民投票戦術が常識化したことによって、運動過程内部でこの戦術を採用することへの支持が得られる。さらに、住民投票そのものを普及させようとする全国的なネットワークからの支援が得られるようにもなる。

　しかし、住民投票は日本の地方自治法体系のなかで、明確な位置づけを与えられていない[2]。試みられた事例の多さと比較すると、成功した事例は極めて少ない。今井一は徳島の住民投票まで「20連敗」という言い方をしているほどである。じっさい、とくに有名になったいくつかの事例を分析してみると興味深いことに気づく（**表5-1**）。住民投票実施に成功した運動は、例外なく請求数ないし反対票が有権者の「五分」に達しているのである。これは、首長リコール・議会解散が可能な1/3ですら、統治者にとって十分な圧力にならないほど、ハードルが高いということを意味する[3]。

　このように、住民投票という手段がきわめてハードルの高いものであるという情勢を確認すると、巻町では、先導運動として、何のモデルもないにも関わらず、何故あれほどのことが可能だったのか？という疑問が改めてわき上がってくる。

表5-1　代表的な住民投票運動の署名数と結果

	事例	請求年月	有権者数 (A)	署名数 (B)	有権者に占める署名 (B/A)	投票総数 (C)	投票率 (C/A)	反対票 (D)	反対割合 (D/C)	有権者に占める反対票 (D/A)
1	巻町	96.3	23222			20503	88.3%	12478	60.9%	**53.7%**
2	沖縄県	96.8	909832	34501	3.8%	541638	59.5%	482538	89.1%	**53.0%**
3	御嵩町	97.1	14882	1151	7.7%	13023	87.5%	10373	79.7%	**69.7%**
4	名護市	97.8	38176	17539	45.9%	31477	82.5%	16639	52.9%	**43.6%**
5	愛知県	98.3	5316355	120038	2.3%	→議会で否決				
6	神戸市	98.11	1159000	307747	21.4%	→議会で否決				
7	徳島市	99.2	207284	101535	49.0%	113996	55.0%	102759	90.1%	**49.6%**
8	柏崎市	99.3	69736	25258	36.2%	→議会で否決				
9	刈羽村	99.3	4238	1345	31.7%	→議会で否決				

4章まで、われわれは「なぜ巻町は柏崎刈羽と対照的な意思決定をしたのか?」という問いを追求し、それに構造的に説明を与えようとしてきた。ここからは、問いをより巻町内部に向け直して、「なぜ巻町では、さまざまな困難を乗り越えて住民投票が可能だったのか?」という問い(5章)を追いかけ、それは日本型の「根源的民主主義」という仕掛けを作ったからだという答えを出したい。本書の構成を先取りしておけば、この答えを踏まえて6章においては、この「根源的民主主義」が99年ころから維持しにくくなり、巻町が合併へとなだれ込んでいく経緯を追うなかで、この「根源的民主主義」を維持する道は何故細いのか?という問いを追求していくことになる。

2節 「過程」を問題化する根源的民主主義

「実行する会」が生み出した住民投票戦術の最大の特徴は、住民投票の焦点となっている実体を問題にするのでなく、あくまでも「みんなで決めよう」という「合意形成の手続き」を問題にしたことである。このことは巻町について記述している多くの研究が必ず言及している論点である(新藤編 1999; 今井 1997; 横田 1997)。とりわけ 94 年における会の形成から 96 年の住民投票実施までの 2 年間、「実行する会」は原発そのものへの賛否(すなわち実体)を決して争点とせず、既存の間接民主主義が住民意思(「町民の願い」)を反映しないことを批判し、それと対置する形で住民投票という合意形成手続きの意義を訴え続けた。そして、住民投票が行われたのちには、笹口町長が「この結果は世代交代が行われるまで、町長が変わろうが、議会が改選されようが絶対に尊重されねばならない」(96/8/4 の記者会見)と、この合意形成の結果が至高のものであることを訴えた。

2.1 妥当根拠としての「手続き」と「実体」

この 2 年間の動きを取材していた三上直之は、次のように述べる。巻町における公共性再構築要求は、「改めて討議をする」という合意形成に妥当根拠を求め、必ずしも「原発の安全性や放射性廃棄物の処分問題」という実体

的内容を問題にしないことが特徴である (三上 1996)。しかし同時に、合意形成によって当局公共性を批判するという「実行する会」の戦略は、そこで創出される公共性を絶対的なものとすることができない。投票後もなお合意形成を正当性の根拠とできるかという問題を抱えることになる、と指摘する。

この指摘が正しいならば、その問題構造は、かつて逗子市に関して横倉節夫が指摘した問題構造と同一である。すなわち、「合意形成過程が諸価値・諸利害の対立を前提とする以上、そこでは調整が働かざるをえないことになり、その調整原理として公共性が登場する」。しかし、もしハーバーマス (Habermas 1973=1979) のいうように、公共性が合意によって形成されるならば、「公共性は調整原理としても絶対的な高みに立つことはできない。公共性はその妥当根拠を明示し、検証をうけなければならないが、その意味では不安定である」(横倉 1989: 295-296)。じっさい、逗子市の運動は住民投票を要求したものの果たせず、運動内部は次第に不安定化・分裂して、運動が当初掲げた目標はほとんど実現できないままに終わった (森 1996)。すなわち、合意形成過程という手続き論を重視し続けると、実体がないだけに状況が不安定化しやすい、ということである。

このような前例があるにもかかわらず、「実行する会」は住民投票が終わったのちにも、合意形成とその手続きのみを問題にするスタンスをとり続けた。

　　住民投票の結果は、町民の不断の努力で守っていくものではないでしょうか。どんなことをしても、崩れるときは崩れると思います。

　　　　　　　　　　　　　　　　　　　　　　　　笹口町長、98/09

これは、「合意形成」の「結果」を討議する公共圏を、必要な場面・局面で不断にオープンにし、それをめぐる緊張感を維持し続けようとする戦略である。ここでも、原発への賛否は直接の争点となっていない。横倉のいう「公共性の妥当根拠を明示し、検証を受ける」作業を際限なく繰り返すことになる。なぜ理論的には不安定きわまりないはずの問題を、現実にはクリアできているのだろうか。

198

そこで考えねばならないのは、巻町における「手続き」論とは、理論的にいう手続き論と同じものなのか、ということである。議会によって決定された同意決議、議会によって決定された住民投票条例、住民投票の結果。これらのどの手続きを重視するか、ということが、メディアや法学の世界では常に争点であった。これは理論的にいう「手続き」問題である。そして、どれを重視するかという議論を突き詰めてゆけば行くほど、先例がない事柄であるが故に、状況は不安定になってゆくはずである。しかし、巻住民投票は単なる「手続き」（形式合理性）ではないことは、法律という形式合理性の専門家である高島の説明を聞くとよく分かる。

　　もうこれしかないぐらいなところで引っ張り出してきた住民投票でずっときたわけども、その過程があまりに、私は振り返ってみれば素晴らしかったんですよ、住民一人一人がやっぱ本当に考えて行動に参加していかないと実現できない過程があって、そうやって作り出しましたよね。（中略）
　　巻の場合は、要するに、自分たちで勝ち取って作り出した住民投票だって言ったでしょ。そこの重みっていうのは、やっぱりすごいと思うんですよ。それで、さっきもちょっと言ったように、その運動に直接参加した人たちだけではなくて、住民一人一人がやっぱりもう大変な悩みを抱え、大変な迷いを持ちながら、それでも決断して行動していった経過があるわけで、単なる1票による、どっちへ丸つけたかっていうことに留まっていないところが非常に重いんだと思うんですよ、住民一人一人にとって。

（Interview 1998/9/21）

　ポイントは形式合理性にあるのではなく、住民投票に至る過程の中での、巻町民一人ひとりのコミットにあるということを、ここで高島は繰り返し説明している。このコメントは、名望家レジームと西蒲選挙による露骨な妨害のなかで自主管理の住民投票を成功させ、新たな政治領域を創出した。そして、ついには町なかで「原発推進という方が口に出しにくい」という状況に

第5章 「実行する会」という仕掛け　199

至る、一連のプロセスを回想しながら発せられている。同様に、さきほどの笹口前町長のコメントもまた、住民投票という手続きそのものよりも、住民投票に至るまでの合意形成の「過程」、そこに込められた様々な意味に自信を持っているからこそ発せられるものであると解釈できる。

　巻町のいう「過程」は、逗子の事例とは異なり、純粋に「合意形成過程」という手続きを問題にしているのではなく、そこに「あれだけのことをやった」という記憶と意味内容を、メタ・メッセージとして滑り込ませているといえる。「手続き」論は巻町の外にいる学者が行っているものであって、この町では「過程」が問題なのである。このように、これまで「実体」としてしか論じられないと考えられてきた「公共性」を「過程」として構築する手法を生みだしたこと、それが「実行する会」の重要な戦略であると見ることができる。

　この戦略を支える価値観を、学問的には「根源的民主主義」(radical democracy) と呼ぶことができる。この言葉について少し説明しておこう。

2.2　根源的民主主義の理論と巻町

　日本の民主主義が意味内容を明確化させず何となく定着してゆき、健全な批判にさらされずにスタートしたことが、ある種の脆さにつながっている (朝日新聞社 1995: 326) という指摘はつとになされてきた。

　巻町でも当初、民主主義という言葉は「間接民主主義を守る」という論理のなかで登場する。これは丸山真男のいう「院内主義」であり、政治を国会での政治に限定し、市民の声なき声を排除する政治観である (間宮 1996: 151)。直接行動を「制度外」のものとして忌避し、公職者によって構成される制度による決定作成を独占的な権威の源泉とする発想である。リーダーたちがとる「院内主義」の発想は、戦前からの伝統に由来するものと考えられる。議会に選出されるのは人格家柄ともに尊敬される人士であり、人々は彼らの識見を信頼して政治を任せる。ここでは政治領域は、人々の生活とは離れた議会の中にだけ存在すると観念されている。とりわけ巻町の場合には名望家レジームが比較的保存されたと考えられるのだから、尚更である。佐藤元町長は「もし住民が直接に決めるなら、議会も首長もいらない」と発言している。

これは彼のパーソナリティを反映している部分もあるが、他の議員からも似た発言があらわれるので、政治は議会の中にしかないという名望家レジームの空間感覚に則った発言と見るべきであろう。

　もちろん、政治思想史上長い問題となってきたのは、民主主義が示すマイナス面をどのような原理によって克服するかということであった。アテネの衆愚政治からナチスにいたるまで、民主主義の名の下に扇動家が活躍し、人間の野蛮さを示す決定が下され、公共的観念が失われた事例には事欠かない。すなわち、民主主義には民衆の活力の無規道性というそれ固有の脆弱性（vulnerability）があると考えられてきた。「こうして民主主義はつねに、制度面と手続き面でも「民衆の情念」の迸りを防ぐ制度的防御の方途を探究していく必要がある」（千葉 1995: 35）。民主主義の脆弱性は、民主主義が固有に内包するものだと考え、それを自由主義や多元的勢力によって抑制しようと考えるところに、自由民主主義（liberal democracy）や多元的民主主義（pluraristic democracy）が誕生する。自由主義は、教養と財産とを政治参加の条件とする考え方を採用するようになり、有資格者による統治を実現するため「代議制」を主張した。代議制に、選良による濾過機能を期待することによって、民衆の情念を抑制し、民主主義の行き過ぎを防止しようとしたのである。こうして、間接民主主義としての代議制民主主義、政党制、投票制などを備えた政治制度としての自由民主主義が、19 世紀から 20 世紀にかけて成立する。また、戦後アメリカ政治学の主流をなした多元的民主主義の立場を代表するシュンペーターによれば、民主主義は大規模な近代国家とは不整合なものであり、したがってギリシアのような古典的民主主義を具現することはできない、とされる。こうしてみると「院内主義」もまた、自由民主主義の立場を受け継ぎ、民主主義の補完として議会制度を重視する立場であると押さえることは可能である。

　このように民主主義原理を他の原理によって補完することで、その脆弱性を押さえようとするのではなく、むしろ民主主義原理を徹底化させることで、それが内包する問題点を克服してゆくという観点はないのだろうか。一つだけある。根源的民主主義（radical democracy）として C. ムフ（Chahtal Muff）らによっ

て 1980 年代後半以降に唱えられた観点である。ここでいう「ラディカル」とは、通常の「急進的」という意味ではなく、むしろ語源により忠実に「根元に立ち戻る」という含意を帯びている。民衆の発意、生活、かれらの共同の権力、かれらの自発的なネットワーキングこそ、デモクラシーの根の営みであり、根元であり、基礎そのものである (1993: 21)、と千葉は述べている。そもそも民主主義は、コモン・ピープル一人一人による思想なのであるから、ラディカル・デモクラシー論が、さほど深遠な含意や複雑な条件を持つわけではない。政治的営みそのものの還元不可能性と、そこに参加することそのものの価値が認められ、それが再活性化すること、そのことが「ラディカル・デモクラシー」の目標である (千葉 1996)。しかし、この基本的な価値観の達成はつねに未完であり、不断にその達成に向けた努力が必要とされるものである。このような「不断の達成」のように小文字でしか語れないデモクラシーの実践を、この考え方は強調する。さらに、S. ウォリン (Sidney Wallin) に依拠する千葉は、「存在論的次元において政治とは、人々の日常の暮らしや共同生活を基盤とした、共存共栄の営みであり、文化創造の一端を担う営みにほかならない」(千葉 1996: 18) とも述べており、ここでラディカル・デモクラシーは、技術としての「政治」ではなく、人々の文化そのものとしての「政治的なるもの」(the political) を取り戻そうとする試みでもある、と論じられる。

　このように確認してくると、巻町で行われようとしたことは、たしかに根源的民主主義であった。民主主義を補完するような「価値」を提起するのではなく、民主主義の「過程」を徹底化して、民主主義そのものを深化させようとした。技術ではなく文化としての「民主主義の不断の達成」を強調してきたのである。

　それにしても、これは「言うは易く行うは難し」に属する事柄である。戦後 50 年間、このように文化としての民主主義を実践しようとする試みは、基本的に失敗し続けてきた。

　それが 1990 年代も半ばのある日、新潟の片田舎で突然可能になったのである。いったいどのようなメカニズムがあって、この「根源的民主主義」が発現したのか。そこで手がかりになるのは、フィリピン革命の事例である。

2.3 希望の共有

D. ラミスは、フィリピン革命によってマルコス政権が倒された時期のフィリピンに滞在して、「希望ショック」を受けたと語る (Lummis 1998: 247)。貧困と独裁にあえぐ状況で希望を持てる客観的理由がほとんどなかったにも関わらず、このとき人々は独裁制打倒への希望に満ち、いたるところ自由の雰囲気に満ちていたというのだ。それを踏まえてラミスは次のように説明を試みている。

　　公の行動に民衆がどうせ失敗すると思って参加しない時は、その行動は失敗を運命づけられている。主観的信念がその信念を「正しい」とする客観的事実を創り出すのである。こうした状況をふつう「政治的現実主義」とよぶ。公的希望状態ではこの悪循環が逆転する。民衆は公の行動が成功しうると信じ始める。なぜそう信じるのか理由は問題ではない。間違った理由からかもしれない。希望を共有する人が増えれば、それ自身が理由となる。公共の希望それ自体が希望の根拠になるのだ。少なからぬ人びとが希望に満ちて公共の行動に参加すれば、希望はほとんど根拠のない信仰から (つまり公的絶望状態の下での信仰から) 誰にでもわかるコモンセンスに変容するのである。(249-250)

巻町で起きたこともこれに近かったといえる。1994 年以前の状態は、前述のように、どうせ原発はできるのだという「深いあきらめ」に人々が埋もれていた状態である。ところが、実行する会が自主管理投票をおこない、臨時議会が流会になり、マスメディアの注目を集めるなかで、人々は住民投票という「希望」を持つようになっていく。

このように考えると、都市部よりも、地縁・血縁によって人々の行動が規制されている農村部のほうが、希望が大きくなる蓋然性が高いといえるだろう。相対的剥奪の度合いが深い分、いったん認知的に解放されたときのエネルギーが大きいからである。その意味では、新潟の片田舎でこのようなメカニズムが発現する必然性はあったのだ。それにしても、この認知的解放、

「希望を共有する人が増えれば、それ自身が理由となる」という雪崩現象は、どのようなメカニズムによって起きるのか。そのことを3節において、学問的にモデル化してみたい。

3節　臨界量としての「実行する会」

「希望を共有する人が増えれば、それ自身が理由となる」メカニズムについて、社会運動研究の世界では「臨界量 (critical mass)」概念と「閾値」概念を使って説明できる。臨界量とは、ある現象が、通常のふるまいとは異なって一定水準で収束せず全面的に展開していくときに、この展開の前提となるような基礎量のことである。臨界量を構成するものとしては、資源・人材・人的ネットワークなどを想定することができる。

「臨界量」概念を作りだしたのは、Olson (1963=1988) に淵源するような、集団・運動のミクロ分析を行うグループであるが、その代表ないし先駆と見なされるオリバー (Pamera E. Oliver) らによれば、「他人がすでにどのくらい貢献しているかによって、集合行為に貢献するための自分自身の決断を下す」(Oliver et al. 1985: 504) という点で、個人は相互依存的である。このように考えれば、ある個人が貢献することが、他人の引き続いた貢献を引き起こし、次々に他者の参加を促すメカニズムが働くことになる。しかし、このようなメカニズムが働くようになるまでには、誰も参加したがらない時に、コストのほとんどを引き受けておく人々が必要であることがわかる。このケースにおいて、メカニズムが働き始めるまでのコストの担い手のことを、臨界量と呼ぶことができる。

3.1　臨界量としての「実行する会」ネットワーク

この臨界量が、どのような条件のときにどのような水準に達するのかをシミュレートすることが、社会運動のミクロ研究学派にとって理論的焦点となっている。そこでは数理モデルが駆使されるが、ここで論じたいのはそのモデルではない。臨界量の担い手とはどのような人たちなのか、ということ

である。オリバーらは、「臨界量は、行為を起こすのに十分な利害と、成功確率を変えるだけの貢献をなしうるほどの資源を持っている人々によって構成される」としている。これに対して Kim と Bearman は、「臨界量は孤立した個人によって構成されているのではなく、小さく密に結びついた一群から完全に供給される」(Kim and Bearman 1997: 84) と述べている。

　巻町の事例は、Kim と Bearman の主張を補強するだろう。密に結びついた自営層のネットワークが「実行する会」を結成し、それが自主管理住民投票を自分たちのコストにおいて行って、一つの臨界量を形成したといえる。すでに成元哲 (1998: 68-69) の議論が臨界量理論を巻町に適用しているが、彼によれば、住民投票運動の担い手としての「地域社会のネットワークの中心に位置」する「旧中間層を含む地元の保守層」が臨界量に達しやすい条件を持っていた、換言すれば、Marwell and Oliver (1993) のいう「関心が高く資源を多く持った大口貢献者」であったとする。巻町「実行する会」は 3 章で述べたように 40 数人の「賛同者会」を構成し、このメンバーは 2004 年までほぼそのまま維持された。その核になっていたのは実行する会を立ち上げる中核だった「七人衆」と言われる田畑酒屋の茶飲み友だちであり、地縁・血縁によって結びつけられている。なかでも、知恵袋的存在の高島弁護士と、ネットワークの中心といえる田畑護人氏が義兄弟であったことが大きい。田畑と、かれの仲間である商店主たちは昭和 50 年代の原発推進運動で動員される側にいた人たちであった。1978 年に頂点に達するヒアリング反対闘争で高島たちが推進側町民と睨み合いつつ反対演説のマイクを握ると、「困ったような顔で推進側の最前列に田畑がいた」こともある。さらに、1995 年以降、「実行する会」町議と統一会派「二六会」を組むようになった保守系町議会議員が 3 名いるが、かれらはかつての保守 2 派対立のなかで「元友会」に所属していた議員たちであり、中心的存在の大沢喜一氏はいまでも自民党員である (Interview 2004/3)。「実行する会」は 1994 年いらい、この保守系ネットワークの一部を自らの賛同者に変えたということになる。ローカルレジームから圧力がかかるなか、彼らは「変則トーナメント」を勝ちきるまで臨界量として持ちこたえた。持ちこたえられた理由は、かれらの根源的民主主義がたんな

る技術ではなく、生活と結びついた営みであり、文化だったからではないだろうか。

3.2　生活をかけた臨界量形成

筆者は1996年3月、最初に巻町に入った際、「わしらは体制派です」とまでいう「実行する会」の人々が何故、地縁血縁の張り巡らされたこの町で、しかも商売人という立場で、わざわざ運動を始めたのか、その動機がどうしても分からなかった。本来運動を始めるような社会関係のなかにあった人ではない。なぜそれにも関わらず運動を始めようと思ったのですかと田畑氏に聞いたことへの返答は次のようなものであった。

　　私は三十年間酒屋をやってきた。西蒲選挙の受益者です。買収券［ビール券のこと］を分かっていて売るわけです。一晩で数百万の売上になったこともあります。一村全部買収するんですよ(笑)。でもどこかおかしいと心の底で思ってきた。一方でかかあの弟［高島弁護士のこと］から原発の話はきいていた。かかあの弟が手弁当で運動しているのに、その応援もできず、すまんのうと心の底で手を合わせていた。そして今回、このままでは原発が必ずできてしまうという局面になった。これで黙っていたら私の人生はそのまま終わる、それだけの人生だったということになってしまう。もちろんここで声を出せば、取引先から締め上げられるだろう、店もつぶれるかもしれない。でも息子たちも独立した、もうあとはどうなってもいいじゃないか、とかかあと話をした。

　　金で人の心を買うような政治はもう終わりだ。西蒲選挙といわれた、これまでのようなあり方をかえんきゃならんと思っている。そういう動きは、巻だけじゃなくあちこちで起きつつあるんじゃないでしょうか。

(1996/03)

商店主や農民は、既存の地域開発レジームの末端に参加し、そこから生まれる small opportunities の利益配分に与っていた人々である。「実行する会」

の構成については4章でも検討したが、「旧中間層」中心の運動という指摘がしばしばなされる。それ自体、日本の社会運動の中では例外的なことなので、学問的には注目されるからである。しかし運動が発するメッセージとしてより重要なのは、担い手の階層云々よりも、現存のローカルレジームの下で、運動が失敗すれば生活が維持できなくなることが分かっている、そういう人々が担い手であったことである。

「生活をかけ」た、もう一つの例を引こう。99年町議会選挙において「実行する会」は町議会の「ねじれ」を解消するため、相当な無理をして候補者を擁立しようとした。しかし説得は難航し、家族の反対も激しかった。町議会議員では家族を養えるほどの給与は得られず、しかも議員となれば様々な中傷や批判にさらされ、私的生活はなくなるからである。その中で、自営業者として最終的に「実行する会」の候補となった堀田氏について、田畑氏は次のように話した。

　　最後にくると他人の内臓に手を突っ込んで引きずり出すような話になってゆく。本当に立候補させようとすると、そんな思いにならんきゃらないほど。じゃあ今回の既成のメンバーの中でそういう人はいるのか。たとえばPTAが終わって、農協の役員とかして、そのひとはそのひとなりに一生懸命なのかもしれんけど、町会議員になる。自分がいなければ家が困るという人をたてようとするだろうか。

　　堀田君の説得なんて、このままだとあんたの家は壊れるよと。同じ壊れるなら、出てみてよくなるかもしれないと。それにかけてくれと説得した。そういう思いを現実にするわけだから。

　　で、こんかい、堀田君を落とした［町議会選挙の結果は落選だった］。そのあと娘さんが彼に手紙を書いたそうだ。本当にきれいな選挙ですばらしいお父さんを見せてもらったと、そう書いてあったそうだ。

（Interview 99/4）

人々の日常生活のなかで、日常の労働や家族の悩みと寄り添いながら営ま

れる政治の姿が浮かび上がる。これは政治学者篠原一のいう「ライブリー・ポリティクス」(篠原 1985) の 1 形態だろう。篠原は次のようにいう。「ライブリーな政治とは、第一に生活に連関した政治という意味なり、第二に、それは広く生に関する政治ということになるであろう。そして以上の二つが政治の内容に関するものであるとすれば、第三は政治のスタイルに関係する問題であり、いきいきした政治のやり方である。個人プレーでもなく、逆に組織の歯車として行動するのでもなく、連帯しながら、生き生きとした行動をとるその方法をいう」。篠原の議論は、基本的には都市部の生活クラブ生協運動などを念頭に置いたものであるが、政治を制度の問題としてでなく、文化の問題として捉えたと見れば、巻町で起きたこともまた同じである。ただし、都市における「生活」は消費点におけるそれであるが、ここでは生産と労働の場に密接に結びつき、みずからの生存基盤である労働を犠牲にしながら政治が行われる。いわば、「生活をかけた」政治の姿である。

この「生活をかけた」迫力が、町民に対してメッセージとして伝わっていったのだと考えられる。その一つを引いておこう。3 章にもインタビューを引用したが、沢竜会から転じて「実行する会」に加わった石塚又造の発言である (今井 2000: 55)。

汚いところにどっぷり浸かってたからこそ、身につまされて言うんだけど、このままじゃ巻町は腐ってしまう。金じゃなくて、よそに誇れる高潔な町を孫たちに手渡したい。わしはそう思ったし、ほかの人もきっとそうだろう。「実行する会」ができて、みんな目が覚めたんだ。[4]

4 章で分析してきたように、巻町には地理的・政治的に、原発レジームが成立しにくい条件が整っていたのは確かである。しかし、最終的には決断をして臨界量 (critical mass) を担う主体がなければならない。それが「実行する会」であった。

それでは、「実行する会」によって「目が覚めた」町民は、それまでの保守的な政治文化をどのようにして乗り越えたのだろうか。そのメカニズムを次

に見てみよう。

4節　閾値(Threshold)の乗り越え

　Marwell and Oliver (1993) らによる critical mass (臨界量) 理論は、のちに Granovetter (1978) にはじまる Threshold (閾値) モデルと統合され発達するようになった。これらの理論は、「初期貢献がどのように連鎖反応を促し、最終的に集団の全成員にまで拡大していくかを説明している」(Macy 1991: 730)。このとき、集合的目標を達成するために必要な資源量（＝臨界量）を作り出すた

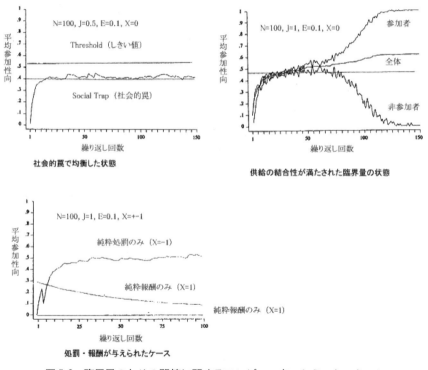

図 5-2　臨界量のための閾値に関するコンピュータ・シミュレーション

出典　Macy 1990 を訳し一部加筆した

注　本図のなかで、J は Jointness of supply（供給の結合性）、N は Number（ゲームへの参加者数）、E は Efficiency of reinforcement（1回の説得で行動を変える人の割合）、S は Sanction（集合行為への参加に対する制裁）を指す。$-1 \leq X \leq 1$, $0 < E \leq 1$, $0 < J \leq 1$ である。

めの閾値がどこにあるのかを、繰り返しゲームを用いたコンピュータ・シミュレーション等により探求している。たとえば Macy によるシミュレーション（**図5-2**）から明らかなように、一般的な条件のもとでは——さらに運動参加への制裁が強い条件のもとでも——集合行為への参加性向は、「社会的罠」(social trap) とよばれる限界で安定してしまい、そのままでは閾値を越えることができない。閾値は通常、参加への平均性向が5割を越えるところにある。

　閾値を乗り越えるための条件として、図5-2から2つのポイントを指摘できる。①集合財（このケースでは運動が達成すると期待される政策的帰結）の供給の結合性[5]——特定個人による財の消費が、他の集団成員に利用可能な財の量を制限しない度合い——が高いこと、②参加することに伴う制裁を減少させる必要があるが、一方でまったく制裁がなくても社会的罠にはまりやすいこと、である。それでは、新潟ではこれらの条件が満たされたのだろうか。

4.1　レバレッジと自主管理住民投票

　すでに3章でみたように、巻町では長期間にわたり、官的公共性を所与の条件として町政が運営されてきた。「電力さんからかなりごちそうを受けたせいか、早く同意せい、と同僚議員から突き上げられて困った」(石田亦男町議の証言、小林 1983: 96)。「長谷川町長が電力からの寄付金3億を前提にした予算を組んだのに、電力がカネを出さないというので私は奔走した」(山賀小七・元町議会議長、Interview 2002/03)。すなわち、公共事業というレバレッジ装置（1章1節参照）の末端において、その利益配分に与ろうとする行動様式が支配的だった。

　このような構造のもとで、「一国一城のあるじ」町長をトップとする統治連合にもたらされる利益と権力には膨大なものがある。**表5-3**において、1993年からの町長の各任期における公共事業発注額および発注先の一部を示すが、たとえば佐藤2目目と佐藤3期目とでは、元友会側業者への発注量に雲泥の差がある。佐藤町長再選のときに対立候補を応援した元友会系業者は、端的にいって「干された」のである。このように町長選挙は業者の死活問題に直

表 5-3　1993 年以降の各政権の公共事業発注額

政権		笹口 I	佐藤III	佐藤II
期間		1996/4 ～ 98/9	1995/4 ～ 96/2	1993/4 ～ 94/7
入札件数と総額		268 件、3595628 千円	115、2483650	153、10256239
M 組	受注件数	52	22	38
（沢竜系）	件数シェア	19.4%	19.1%	24.8%
	受注額	1232798	1108848	1762387
	額シェア	34.3%	44.6%	17.2%
M 建設	受注件数	35	19	22
（沢竜系）	件数シェア	13.1%	16.5%	14.4%
	受注額	486542	296947	366731
	額シェア	13.5%	12.0%	3.6%
Y 建設	受注件数	23	11	12
（元友系）	件数シェア	8.6%	9.6%	7.8%
	受注額	311921	295713	124507
	額シェア	8.7%	11.9%	1.2%
M ／ Y 比率		5.5	4.8	17.1

注　「広報まき」に 1993 年から掲載が始まった入札結果を筆者が集計した。
　　代表的な 3 社に対する発注額に限定して集計した。

結するため、政友・民政以来の保守代議士系 2 派の争いは、しばしば全町を
巻き込む買収に発展した。この 2 派の政争は 3 章で詳述したように、原子力
発電所をめぐる利権をどちらが多く取り込むかという争いでもあった。

　その中で、一般町民は政治的沈黙を続けていた。「賛成側だって、金をも
らったから賛成なんで、原発はこない方がいいことはわかってるのだ。けれ
どもなんだって、時の政府がやることだし、権力と儲師が組んでやることだ
し、その手先を町長がやることだし、にらまれて損をしても困るし、仕方な
いと思っているんだね」。これは、1981 年当時の地元漁民の発言である（剣
持 1982）。このように、レバレッジに連なる町内の熾烈な権力争いのなかで、
かやの外に置かれた町民は「深いあきらめの中に埋もれていた」（桑原 1995）。

　ところが、第 3 章で見たように、「実行する会」の登場と自主管理住民投
票（1995 年）が全てを変えた。自主管理投票を境に、social trap の脱出と閾値

の乗り越えが発生し、政治的地すべりが起きたと考えられる。自主管理住民投票によって、巻町の「原発ノーという民意」の数が予想外に大きいことが、誰の目にも明らかになった。①集合財の供給の結合性が高まったこと、つまり「住民投票」という誰でも参加でき、誰の損にもならない目標が明確になったこと、②自主管理住民投票という手段によって参加者の「情報の不完全性」[6]を減少させた、ひいては制裁を受けるという予測を減少させたこと、が閾値を乗り越えさせたといえる。いったん閾値を越えてしまえば、あとは「民意」が雪崩を打って表面化してくるのは、Macy のモデルが教えるところである。**図 5-4** にまとめた各種選挙・調査結果がこのことを示しており、それまで少数派に過ぎなかった原発反対派ないし住民投票派がいったん多数を占めたのちには、この傾向は基本的に逆流していない。

　①の点を多少言い換えると、「反原発」ではなく「反レバレッジ」というフレームの明確化が、住民投票という共通目標をより切実なものにした。町長など権力構造は、住民投票に対して過剰ともいえる抑圧を行った。保守系組織をあげて住民投票へのボイコット運動が展開されただけでなく、投票所としての町立施設の使用を拒否し、県庁から指導を受けても覆さなかったことなどが一例である。こうしたことが、皮肉にも住民投票に向けた町民の切実感、「願い」を高めていったといえる[7]。

4.2　対照群としての柏崎・刈羽

　さて、一方で柏崎の場合はどうか。ここでも、プルサーマル計画に反対した「住民投票を実現する会」が 1998 年 11 月に生まれた。そして、それまで 30 年の歴史のなかで「横綱相撲」をしていた権力構造を同じ土俵に引きずり出し、市政を揺るがした。しかしこの団体は、新しい住民層を含みつつも、既存組織を基盤に持ち、手法も踏襲した。集合目標は、あくまでも「危険なプルサーマル反対」であった。その結果、有権者 1/3 の署名集めで限界に達してしまい、その後の投票行動はもとに戻ってしまった (図 5-4)。

　いっぽう、この 3 年後に隣接する刈羽村で住民投票が行われた (2001 年 5 月)が、これは「公共事業の不正告発」に関わる住民投票だったから実施に至っ

たといえよう[8]。刈羽は柏崎と同様に、安定した自民党支持の村であり、田中角栄の出身地西山町に隣接している。この構図がはじめて揺らいだのが2000年夏から表面化した不正経理問題であった。原発交付金で建設された生涯学習施設「ラピカ」(補助金総額45億円)に、設計図面より安い材料が使われるなどして、多額の使途不明金が発覚したものである。これをめぐって議会は百条委員会を設けるなど紛糾し、反原発派と反村長派の連合により住民投票条例が制定されるという事態が生じたのである。この条例は、いったん村長再議により廃案になるが、村民署名による再度の請求により住民投票の実施に至ったのが2001年5月である。ただし、新潟日報の報道量だけで比較しても、流通した情報やコミュニケーションの量は巻町にかなわないと思われる。じっさい、早い段階から在来権力構造は住民投票の結果を覆そうとする行動に出ていた。2002年8月まで、東電・国・地元自治体が計画再開を模索する動きが新聞紙上で報道され、村長は2003年首長選挙で再度判断を促す構えだった[9]。

このように柏崎・刈羽の事例を対照群とすると、一般性の高い知見が得られる。住民投票が実現するための閾値は、住民のうち1/3の参加では足りず、「五分五分」の印象を与える付近にある、といえる。この高いハードルを越えて臨界量を達成するためには、中核集団が緊密な人間関係ネットワークを持っているだけでなく、4.1節のモデルで確認されたような、2つの条件が備わっていることが望ましい。

第1に、「供給の結合性が高い」という印象を与える運動目標であること。ただの「反原発」では左翼勢力を利するばかりか自分の身が危ういという印象があった。反レバレッジが達成できるという期待を含んだ「住民投票」という目標は、供給の結合性が高いという印象を与えた。第2に、レバレッジ勢力が運動参加に対して強い制裁を加えている場合には、人々の持つ情報は不完全になりやすいので、署名や自主管理投票などの形で「情報の不完全性」を取り除いてやることが、閾値を越える契機となるということである。

柏崎の場合にはこの2つの条件が存在しなかった。刈羽の場合には前者の条件は存在したが、後者については不十分であったため、住民投票の結果が

第5章 「実行する会」という仕掛け　213

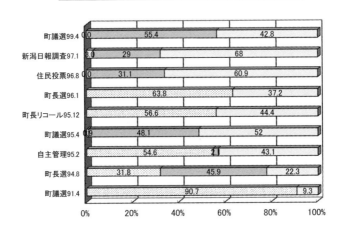

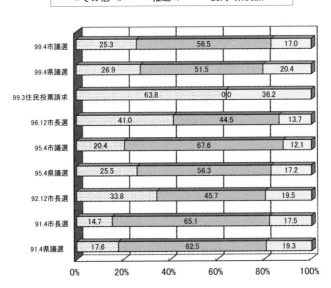

図 5-4　巻町・柏崎における「民意」の動き

相対的に軽視され、早い段階で在来レバレッジ勢力の巻き返しを招くことになった。

小括

　本章では、「なぜ巻町では、さまざまな困難を乗り越えて住民投票が可能だったのか」という問いを立て、それに対して「過程という言葉を通じてメタ・メッセージを発してきた実行する会の根源的民主主義が共感を呼んだから」と答えた。この日本版根源的民主主義が、新潟の片田舎で発現したのは、地縁・血縁が強固な地域だったゆえに、認知的解放のエネルギーが強く働いたからだと思われる。また、根源的民主主義を実現していくうえで、地付自営業者たちのネットワークが臨界量となり、95 年の自主管理住民投票を契機に閾値の乗り越えが起きたと考えられる。こうして巻町は、日本の民主主義の歴史に名を刻むことになり、多くの論文が書かれ、報道がなされた。

　1996 年当時の巻町における根源的民主主義は、「希望を持つ人が多くなれば、それ自体が根拠になる」というメカニズムのもとで拡大し、多くの町民の共感を呼んだ。その計り知れないエネルギーは、既存の政治文化と政治制度を一気に押し流し、二度と「西蒲選挙」を復活させなかった。

　しかし、住民投票が 96 年に行われたのちも、巻原発計画は撤回されなかった。東北電力・推進勢力は組織の再編成を行い、「実行する会」も解散しなかった。両者の対立が続くなかで、根源的民主主義はそのさらなる展開を阻まれたように見える。運動もまた、独自の論理を組み立てながら展開していかざるを得ないのであって、しだいに巻町民の平均的な「民意」と「実行する会」の掲げる「民意」（＝反原発という住民投票結果を徹底的に守ること）との乖離が高まっていったようにも見える。1996 年当時高まったように見えた町民の参加意識はしだいに風化し、のちに見る住民意識調査で確認できるように、笹口町政 2 期のあいだ冷めた態度に終始した。

　そして、ようやく計画が撤回された 2003 年暮れ以降、投票によって示される巻町の「民意」は大きく舵を切る。2004 年 1 月の町長選挙では市町村合

併推進派と目された田辺新・町長を選出した。その延長線上で、「住民自治の原点」巻町は2004年8月に合併住民投票をおこなって新潟市との合併の道を選択し、地図上からその名前を消そうとしている。住民投票結果が出てから撤回されるまでになぜ8年もかかり、その間巻町では何が起きていたのか。根源的民主主義はなぜ十分に展開することができなかったのか。この苦い問いについて次章で議論して、「巻町」という出来事を最後まで見届けることにしたい。

［注］

1　注目を集めた理由を含めて、住民投票への一般論に展開するためには、別の議論が必要であろう。これについては、別稿において論じることにしたい。

2　日本の地方自治法では、リコール（解職請求）、イニシアティブ（直接請求）については自治体住民の権利として規定があるが、レファレンダム（住民投票）については規定がない。

3　なぜ1/3では不十分なのだろうか。この点については、次のような説明を与えることができる。「草の根保守主義」は、政治的予測可能性の高さによって成立している。ところが「五分五分」という状態になったとき、わずかな議席変動が結果を変えるため、これまで地方政治で自明であった慣行は崩壊し、失策や不運が発生する。そのため自信を失った議員の退出を促す、ということである。巻町におけるハプニング的な住民投票条例の制定や、94年地方選挙における議会構成の激変などが、こうした変動を促している。それまでの巻町議会再選率の高さに比べ、直近3回の町議会議員の入れ替わりは激しい。すなわち、「五分五分」までの政治情勢になってなおレジームが自らの解体に抵抗するとき、はじめて現実態として利用可能になるのが住民投票という手段である。本来、政治領域の紛争は選挙や直接請求によって解決すべきものであって、それでも制度と政治が乖離するときに、いわば最終手段として用いられる手段であるともいえる。

4　筆者は石塚又造氏に2004年9月に面会することができ、この発言内容について確認することができた。

5　集合財は非排除性と供給の結合性という特徴を持っているが、Olsonはこの供給の結合性について十分な議論を展開していない（Marwell and Oliver 1993: 41）。

6　「情報の不完全性」とは経済学の用法を念頭においている。経済学では、価格情報が参加者全員に行き渡っていないことを情報の不完全性と表現するが、こ

こでは政治情報すなわち世論分布についての情報が参加者に行き渡っていないことを指す。

7 「町民の心」「願い」というフレームは、「実行する会」や「青い海と緑の会」のビラなどに頻出する。たとえば後者ビラの23号から43号(1995-96年)を見ると、「民意」「願い」「意思」という用語を見出しに使う回数は16回に及んでいる。

8 平沼経済産業大臣は、2001年10月27日の衆議院経済産業委員会で「ラピカ問題が住民投票結果に影響を与えたのは否定できない」と答弁している。

9 2002年8月まで、刈羽村長は住民対話集会を企画し、その結果によってプルサーマル再開の可否を判断するとしていた。2002年8月末に、東京電力によるトラブル隠蔽が表面化したことによって事態は一変し(第2章の注56を参照)、2002年9月、新潟県知事・柏崎市長・刈羽村長の三者会談によってプルサーマル実施の事前了解は撤回された。

第 6 章

根源的民主主義の細道

巻町役場。この表札も 2005 年 10 月には取り外された (2004 年 9 月撮影)

218

　5章では原発住民投票前後に巻町に働いたメカニズムを検討したが、本章では99年から2003年までの4年間——それは笹口町政2期目と重なる——の展開を「根源的民主主義の可能性と挫折」という観点から総括する。

　住民投票の衝撃が遠のくなかで、この「最後の4年間」には巻原発計画をめぐる決定的な動きが2つ起きた。1つ目は1999年夏の町有地売却劇である。笹口町長が再選をめざす選挙を控えた8月末日、町長は秘密裡に「実行する会」のメンバー23人に町有地を売却し、9月2日に記者会見を開いて事実を明らかにした。これに怒った推進派町議たちが売却の無効を求める訴訟をおこし、最高裁まで持ち越された結論は2003年12月に出て、原告の敗訴となった。2つ目の事件はその直後に起きた。巻原発住民投票結果を黙殺する態度を貫き「町民の理解を得られるよう努力する」と言い続けてきた東北電力が、電源立地基本計画に組み入れられていた巻原発計画を撤回すると表明したのである。

　日本において「国策」に対抗した住民運動は、逗子や長良川に見られるように一時的には成果を収めても、最終的には国に押し切られ運動の分裂に至る事例がきわめて多かったので（森1996）、運動論的観点から見ればこれは数少ない「成功例」と言えるだろう。「国の施策である原発を町民の力で覆すことができたことは大きい」というのが社民党首福島瑞穂のコメントである。硬直的な原子力政策過程の歴史において、電源立地調整審議会で承認された発電所計画が撤回されたのは初めてのことであり、原子力政策に与えた潜在的影響も大きい。これをうけて、巻内外の反対運動団体は翌年にかけて「勝利宣言集会」などを開いて解散した[1]。

　しかし、巻町はそれと引き替えのようにして、別の争点では国策に従うことになった。2001年前後から原発問題と絡んで争点化した市町村合併問題については、「平成の大合併」を推進する国・県の方針に従うかたちで新潟市との合併が選択されたのである。巻町における2回目の住民投票——合併住民投票——は2004年8月8日、原発住民投票からちょうど8年後に実施され、投票者の過半数が新潟市との選択に賛意を示した（表6-1）。「自治」という観点から見た場合、本当にこれで良かったのだろうか。1996年原

第6章 根源的民主主義の細道　219

表6-1　96年と04年の住民投票の結果

	賛成	反対	無効	投票率
2004 合併住民投票 （2004/8/8）	8808 （61.8%）	5451 （38.2%）	139	58.7% （14398/24517）
96 原発住民投票 （1996/8/4）	7904 （38.8%）	12478 （61.2%）	121	88.3% （20503/23222）

発住民投票直後は、「ケンカは終わった、これでまちづくり論議に移行できる」というのが町内のおおかたの意識だったが、「まちづくり」の中身は十分に深められないまま、「巻町だけが取り残されてはならない」という論理のもとに合併が選択された。これが根源的民主主義の最終的な姿なのだろうか。「一人一人が輝く巻町」の出した結論といえるのだろうか。

　たしかに根源的民主主義の仕掛け人であった「実行する会」も、住民投票から8年間続いた膠着状態のなかで疲れ切っていた。2004年1月町長選挙の投票前日、高島民雄は選挙カーのマイクを持って「私たちが街宣をはじめてから10年、これが最後の演説です」と述べた。同乗していた田畑護人氏は、それに対する町民の「お疲れさま」という視線を見て、「すべてが終わった」と思ったという。選挙事務所に戻った田畑氏は、「選挙結果がどうなろうと実行する会は解散しよう」と言い、その場にいたメンバーの誰一人異議を唱えなかった[2]。開票後、敦子はマスメディアのインタビューに答えて「選挙では負けたが原発はなくなった。私たちは勝った」とは述べたものの[3]、そこに高揚感は存在しなかった。高島民雄氏は「他の地点で運動をしようとか、そういう気にはなれない。もう十分」と語っている（Interview 2004/3）。筆者が2004年初頭に実施した住民意識調査結果をみても、巻町が二分されていると思うかという質問（問8）に対して、「融和している」という答えは8%に過ぎず、町民にも徒労感が蔓延していたことがうかがえる。

　対立を転じてまちづくりにつなげていくことのできない閉塞状況が、住民の過半数に合併への道を選ばせた促進要因になったといえよう。巻町が単独で存立していける道筋は、住民投票当時にはまちづくり運動として一定程度見えていたが、その後の8年間で見えにくいものになってしまった。それば

220

かりか、せっかく萌芽の見られた根源的民主主義もまた、十分に定着しないまま、政治行動は8年間で元にもどり、ふたたび「ものの言えない巻町」(2004住民意識調査の自由回答より)と町民が感じるようになってしまった。世界の「環境首都」として名高いドイツのフライブルグ市は反原発運動から今日のまちづくりにつなげてきた(資源リサイクル推進協議会1997: 7)。これと比較したとき、日本最初の住民投票によって原発政策転換の契機をつくった新潟県巻町は、「日本のフライブルグ」になることができなかった。

　西蒲選挙の放棄と根源的民主主義の芽生えは、どうしてそれを十全に展開させ、内発的発展や自治へとつなげていくことができなかったのだろうか。本章では、この疑問を追求するなかで巻町の事例から地方自治と内発的発展への普遍的示唆を引き出していきたい。1節において、根源的民主主義からゲーム論的状況への移行を意味したと考えられる町有地売却事件について扱い、2節では町村合併問題の展開を見ていく中で、内発的発展が十全に展開できなかった理由について考察する。その後、3節で白紙撤回の政治過程を振り返りつつ、巻町を通じて見えてくる日本の「地方自治」の不幸を再確認する。

1節　根源的民主主義からゲーム論的対立へ

　住民投票運動が開始されるまで「巻町には議会制はあっても、民主主義はなかった」と笹口前町長はよく口にしていた。いったん選ばれた首長・議員たちが独占的に権力構造に入り込み、他の経路による政治的アクセスが考えられない状況は、クロダの言葉を用いれば(Kuroda 1974)、市民の政治的態度を代表しない「パワー・エリート」構造とよぶことができよう。さらに、巻町の場合には柏崎と事情が異なり、豊かな穀倉地帯であるが故に「名望家レジーム」が命脈を保ち、保守系2派の政争が人々の政治空間への距離感をもたらしていた。

　96年当時、実行する会の提起した根源的民主主義が人々にとって新鮮だったのは、そもそも政治空間が人々にとって遠い存在だったせいである、

と考えられる。「西蒲選挙」において、選挙は祭りとか締め付けであって政治領域ではなかった。政治は、そのあと日常のなかで議会が行うもの、統治連合のなかで決定作成されるものと観念されていた。それに対して、政治は一種の技術として統治連合が独占するものではなく、まさに文化として生活のなかにあるのだと訴えたのが自主管理住民投票だった。民主主義の原理を議会から生活へと下ろし、民主主義の徹底化をはかったのである。それが「ここまで来たのだから投票で決めたい」という町民意識を醸成し、既存のレジームを解体していく経緯を3章で時系列的に追いかけ、5章でそのメカニズムを明らかにした。

　想定される流れとしては、ここから「町民参加」や「町民主体のまちづくり」へと話は展開していくはずだ。笹口町政時代に掲げられた「一人一人が輝く巻町」というスローガンはそのような意味ではないのか。じっさい、新潟日報は97年以降、「自立への条件」(97年2月)「羅針盤－逗子・湯布院の教訓」(同4月)などの連続特集を組み、巻町のまちづくり論議への着火をはかっていたし、町民の中に期待感も高まっていた。

1.1　1999年町議会選挙と町有地売却

　前章でみたように、「合意形成」の「結果」を討議する公共圏を、必要な場面・局面で不断にオープンにし、それをめぐる緊張感を維持し続けようとする戦略を「実行する会」はとり続けてきた。原発への賛否を直接の争点とせず、「公共性の妥当根拠を明示し、検証を受ける」作業を際限なく繰り返すのである。このような不安定な「手続き」戦略を住民投票以後3年間は維持したとはいえ、それ以降も持ちこたえられるのだろうか。

　「実行する会」自身もそのような不安を持たざるを得なかったきっかけは、99年4月に実施された町議会議員選挙の結果であった（**表6-2**）。総量として原発住民投票派に投じられている票は前回選挙より増加しているにも関わらず、当選者としては在来のレバレッジ側議員が多数を占めている。このようにねじれた結果が発生したのは、在来勢力の死票が圧倒的に少ないこと、つまり効率的に票を配分したことに由来している。運動側は所詮選挙のアマ

表 6-2　巻町 1999 年町議会選挙結果

99.4.25　　　　　有 23386　投票率 81.18%　　　　　　　95.4.23　　　　　有 22700　投票率 87.74%

順	氏名		地区	得票	'95 選挙の得票			順	氏名		地区	得票	会派
1	長谷川一男	元	十三区	1042	落 476	△←		1	高島敦子	新	東六区	1030	二六会
2	大越勇	元	三区	1006	落 510	△←		2	相坂滋子	新	十三区	1028	二
3	土田年代	新	十三区	899	落 484			3	中村勝子	新	十二区	929	二
4	大越敏雄	新	松野尾	894	落 472	△←		4	村松治夫	元	東六区	824	町政ク
5	大橋みゆき	新		889				5	坂田礼二	新	峰岡	822	二
6	大沢喜一	現	竹野町	877	651	← ●		6	佐藤靖之	現	二区	738	町
7	田中タツ子	現	グリーンハイツ	851	625			7	坂下志	新	柿島	727	町
8	斉藤和伸	現	馬堀下	836	639			8	梨本国平	新	漆山八	709	町
9	高島敦子	現	東六区	822	1030			9	土田誠	現	並岡	685	町
10	坂田礼二	現	峰岡	801	822			10	山下清司	現	越前浜	671	町
11	梨本国平	現	漆山八	789	709	← ●		11	山賀小七	現	竹野町	667	二
12	星井政秋	新		785		○←		12	竹内文雄	新	十二区	665	二
13	板羽英基	元	馬堀西下	763	落 373	△← ●		13	乙川靖衛	新	十二区	658	町
14	坂下志	元	柿島	759	727			14	大沢喜一	現	竹野町	651	二
15	土田誠	現	並岡	749	685			15	斉藤和伸	現	馬堀下	639	町
16	山下清司	現	越前浜	728	671			16	田中タツ子	現	グリーンハイツ	625	町
17	金子興一郎	現	十二区	727	589			17	大越茂	新	大原新田	606	二
18	竹内文雄	現	十二区	690	665			18	金子興一郎	新	十二区	589	二
19	佐藤七治郎	新		679		○← ●		19	小川敏夫	現	角田浜	584	町
20	中村勝子	現	十二区	649	929			20	小林重蔵	現	十一区	575	二
21	村松治夫	現	東六区	641	824	← ●		21	鈴木司	現	越前浜	567	町
22	相坂滋子	現	十三区	626	1028	← ●		22	川村茂	現	漆山七	534	町
次	大越茂	現	大原新田	590	606			次	菊池誠	新	十区	521	
	堀田俊夫	新		559		← ●			近嵐省一郎	現	新保新田	518	
	長倉敏夫	新	越前浜	132					大越勇	現	三区	510	
									土田年代	新	十三区	484	
									長谷川一男	現	十三区	476	
									大越敏雄	新	松野尾	472	
									田辺三夫	新	漆山八	417	●←
									板羽英基	現	馬堀西下	373	

住民投票派は網掛け、「実行する会」候補はゴシック

●は引退した町政ク議員。浮票は二六会 1096、町政ク 4683

△は 1.5 倍以上に票を伸ばした、○は新人の、町政ク候補

町長与党「二六会」の得票は 95 年 7900、99 年 8129

チュアであって、議会で多数を制することは相当困難である。

この結果を踏まえて、「翌年の町長選挙で本当に笹口は勝てるのか」「町長職をとられたら町有地を東北電力に売却されてしまうのではないか」と議論を戦わせていた「実行する会」は、この夏の終わり、電力関係者と町民をあっといわせる挙に出た。「実行する会」の43人（名義を持っているのは23人）が出資して1500万円（東北電力が1995年2月、佐藤町長に売却を申し入れた時の予定買受価格と同じ）を集め、8月30日に随意契約で買い受けて登記を済ませたのである。売却手続きは、東北電力による妨害を警戒して極秘裏に行われ、当事者以外には手続きに携わった司法書士しか知らなかった。9月2日、笹口町長は記者会見し、一貫して火種となってきた町有地（図6-3のA）を売却したと発表した。

巻町の根源的民主主義にとって、この売却劇は筋の通らないものである。「過程」をめぐる討議をオープンにし続けるのであれば、密室で売却手続きを行うというのはあってはならないことであり、突然土地という「実体」を優先した重要な原理変更を意味するからである。町内では、この手法を問題視する声があふれ（筆者による2004年住民意識調査の問9(4)において21%の人が「怒り」、16%の人が「否定的受け止め」）、推進派町議たちは「売却は違法」として翌年、新潟地裁に提訴した（図6-4）。筆者もこの直後に巻をおとずれたさい、町内で「実行する会」への見方が変化したという印象を持ち、運動が剣が峰にさしかかったと感じていた。運動は、自らの持っていた「過程」という正当性資源を磨り減らして、土地という「実質」をとったのである。このように危うい賭けに踏み出したという感覚の一方、「日本国において所有権は絶対だ。いまさら奴らが地団駄踏んでもどうにもならないさ」（菊池氏、同）という高揚感もあった。

いずれにせよ、この売却手法が「過程」の民主主義としては説明のつかないものだ、という点には、会の知恵袋である高島弁護士は当然気づいていた。したがって彼は、この売却には反対だったというが、他のメンバーの意見に押されて最終的には売却手続きの法的整備をすすめた。

それでは町民は最終的に、この売却をどう受け止めたのか。2004年住民

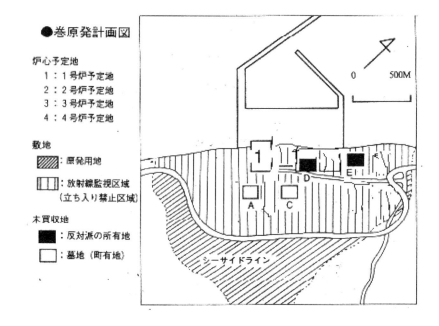

図 6-3　巻原発予定地内の土地保有状況（2001 年時点）

（髙島 1996 に加筆）

A,C	町有地　（A→のちに「実行する会」共有地）
1979/02	称名寺・常願寺、新潟地裁に所有権確認訴訟を提起
1984/12	長谷川町長、東北電力が寺側に 9 億 5 千万を払う斡旋案を提示
1985/02	東北電力、斡旋案を拒否
1987/10	東京高裁で寺側敗訴、町有地として確定
1995/01	東北電力、町有地売却を佐藤町長に申し入れ (1500 万円)
1995/2	東北電力への売却を諮る臨時議会招集。反対派などの阻止行動によって自然流会
1999/8	笹口町長、「実行する会」23 人に随意契約で売却 (1500 万円、ただし A 区画のみ)
2000/2	原発推進派町民などが売却を違法として新潟地裁に提訴
2001/03	新潟地裁、売却を適法として原告の訴えを棄却
2002/03	東京高裁、一審判決を支持
2003/12	最高裁が上告不受理、原判決が確定。東北電力、計画撤回を表明

意識調査の問17を見ると、この事件をきっかけに笹口支持から不支持へ(13%)、実行する会の信頼から不信へ(7%)と転じた層が存在した。しかし、この数字は筆者の予想よりもはるかに薄く、「過程」戦略が変更されたというのに、町民の「実行する会」への信頼感は基本的に維持されたと理解しなければならない。なぜそうなるのか。すでにみたように巻町の場合、純粋に「合意形成過程」という手続きを問題にしているのではなく、そこに「あれだけのことをやった」という記憶と意味内容を、メタ・メッセージとして滑り込ませていることが、ここでも生きていると解釈すべきだろう。歴史的経路を背負った「過程」という用語の延長戦上で「実体」への戦略変更がなされたとしても、世論のうえでは大きな影響を生まなかった。しかし逆の見方をすると、巻町内での世論がすでに二分された状態になっており、町有地売却もこの意見構成に影響を与えなかった、と解釈することもできる。

町有地売却は、その冬の選挙で笹口町長が再選されたことによって、政治的には正当化されることになった。しかし、根源的民主主義の手法は維持で

図6-4 「不当売却」を宣伝する看板(2003年1月)

きなくなったことを意味するのであって、これ以降、撤回されない原発計画をめぐる電力・推進勢力と「実行する会」・反対派の駆け引きが4年間続き、町政は膠着状態に陥る。

実行する会からみた政治的機会／脅威の変化を振り返ってみると、この膠着状態がうまく表現できるのではないか。**表**6-5 は、第4章でみた「政治的機会」概念を利用して、表4-3と同じようなやり方で、こんどは「実行する会」にとっての機会／脅威の状況を表現しようとしたものである。政治的機会と政治的脅威が、前の段階と比較して増加したか減少したか、現状維持かということを考慮し、変化があった場合には1単位ずつ変化させることにした。このような表を作成してみると、基本的に(機会−脅威)がマイナスになったとき、実行する会はそれを克服するための運動(自主管理住民投票、町長リコールなど)を起こしているということが分かる。したがって、「実行する会」の運動は一貫して防衛的(reactive)なものであったといえよう。唯一「実行する会」から仕掛けたといえるのは寝返り町議に対する警告としてのリコール運動であるが、この運動は「いじめ」ととられた側面もあり、協力主体も少なく、手持ち資源を1単位減らしたといえる。

こうして、結局reactiveに反応し続けざるを得ないようなゲーム論的構図ができあがってしまった。第三者からみて巻原発建設の可能性が遠ざかっていたように見えたとしても、当事者の主観にとっては一進一退だったのである。そして原発住民投票以来もっとも脅威感が高まった状況のなかで、町有地売却というカードが切られたことがわかる。長期的にみれば、この売却が東北電力による計画撤回の引き金になったのであるから、それまでの基本方針を放棄した選択は正しかったということになるかもしれない。しかし99年以降、共時的には運動体は守りの立場に立たされた。その一方で国レベルでは原子力立地政策を再編強化するような動きが見られた。たとえば2000年6月には東京電力副社長だった加納時男氏が参議院議員に当選し、自民党「エネルギー議員連盟」の事務局長となって、「自治体は国の施策に準じて施策を講じる」という条項を持つ「エネルギー基本法」を成立させた(2002年)。また、電気事業法が1996年にひそかに改正され、原発に関わる土地収用を

表6-5 「実行する会」にとってのハードルと政治的機会／脅威

ハードルNo			結果	機会		脅威		機会-脅威
	Aug-94	町長選挙	佐藤が当選	閉鎖	0	発生	1	-1
1 ○	Jan-95	自主管理住民投票へのボイコット運動				拡大	2	-2
			投票実施、投票率45%	発生	1	克服	1	0
2 ○	Feb-95	臨時町議会招集と売却の危機				再発	2	-1
			反対派などの阻止行動により流会	拡大	2	克服	1	1
3 ○	Apr-95	町議会議員選挙						1
			住民投票派13人当選	拡大	3		1	2
4 ○	Jun-95	議員2名の「寝返り」による住民投票条例案廃案の危機		縮小	2		1	1
			ハプニングにより住民投票条例成立	拡大	3		1	2
×	Sep-95	町議会で住民投票条例修正審議				再発	2	1
			原案可決、投票は無期延期	縮小	2	拡大	3	-1
5 ○	Oct-95	佐藤町長リコール運動						
			1万人以上の署名獲得、町長辞任	拡大	3	克服	2	1
	Aug-96	住民投票						
			投票率88%	終了	2	縮小	1	1
6 ○	May-97	「寝返り」町議のリコール運動						
			坂下町議リコール成立	縮小	1		1	0
7 △	Mar-99	町議会議員選挙						
			住民投票派が過半数獲得できず	縮小	0	再発	2	-2
	Aug-99	町有地を「実行する会」などに売却						
			随意契約による登記に成功		0	縮小	1	-1
8 ○	Jan-00	町長選挙						
			田辺氏を破り笹口氏再選	発生	1		1	0
	May-03	町議会議員選挙						
			住民投票派が現状維持		1		1	0
9 ×	Jan-04	町長選挙						
			高島敦子氏が田辺氏に敗北、直前に東北電力が計画撤回	閉鎖	0	消滅	0	0

可能にしていることが、2000年ころ明らかになった。これにより巻町の住民投票結果のみならず、町有地売却戦略まで無効になる可能性があり、「実行する会」は焦りを深めていた。

こうして硬直したゲーム論的状況が維持されるなか、笹口町長及び町長派議員（二六会）と、在来議員（町政クラブ）との対立は定例議会のたびに繰り返され、町議会では懲罰動議や報復議事が乱発された。かつての利益配分闘争とは異なるものの、感情的なしこりを原理として続く政争によって、町民のあいだには徒労感と嫌気が強く漂っていた（新潟日報 2000/01/18）。対立によって新しい動きがみえないなかで、町経済も停滞する。推進団体「原子力懇談会」会長で北洋印刷社長の石田三夫は、「うち［北洋印刷］がつぶれるか、笹祝［笹口氏が専務をつとめる蔵元］が先につぶれるか」と笑ったあと、「結局、現状では誰も得をしていないんだ」と言った（2003年3月）。

このような膠着状態のなかで町村合併問題が浮上し、これが「まちづくり論議」の焦点となってしまう。その経緯を中心に笹口町政2期目の流れについて次節で見ていく。

2節　町村合併問題と内発的発展の不発

2.1　町政への参加回路の閉塞

笹口町長は町有地売却から半年後の町長選挙において、わずか256票差という、巻町長選挙において前代未聞の小差で再選された。1999年9月に茨城県東海村の臨界事故が起き、原発に関する危機意識が喚起されることがなければ、彼の当選は不可能だったといわれる（新潟日報 2000/1/24『256票差の民意』）。笹口町長は巻町で長い伝統を誇る蔵元「笹祝」の後継者として「言い出したら聞かない」性格の持ち主といわれ、町役場内での評価には微妙なものがあった。町民のなかには、「どうせ笹口町長に言っても聞いてもらえない」というような諦めが蔓延しており（新潟日報、同）、そのような見方は筆者による町民意識調査自由回答にも散見される。じつは、この諦めは「実行する会」のなかにもあった。

前章で見たように、本来巻町における住民投票運動は生活と分かちがたく
結びつき、「生き生き」という状態が組織内部に確保されていた。狭い町の
なかで50年近く付き合い、お互いの性格を知り尽くした親密な人々が、自
らの自治体に関する豊富な知識をもとに議論しあうことで、新しいアイデア
が生まれ、方針が決定されてゆくプロセスが存在していた。たとえば99年
町議会選挙において候補擁立に苦労すると、夜間議会の提案など、政治を市
民の手の届くところに引き戻そうとするアイデアが見られた。1998年夏に
議会に提出された情報公開条例をめぐる経緯も、新しい民主主義のためのス
テップだったとも位置づけられる。当初、笹口町長は他の市町村の条例を下
敷きにした、制約の多い条例案を議会に提示するつもりだったという。しか
しその原案をみた「実行する会」は猛反対した。「住民投票を行ったこの町に、
隠し事があってはならんのです」と田畑はいう。結果として、1999年に成立
した情報公開条例は、請求者を「何人も」と規定するなど、画期的なものと
なった。しかし、「実行する会」と笹口との関係は緊張した。町長と高島弁
護士は1年ほど犬猿の仲だったという。このような事情から「実行する会」は、
以前から掲げていた「原発以外のことでは町政に介入しない」という基本姿
勢をさらに深化させ、笹口町政2期目は参謀を欠いた状態で、笹口本人の舵
とりにのみ任されることになった。

　笹口町政は1期目こそ「町民参加」を掲げ、各種懇談会を頻繁に実施する
などしたが、参加者数もしだいに少なくなり、この懇談会の成果と呼べるも
のも乏しかった。田畑氏は言葉を選びながら「彼には、本当の意味で人の意
見を聞くということがなかったんじゃないでしょうか」という。この問題が
決定的にあらわれたのが2001年暮れ、にわかに騒がしくなった町村合併問
題だった。

2.2　町村合併問題の展開

　2000年前後から自治省が「地方分権の受け皿」として「平成の大合併」を
推進する態勢をとり、いわゆる合併特例法を施行するなかで、新潟県では
2001年初頭、県内111の市町村を21ブロックに再編するという構想が示さ

れた。このとき県庁が示した「合併パターン」においては、巻町は西川町・潟東村と同じブロックに組み込まれていた。

　西蒲原郡ではさまざまな組み合わせが議論されたのち、2001年12月26日に巻町・潟東村・岩室村が懇談会をひらき、三者で合併を進めることを確認した。笹口はこの場では前向きの発言を行っていた。町長がこの案を支持母体としての「実行する会」に提示したのは年明け16日のことで、翌17日には正式に合併懇談会が発足するというタイミングだった。町長はすでに合併に向けて役場職員に書類作成や町内説明会の実施を指示しており、この日、「実行する会」メンバーに対しても「向こうから来たいといっているものを断る話はない」と説明したという。ところが「実行する会」メンバーは、はじめて聞くこの話に猛反発した。この合併が実施されれば推進派多数の議会が形成され、旧巻町の住民投票は無意味になるという趣旨だ。そもそも、「住民投票を実行する会」は、人口3万という規模だから住民投票は可能だったのだと言い続けてきた。ダールのいう「規模と民主主義」の論点であり (Dahl 1973=1979)、この規模でようやく署名活動やリコールを何度も繰り返すことができたのだという指摘は実感を伴ったものである。

　しかし、ここまで話を進めてしまった笹口町長としては合併を撤回するとは言い出しにくい。そこで高島が笹口に提案したのが、「両村に住民投票をしてもらってはどうか」という案だった。翌17日の合併懇談会の場で、笹口町長は「合併の前提として潟東・岩室でも原発住民投票をしてほしい」と申し入れた。これではまるで「住民投票を実行させる会」ではないか。高島氏の言い分としては、笹口町長との意思疎通がままならず、このような形になってしまったという。彼らはいまでも、新潟県庁の当初の合併パターン案とは異なって岩室・潟東・巻という組み合わせになったのには、何らかの知恵者の介在があって、原発計画の復活を狙っていたのではないかと信じている。

　当然のことながら3月末に合併構想は白紙に戻った。怒ったのは、原発推進派の議員たちである。「巻町だけが取り残される」「ひとりぼっちでやっていけるのか」「巻町は沈没」というキャンペーンを張り (**図6-6**)、町長へのリ

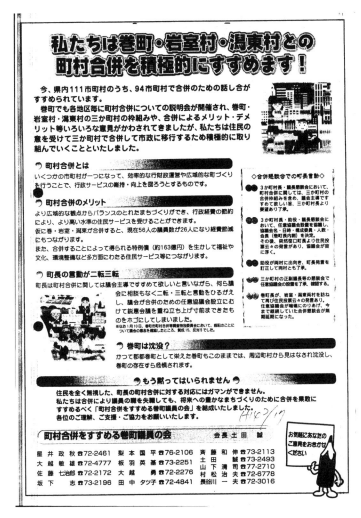

図6-6　合併推進派のチラシ（2002/2/17）

コールもちらつかせながら、合併の是非を問う住民投票条例を議員提案するという事態となった。5月9日の臨時議会で住民投票条例が可決されたが、町長が再議に付した結果、廃案となった。

　こうして原発問題は合併問題にもリンクしてしまった。市町村合併政策というトップ・ダウン地方政策が、けっきょく地元の火種となっている争点に

波及してしまう。原懇の副会長までつとめた推進派の中心人物だが99年に町会議員を引退した山賀小七氏は、このとき次のように嘆息した。「電力も国も責任をとらん。やめるともいわん。これではいつまでも巻町が混乱するばかりだ [．．．（中略）．．．] マイナスのほうが大きかったのかもしれないねえ」（2002/03/13）。

　こうして、巻町内では合併推進派＝原発推進派、原発反対派＝合併反対派という図式ができあがり、対立はさらに深まることになった。笹口前町長は、「巻町は単独でやっていける」という趣旨の発言を繰り返し、反町長＝原発推進派町議は市町村合併推進派として、合併の是非を問う住民投票を提起し続けた。この対立により、巻町議会は2003年末までの2年間にわたって、合併住民投票条例案をいったん可決し町長再議によって廃案にするパターンを、5回も繰り返した[4]。新聞紙上では「単独のまちづくり」対「合併によるまちづくり」の対立と報じられたが、議論は、「巻町は合併しないと取り残される」「巻町は単独でもやっていける体力がある」という水掛け論の繰り返しに過ぎず、「まちづくり」の中身が議論されたとはいいがたい。合併後に地区自治組織や地域審議会を構成するというような方法論が出るならまだしも、単に「合併すれば巻町が引き続き西蒲原の中心になれるのではないか」という期待感が蔓延しているだけの状況であった。

　このように「まちづくり」という言葉の中身が深まらない原因として、本節冒頭に触れた笹口町長のリーダーシップの問題のみを指摘するのでは、きわめて不十分であろう。国レベルで原発計画が停滞しながら維持され、巻町内の対立の構図が固定してしまったことが、その背景にあることを忘れてはならない。

2.3　「まちづくり」の歴史的経路と主体化

　ただし確認しておきたいことがある。「西蒲選挙」の風土から突如、全国最初の住民投票を実現させた町民自身が、こうした対立の構造を越えて、町に頼るのみならず自分たちから何か動きを起こすことはできなかったのだろうか、ということだ。

第6章　根源的民主主義の細道　233

　1章1節の言葉を使えば、それまでのレバレッジされた公共性を吹っ飛ば
した「ローカル公共性」は1996年当時、町全体を覆ったように見えた。「自
分たちの町のことは自分たちが決める」「巻町は変わった」「これからは町民
自身が動かなければならない」という言葉が町民のあいだからは聞かれ、各
種まちづくり活動が活発化するかに見えた。つまり、根源的民主主義によっ
て目覚めた町民たちが、こんどは「原発」という外来型発展と決別して、内
発的発展の道を進み始めるという期待が生まれたのである。じっさい、新潟
日報1996年調査でも（新潟日報報道部1997）、新潟大学2000年調査でも（松井
2002）、巻町の目指す将来像として町民の過半数が望むものは「観光とベッド
タウンの町」であることが明らかである。角田山の豊かな自然やワイナリー、
地ビール、温泉などを組み合わせた通年観光によって町を発展させるという
夢が町民のあいだで語られた。笹口町長は各層向けに「町民懇談会」を開催し、
エチゴビール社長の上原氏らは「巻ビジョン研究会」を立ち上げた。福井地
区における「佐藤家庄屋保存運動」（松井2002）などは、「一人一人が輝く巻町」
の象徴的事例としてメディアにも頻繁に取り上げられた。しかし、これらの
活動は笹口町長1期目のうちに立ち枯れ気味になってしまい、町全体を巻き
込む大きな動きにつながらなかった。

　2004年意識調査のうち、問11は新潟大学による1998年調査とほぼ同一の
質問項目にしてある。この項目を通じて、町民自身の主体性や参加への期待
について比較を試みることができるが、どの項目についても、町民の期待
感・関心はほとんど変化していないことが確かめられる。とくに衝撃的なの
は「主体的に町にかかわる意識が強まった」という項目について、それを肯
定する回答がむしろ減少しているということだ。巻町はこの6年間で主体的
参加と内発的発展について進展がなかったということになる。

　結局、歴史的経路の問題なのだろうかと現時点で筆者は考えている。「実
行する会」は住民投票直後から「まちづくり論議」には関わらず、その理由
について次のように述べていた。「原発への依頼心があるうちは、知恵を出
し合うよりも『よそから持ってくる』発想が優先する。きちんと原発問題の
火種を消してから、まちづくりが始まる」（新潟日報2000/1/20）。筆者は長い

間、このコメントに込められた経緯を十分に了解できなかったが、2004 年 1 月に住民意識調査を実施し、また同年 9 月に町役場において歴史的文書をひとわたりひっくり返してみて、少しは理解できるような気がしてきた。町長を目指す 2 派の死闘のなかで、町民に対して箱もの整備を軸にした「まちづくりビジョン」なるものを両者が繰り返し提示し、それに依存することに町民自身が慣れていたのである。これは都市住民には理解しがたいし、すべての町村で同じことが起きていたわけでもあるまい。名望家レジームを引きずりつつ、できかけの原発レジームから提供される small opportunities を期待できる巻町だからこそ続いてきたものであろう。佐藤町長などは、選挙前になると、カラー 8 頁に及ぶ箱もの整備計画を全戸に配布している。その印刷配布代だけ考えても、大変なカネがかかるだう。そして、こうして提示してしまった計画の財源担保として外発的誘致を目指したくなるのは理の当然だろう。2004 住民意識調査において次のような自由回答があったが、ここにいう「ビジョン」は、おそらくこの種の計画のことを指している。

　　私達が心動かされるものは、けっして心でも理論でもなく、未来へのビジョンなのです。それは携帯電話ができてより近くなった私達みんなの明るい共存する未来の姿です。(未来の姿＝これから先にあって方法、財力が必ず見つかると思います。実現して皆で味わえると思います)。[ママ]

このような「ビジョン」を作るという意味で 2000 年以降、町のなかで唯一動きを見せていた集団は、佐藤町長時代の若者養成塾に参加していたメンバーが中心になって作られた「だっくら隊」というイベントグループであった。しかし、原発白紙撤回が決まってほどなく「だっくら隊は解散します」というチラシが全戸に折り込まれた。「まちづくりをいろいろ唱えておきながら、金の切れ目が縁の切れ目とは、あまりにもみっともない」と「実行する会」のメンバーは言い合った (2004 年 3 月)。こうしてみてくると「まちづくり」とは、そのソフトな名前とは裏腹に、高度成長型の巨大企業誘致と同じ発想を持っている——つまり巨大資本投資から話がはじまり、誘致が成功すればそれで

話が終わってしまう成長主義的発想——と考えざるを得ない。

　住民投票から住民参加へ、そして主体的地域関与へとつながる通路は、そ
れほど細いものなのだろうか。少なくとも巻町ではそうだった。不幸であっ
たのは、日本型根源的民主主義が芽生え、葉をつけようとしたまさにその時
に、財政危機と合併政策の波が押し寄せたことである。さらに、政治的レバ
レッジが原子力領域に依然として屹立し、巻町内に対立を持ち込んで、町民
の大きなエネルギーをそこに割かせてしまったことである。最後に、参謀役
を欠いた町長のリーダーシップの問題ばかりでなく、町民自身が外発的「ビ
ジョン」による「まちづくり」の呪縛から解き放たれなかったことである。最
後の点は換言すれば、上から降りてくるような「ビジョン」「政策」を批判的
に読み解くリテラシーが未成熟だったということでもある。そのなかで残さ
れた選択は、合併によって重荷を大・新潟市に背負わせ、自分たちは意識し
ないままに、まちづくりの主体から降りることでしかない。

　田畑氏は「髙島敦子が当選した暁には、みんなの議論と知恵によって不可
能と思われた問題を解決していけるのではないかと、少しだけ夢を見た」と
いう。年間予算40億の巻町で町立病院は単年度2億円の赤字を出している
が、これについて彼は「これまでの累積赤字を別会計で切り離し、単年度の
収支を白日のもとにさらせば、退くべき人はおのずから退くはずだ」という
アイデアを持っていた。しかしこの点を「実行する会」で話し合ったことは
ないという。単なる住民投票管理団体の「実行する会」がこのような政策立
案まで担うべきではない。「実行する会」自身が「自分たちは政治団体ではな
い、原発以外のことでは町政に口を出さない」と言い続けてきたのである。

　本来、別の主体が同時多発的に生まれ、知恵を出し合い、身銭を切ってこ
とを起こすような動きが、町内で多層化していくべきであった。「実行する
会」が自主管理投票(1000万円を7人で出し合う)という形で開始し、町有地買
い受け(1500万円を43人で出し合う)という形で終わらせた一連の行為におい
て一貫していたのは「身銭を切ること」だったのであるから。住民投票直後
に形成された「巻ビジョン研究会」など、新しい展開を期待させる動きは少
しあったが、そのような動きが全面展開することはついになかった。

その意味では、まちづくりとは巨大資本投下だという成長主義の先入観・呪縛から抜け出せず、自ら一歩を踏み出すことができなかった町民も、内発的発展を実現できなかった責任は免れないと私は考えている。

3節　原発白紙撤回と合併の政治過程

　以上のように、内発的発展を不発に終わらせた直接原因は、町政のなかに様々見いだされはする。しかし、そもそも消えたはずの原発計画を8年間たなざらしにし、新しい動きの芽を摘み、原発をめぐる対立の構図のみを持続させた不毛な状況の責任はより重いのではないだろうか。この不毛な状況は、思考停止と責任回避に陥った政治的諸主体の決断の遅れによってもたらされた。その証拠に、新潟でも合併パターンの変化によって、巻町だけが「飛び地」として残った新潟市大合併が現実のものとなり、それにも関わらず巻町が原発問題で前にすすめない状況が看過できなくなると、一気呵成に白紙撤回が決まったのである。この素早い決着ぶりに、ほとんどの町民は驚いたようだ (2004年調査の問4)。

　本節では、合併と原発がバーターになったのではないかという論点を中心に、笹口2期目における新潟県・東北電力・国のあいだの政治過程を簡単に見ておこう。

3.1　白紙撤回の政治過程

　2節で触れた町有地売却裁判は、笹口2期目の4年間にちょうど重なる形で進展した。原発推進派議員たちによる提訴は2000年5月であったが、2001年3月に新潟地裁が、2002年3月に東京高裁が、それぞれ提訴を棄却する判決をいいわたしていた。この間、新潟県知事・東北電力などのコメントは次のとおりである。

　　　「原告側の主張が認められることを願っていただけに非常に残念。現
　　　時点では、原告側の今後の動きを見守りたい。巻原発は必要な電源、地

元の理解が得られるよう今後とも理解活動に取り組んでいきたい」(新潟
地裁判決をうけて八島東北電力社長、新潟日報 2001/3/17)。

　「詳細は聞いていないが、町有地の売り方に問題があると思っていた
ので、一審判決と同じであるとしたら残念な結果と思う。当面は見守る
しかないが、これを受けて巻原発の建設中止というわけにはいかないだ
ろう」(東京高裁判決をうけて平山知事、新潟日報 2002/3/29)。

　「原告側の主張が認められるのを願っていただけに誠に残念だ。巻原
発は将来の電力安定供給や地球環境問題への対応からぜひとも必要な電
源であり、地元の理解を得られるよう、今後とも取り組んでいきたい」
(東京高裁判決をうけて幕田東北電力社長、新潟日報 2002/3/29)。

　このように、住民投票から 5 年以上経過しても、電力・国・県は推進姿勢
を変えないコメントを繰り返しているので、事態は膠着していると「実行す
る会」も住民も受け止めざるを得なかった。ただし住民レベルでは、対立を
繰り返す町政を嫌気し、原発ではなくまちづくりを考えてほしいという声が
強まっていた。そのなかで笹口町長は 2003 年 8 月、次の町長選挙に出馬し
ないことを正式発表する。これに対する平山知事のコメントは、これまでと
少しニュアンスが異なるものだった。

　「巻原発建設については、次の町長選挙で電力会社の方針や地元町民
の考えが問われ、示されることになる。市町村合併を含めてどのような
意向になるか、将来を左右する重要な選挙になる。知事として住民の意
向に添った支援をしていくという点から行方を見守りたい」(2003 年 8 月
5 日、平山知事)。

　ここで、下線を引いた部分について含みを持たせていることに注目してい
ただきたい。あとから考えると、これが知事の発言スタンスが変わったポイ
ントである。この時点で、巻町との合併が破談になった潟東村・岩室村は新
潟市に合併することが決まっていた。こうなると岩室村が飛び地となり、新

潟市本体とのあいだに巻町がポツンと残されている図となっていたので、知事・新潟市長ともに、巻町を何とか新潟に取り込みたいという趣旨の発言を、合併説明会などで繰り返していた。

しかし、それまでの背景知識からこのコメントを見ても、発言が変化した含みは読み取れない。一方で東北電力からは一貫して「理解を求めていく」という教科書通りのコメントしか出ないのだから、事態が動きそうにないと思うのは当然である。白紙撤回がスクープされる一週間前ですら、次のような調子なのである。

> 「巻原発は必要な電源であることに変わりない。巻原発計画は原子炉設置許可申請まで手続きは進んでいる」(2003年12月13日、石川勇雄・東北電力新潟支店長)。

ここには「官」の論理が貫徹している。権威ある審議会で計画に組み入れたものは決して撤回できないという「無謬性」と「整合性」の論理である。

しかし、そのわずか5日後、事態は急転回した。12月18日朝刊で新潟日報はこう報じた。「最高裁は、原発推進派ら原告側の上告を不受理とする決定をし18日、関係者に伝えた。これを受け、東北電力(本店・仙台市)は同日、巻原発計画を白紙撤回する方針を固めた。複数の東北電力関係者が明らかにした」。同じ面に掲載された知事・町長・電力社長のコメントは次のとおりである。

> 「このたび不受理決定がなされたと聞き、大変残念に思っている。今回判決が確定したことによって、当該土地は町有地に戻らないことになり、巻原子力発電所計画にとって非常に厳しい状況になったと認識している。当社としては、巻原子力発電所計画の今後の対応策について、できるだけ早期に結論が得られるよう、総合的に検討する所存である」(東北電力・幕田圭一社長)。

> 「これで巻原発の建設は不可能になった。地元が原発推進派と反対派

に分かれ、いがみ合ってきた歴史を考えれば東北電力には計画撤回を早急に判断してもらいたい。国も異論はないはずだ。県も推進の立場だったが、この司法判断を重く受け止める。地元の両派には新しい町の発展のために力を合わせていただきたい」（平山新潟県知事）。

「われわれの全面勝訴であり、町有地売却の正当性が認められたと理解している。これ以外の判決が出ることは考えられず、当然の結果だと思う。この決定に東北電力、国、県がどのような反応を示すのか注目している。もし、今まで通り必要と言えば、土地の強制収用を意図していると思わざるをえず町民の意思を踏みにじるもの。この決定を機会に思い切って白紙撤回を宣言してほしい」（笹口町長）。

平山知事が、これまでのコメントの流れからは考えられない歯切れのよい発言をしているのが印象的である。これまで気のないコメントに何度も落胆してきた高島民雄さんは「なんだ、ちゃんと言えるんじゃないの、と思った」という（Interview 2004/3）。一方、笹口町長のコメントは、これほど迅速な白紙撤回など想像もしていなかったことを窺わせるものとなっている。どのような政治過程がこの急転直下の最終決断をめぐって働いたのか、今後明らかになることは多くないだろう。ただし知事の意向が働いたこと、この意向が市町村合併問題すなわち政令都市新潟の実現問題に連動していることは、コメント内容から見てほぼ間違いないだろう。2節で見てきたように巻町の合併問題が原発を人質にして頓挫しているなか、「日本海側唯一の政令市」を実現したい知事は、目の上のたんこぶであった原発問題を消し、それとバーターで合併の時計を動かしたかったのだろう。すなわち町長選挙において、合併に消極的な高島に当選されては困るということである。

改めて確認すると、2004年1月に予定された笹口氏引退後の町長選挙では、2002年に町議を引退していた高島敦子と、前回2000年選挙で笹口に敗れた田辺新（元巻町農政課長）が出馬していた。高島は「原発に決着がついてから合併問題については慎重に検討」という態度である一方、田辺は「新潟市との合併を推進」すると見られていた。この構図のなかで12月18日の「白紙撤回」

報道が決定打となって、4千票の大差で田辺が当選したことは、本章冒頭に
述べたとおりである。前節で見たように内発的発展を目指すのではなく合併
に流れ込む態度を強めていた町民層の投票によって、大義を失った高島では
なく田辺が町長に選ばれた時点で、合併は事実上決まっていたし、そのこと
は町民の大多数に理解されていたと思われる。

3.2　田辺町政と合併住民投票

　田辺町長は当選後4ヶ月たってから住民意向調査を行い、住民の半分程度
が新潟への合併を希望しているとして、新潟市長への申し入れを行っている。
しかし新潟市長に「まだ住民の理解が不十分なのではないか」と指摘されると、
04年6月25日の巻町議会において合併を問う住民投票条例を提案、可決成
立させた。この条例案をめぐる質疑において田辺は「来年3月21日の新潟市
との合併をめざすべきだ」と答弁した[5]。

　田辺は新潟市との合併を想定した資料を配付する町民説明会を5月から開
始し、町民アンケートも6月に実施した。アンケートでは約5割の町民が新
潟市との合併に賛成と答えたという。合併推進派の議員などは、政令市新潟
に合流すれば、西蒲原区が設置され、巻役場は区役所に衣替えすると期待し
ている。

　しかし8月8日の住民投票において投票率は低迷した。低迷した原因とし
ては、「『投票に行かなくても結果は決まっている』という雰囲気があったの
では」（新潟日報 2004/8/10）とも言われる。しかし、「巻町は新潟市との合併懇
談会に参加しているわけでもなく、判断に足るような情報がないときに判断
させるのが間違っている」と田畑はいう。おそらく、石塚又造の次のコメン
トが、棄権した町民の声を代弁している。

　　新潟市にこづかれて、説得のための材料として住民投票をやったって
　　誰も行かないよ。田辺町長は子どもの使いみたいに新潟市長との間を往
　　復しているだけだ。

2004/9/21

第6章　根源的民主主義の細道　241

　同じ住民投票でも、爆発的に情報が提供された1996年と、ほとんど材料となる情報のなかった2004年とではこうも違うのである。原発住民投票は、それまで27年の歴史的経路の積み重ねのうえに実施されたものであるが、合併住民投票は、トップダウンの国家政策のなかで、選択肢が残されていないかのような状態で、確認のために実施された形になっている。これは「巻町」を消滅させる選択なのだが、町民の大部分はそのように深刻には受け止めておらず、新潟市西蒲原区の中心として引き続き巻町の「まちづくり」を進めていけると考えているようである。そもそも、政令市のなかの「区」とはどのようなものなのか、町当局も十分に知らないし、町民はなおさら情報を伝えられていないわけである。大都市圏に暮らす人間にとって、政令市のなかの区が便宜的な行政区域でしかないことは自明であるが、巻町民は、おそらく東京都の特別区と同じようなイメージを持って「西蒲原区」の実現に期待している。しかし、政令指定都市における「区」には意思決定権はない。たしかに合併特例制度をフル活用すれば「地域自治区」のようなものは設置できるかも知れないが[6]、そうした議論が進んでいる様子はない。合併後の新潟市議会議員は、人口1万人に1人の割合と決められているから、巻町領域から新潟市議会に出る議員は多くて3人となる。合併後、「こんなはずではなかった」という声が強まったとしても、もう戻ることはできない。それに、たとえば巻原発跡地に産業廃棄物処分場建設問題が持ち上がるなどというシナリオも十分ありうるが、そのようなときに、これまでと同じような根源的民主主義を展開することはできなくなる。筆者の実施した2004意識調査の自由回答を見ても、その意味を深刻に受け止めている町民は皆無であるように見える。

　いずれにせよ、8・8合併住民投票の結果をもって田辺町長は篠田新潟市長を訪問、合併協議会発足に向けて準備することで合意した。翌2005年1月には合併協定を結び、2005年10月をもって編入とすることが決定した。この時点で、新潟市は豊栄市から岩室村までを大同合併して海岸線が50キロをこえる新市となっており、巻町を加えて2006年には政令指定都市に昇

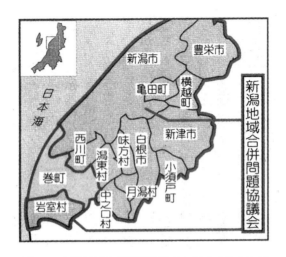

図 6-7 新潟地域合併問題協議会を構成する市町村

注 このうち 2005 年 1 月 1 日に合併が確定しているのは、新潟市・白根市・新津市・豊栄市・小須戸町・横越町・亀田町・岩室村・西川町・味方村・潟東村・月潟村・中之口村。合併後人口 779,483 人（2000年国調ベース）。巻町は 2004 年 10 月現在、協議会には入っていないが、巻町が加われば人口 80 万人を突破することになる。

出所 新潟日報 2003/7/15, 2004/1/4。

格する（図 6-7）。平山知事が執念を燃やした、日本海側唯一の政令市が実現し、新潟県内で 111 あった市町村は、合併につぐ合併で 2005 年中には半数以下になる見込みである（新潟日報 2005/1/5）。

　都道府県によって市町村合併の進展度合いが大きく異なるなか[7]、新潟県は国が進める市町村合併政策の優等生といえよう。その大きなうねりの中で、顔のみえる関係のなかで根源的民主主義を実践し、「自分たちのことは自分たちで決めよう」と言ってきた新潟県巻町は名前を消す（図 6-8）。「こうして、地域の伝統や歴史は押し流されていくんだねえ」と田畑氏はつぶやいた（2004/3）。

小括

　本章では、99 年以降の巻町において画期をなす 2 つの事件のあいだ――

第 6 章　根源的民主主義の細道　243

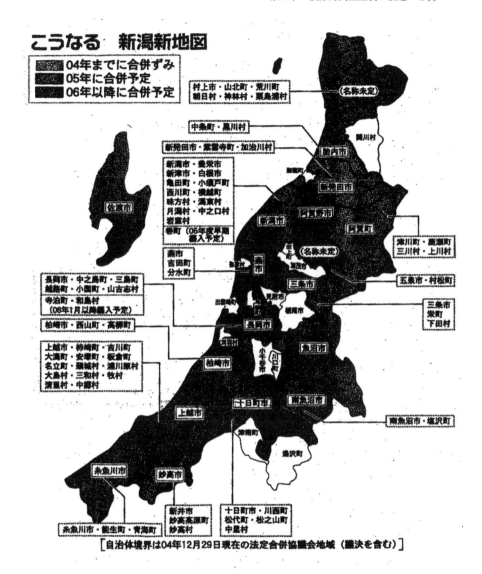

図 6-8　「平成の大合併」終了後の新潟県の姿

出所　新潟日報 2005/1/5

町有地売却から白紙撤回まで——の巻町の膠着状態を記述し、根源的民主主義から政治参加へ、さらには主体化と内発的発展へという、当然想定できる経路が阻まれる要因について追求してきた。フライブルグに見られるように、対立のエネルギーを転じてまちづくりに向けていく成功例がある。しかし日本における「国策」の展開と歴史的経路のもとでは、対立は無意味なゲーム論的状況を作り出し、人々の観客化を促進して、主体的な地域関与へと結びついていきにくい状況があるのではないか。制度と文化をどのように改革していけば、対立から参加へ、主体化へという道筋を描いていけるのか。巻町の例は、上昇局面としての1999年までの事件のみならず、下降局面としての1999-2004年の事件をとりあげてみても、地域社会学にとってきわめて示唆的である。3節の最後に検討したように、地方での決定を重んじるような国の制度設計がなければ、巻町のような不毛な対立は繰り返されるし、現に各地の原発立地点では繰り返されている。運動体が出した首長が、当の運動体との関係をこじらせる事例も、逗子市の場合が典型だったようにしばしば起きている。巻町でもそうだった。これだけ多発するということは、この「運動体と首長の関係」という問題が制度的要因——自治体としての権限が限られたものでしかなく、狭いフリーハンドの中で運動体と住民が望むことを十分に実現できない——に根ざしていることを示唆している。

　さらに1章2節で見たように、高度成長以後の日本の地方自治体は、ほぼ10年ごとに異なる政策課題に対応しなければならないという、激しい環境変化にさらされてきた。地域開発から一転して都市間競争と地方分権、すなわち「まちづくり」の競争政策へ、さらには経済状況の悪化とともに合併政策へ。このような環境変化のなかでは、小さな自治体の希望は構造的圧力のなかで吹き飛んでいってしまう。巻町の場合には、そこに「国策」原子力政策という硬直的な足枷がはめられていた。こうして巻町の小さな根源的民主主義と内発的発展への道はかき消されてしまった。ここから導かれるのは残念ながら、日本における地方自治は「お上」から与えられた枠組みの下で実施される、限定された自治であるという言い古された事実の再確認である。

　こうした点を含めて、制度改革の方向性について巻町の事例が示唆するこ

とを、不十分ながら論じることを含めて、終章において本書の結論をまとめたい。

[注]

1 社民党系の「巻原発設置反対会議」（竹内十次郎議長）は、04年3月28日に巻町文化会館で「巻原発勝利宣言町民大集会」を開いた。参加者は400人程度に止まったという（新潟日報2004/3/29）。また、「巻原発を考える新潟市民フォーラム」（大西洋司代表）は3月24日に新潟市内で「さようなら巻原発─市民フォーラム解散の集い」を開催した（同、2004/3/23）。

2 2004年3月、田畑護人氏のインタビューから。

3 新潟日報、2004年6月26日。

4 新潟日報、2004年1月21日。

5 新潟日報、2004年6月26日。

6 新潟県内でも、合併後の上越市が市内を13地区にわけ、それぞれ「地域協議会」を設置するとか、柏崎市に合併される旧高柳町が「地域自治区」とそれに付随した住民組織を整備するなど、新しい自治の仕組みを工夫している自治体は見られる。しかし巻町においては、少なくとも公的には、そのような議論は行われていない。

7 市町村合併政策の進展度合いの大きな差は、マスメディアでもたびたび話題になっている。たとえば日本経済新聞2004年2月10日夕刊によれば、2004年1月1日現在、合併のための法定協議会に参加している市町村の割合は、東京では0%、北海道・長野で22%にとどまるのに対して、愛媛・長崎・岐阜では94%に達している。なお新潟は58%である。

結　論

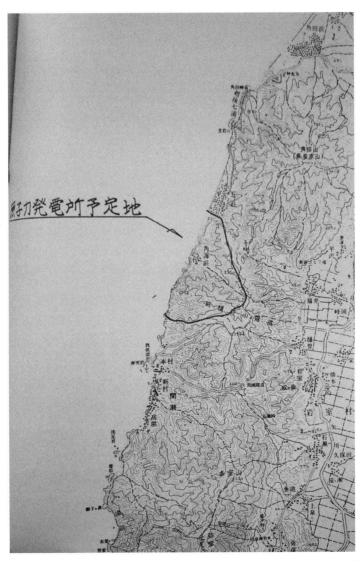

東北電力から巻町議会に示された原発計画図（1967年）。巻町議会記録より複写

本書では新潟県巻町の前史と、住民投票運動以後の8年間を追いかけながら、2つの問いを追求してきた。前半の4章が1つ目の問いに、後半の2章が2つ目の問いに答えるために用意された章であった。

最初の問いは都市間比較に関するものであり、「巻町と柏崎市における対照的な選択はなぜもたらされたのか？」という、この地域に入ったものなら誰でも抱く疑問である。この問いを追求するための道具立てとして、第1章では「ローカルレジーム」という概念を用意したほか、巻町を戦後の地域社会の文脈に位置づける作業を行い、とくに「成長主義」が戦後の地域社会を支配してきたことを強調した。そして巻町の事例に入る前に、第2章では柏崎刈羽、第3章では巻町における事態の推移を再現した。

すでに第2章、第3章でも2都市の相違点として考えられるものを部分的に指摘していたが、それを第4章で整理し、2つの地方小都市が対照的な選択を行った原因を追求した。結論的にいえば対照的な選択の原因とは、ローカルレジームの移行が成功したか否かということである。柏崎では名望家レジームから地域開発レジームへの移行がスムースに行われ、この地域開発レジームがさらに変形して原発レジームを形成した。これに対し、巻町の場合には名望家レジームが長く残存し、それが原発レジームに変化することに失敗したと考えることができる。このローカルレジームに挑戦する運動側の要因を考えたとき、巻町における運動は、自治体の規模やタイミングの面から見たとき、客観的に成功しやすい条件を備えていたと言える。これに加えて、巻町における選択の時期と、柏崎における選択の時期とでは、地域社会をとりまく大きな状況が変わっていた。巻町の選択は、分権と地域間競争の時代に入りつつあるという環境のもとで、地方中核都市との関係のなかで生きられるという地理的条件が可能にしているものである。

こうして、巻町は原発なしでも存立しうる、これが住民投票の「民意」が意味することであったと解説される（石川真澄、新潟日報96/8/5）。いっぽう、柏崎の苦しみを東京の人は知らなさすぎる、という認識は、推進・反対を問わず柏崎市民に共有されている。人々の認識枠組みは、かつてのような体制・反体制というものから、首都と地方の社会的亀裂に沿うように変動して

きた可能性がある。この社会的亀裂によって動員された人々が、巻町では住民投票により反対意思を示し、柏崎市において、1/3を越える人々に住民投票要求署名をなさしめた。

このように見てくると、首都と地方の社会的亀裂が表面化し、強められている状況がわかる。これは、「都市と農村」の社会的亀裂とは異なった位相の亀裂であって、都市的生活様式とリスクの配分をめぐる高次の対立と言い換えてもよいものである。こうしたことが、巻町における動員ポテンシャルを形成したし、柏崎においても同様のポテンシャルが潜在化している、ということも示唆できるかも知れない。ただ、それが表面化したか否かは、「原発レジーム」が盤石だった柏崎と、「名望家レジーム」からの移行過程で不安定度が増していた巻との、地域内における条件の違いによるところが大きいということが、4章の分析から導かれる結論である。

さて本書を貫く第2の問いは、巻町が1994年から10年間で経験したジェットコースターのような変動はなぜ起きて、どのような帰結をもたらしたのか？というものである。平凡で選挙のときにはカネが飛び交う、ドブ板イメージの田舎町が、突然全国的に注目されるほどの民主主義を生み出したのは何故か、さらに、それがあっという間に色あせてしまったのは何故か。前者の問いに対する答えとしていえるのは、巻町という特殊な地域のなかで、長い時間をかけて準備された住民投票でなければ、これほど注目されなかっただろう、ということだ。長い時間をかけた結果として、人々が様々な事件を、そのときどきの感情とともに記憶することとなった。一連の「過程」そのものが公共圏となり、隠されたメタ・メッセージを発するものとして成立し続けた。そこにあるダイナミズムが、マスコミ関係者を引きつけ、大きな報道につながったとも思われる。その前提として、臨界量を作り出すような生活政治が、都市とは異なった文脈で発生していたことを、5章で詳しくみてきた。この根源的民主主義の実践こそ、巻町の残した最大の財産である。

しかし、巻町の根源的民主主義は長続きしなかったと総括せざるを得ない。前述したように、この民主主義があっという間に色あせてしまったのは何故か、というのが第6章の問いであった。けっきょく、上から与えられ

る地方自治政策と国策原子力政策の硬直性のもとで、「町が二分された」状態が固定化、住民も首長も内発的発展の芽を育てることができないなか、合併しか残された道はなかったといえよう。そもそも運動は目的関数的に自らの目的・性格を変えていくものであって、長い時間軸を同じスタンスで支えようとしても、根源的民主主義を永続させることは原理的に難しい。原発住民投票直後、「これは勝った負けたの話ではない」と明言していた笹口町長が、1999 年町議会選挙では「実行する会」の候補を駅頭に並べて応援演説をぶつようなスタイルに変化していってしまい、町民にとって「勝った負けた」の世界に他ならなくなった。町民自身も「成長主義」の呪縛から逃れられず、「まちづくり」という名のもとに上から与えられる財源と「ビジョン」を最後まで期待していた。

　そもそも人々が「希望の共有」によって動き出す根源的民主主義というのは、社会全体が運動化するような非日常的局面である。制度を打ち破っていく力は、よほど恵まれた条件がないかぎり、制度としての「まちづくり」（巨大資本の投下や合併）に取り込まれていき、運動としての「まちづくり」ではなくなっていく、ということだろう。地方制度改革の方向性について、ここから一定の示唆が導ける。住民の内発的対応を期待する方向に現在の地方自治論議が移行しており、住民が力を発揮できない自治体は脱落もやむを得ないという、暗黙の「まちづくり競争」的論理が突出してきている。しかし、そのような「まちづくり競争」を促す誘導が、相変わらず天下り式に、しかも補助金や財政の数字など small opportunities によってなされているのは根本的な矛盾と言わざるを得ない。合併がまちづくりの唯一解に化けてしまい、より大きな自治体に縋るという中小自治体が増大した結果、たしかに平成の大合併は自治体数を従前の半分にまで減らすことに成功した。しかし、こうして巨大化した基礎自治体が真に住民の内発的対応を引き出すことができるのか、難問が多いと言わざるを得ない。たとえば自治体より下位レベルでの住民投票の提起を可能にしておくなど、住民が自らの生活様式を自らの手で選び取ることのできる裁量権を、何らかの形で制度として工夫する必要があろう。

結論　251

　こうして 6 章まで見てくると、巻町ではじまった政治文化の変革、根源的民主主義の実践の試みは、制度化という力に阻まれて完全な挫折に終わったのだろうか。確かに自治体としての巻町は消滅し、住民の自己決定の試みは中途半端に終わった。しかし、もう巻町で「西蒲選挙」という言葉を聞くことはない。男性議員だけだった町議会は、1995 年以降、多くの女性議員によって占められ、議会運営上の会派間談合や利益供与は見られなくなった。そして巻原発計画は撤回され、原子力政策は国民の厳しい視線にさらされるようになり、原発立地政策はもはや自動機械のように進むものではなくなった。だから 10 年間の出来事は、たんなる権力構造の編成換えではなく、社会構造に起源を持つマグマによって突き動かされている。それによって原子力政策も地方政治文化も変化の道をすすみはじめたのであり、この流れは基本的に逆転しえない。問題は、マグマの中身を確かめ、それを水路づけして、人々が希望を語れるような、より大きな水準での根源的民主主義を作れるかどうかである。巻町の「熱い 10 年間」の幕が下りたのち、学問と政治の責任は重い。

文　献

阿部和俊　1991『日本の都市体系研究』地人書房.

阿部恒久　1997『「裏日本」はいかにつくられたか』日本経済評論社.

間場寿一編　1983『地域政治の社会学』世界思想社.

鯵坂学・高原一隆編　1999『地方都市の比較研究』法律文化社.

秋元律郎　1971『現代都市の権力構造』青木書店.

秋田周　1997「地方自治における住民参加の研究」『法政理論』（新潟大学法学会）28
　　(4): 1-34.

青い海と緑の会　1997『新潟県巻町発　住民投票行きましょう』.

有賀喜左衛門　1967「封建遺制と近代化」『有賀喜左衛門著作集 IV』未来社.

朝日新聞社編　1995『にっぽんの民主主義』朝日新聞社（朝日文庫）.

Broadbent, Jeffrey. 1997 *Environmental Politics in Japan: networks of power and protest*, Cambridge
　　University Press.

Castells, Manuel. 1978 *La Question Urbaine*, La Decouverte. =1984　山田操訳『都市問題——
　　科学的理論と分析——』恒星社厚生閣.

千葉眞　1995『ラディカル・デモクラシーの地平——自由・差異・共通善——』新評論.

―――　1996「デモクラシーと政治の概念——ラディカル・デモクラシーにむけ
　　て——」『思想』867: 5-24.

Cox, Kevin R. 1997 "Governance, Urban Regime Analysis, and the Politics of Local Economic
　　Development", in Micky Lauria(ed.), *Reconstructing Urban Regime Theory: Regulating Urban
　　Politics in a Global Economy*, Sage.

Crenson, Mattew A. 1971 *The Un-Politics of Air Pollution*, Johns Hopkins Press.

Curtis, Jerald. 1969 *Election Campaigning Japanese Style*, Columbia University Press. =1971　山岡
　　清二訳『代議士の誕生——日本保守党の選挙運動——』サイマル出版会.

Dahl, Robert .A. and Edward R. Tufte 1973 *Size and Democracy*, Stanford University Press.
　　=1979　内山秀夫訳『規模とデモクラシー』慶応通信.

Douglas, Mary and Aaron Wildavsky 1982 *Risk and Culture: An Essay on the Selection of Technical
　　and Environmental Dangers*, University of California Press.

Elkin, Stephen L. 1987 *City and Regime in the American Republic*, University of Chicago Press.

遠藤宏一　1999『現代地域政策論——国際化・地方分権化と地域経営——』大月書店.

『ENERGY for the FUTURE』ナショナルピーアール.

福武直編　1965『地域開発の構想と現実』東京大学出版会.

舩橋晴俊・長谷川公一・飯島伸子編　1998『巨大地域開発の構想と帰結——むつ小
　　川原開発と核燃料サイクル施設——』東京大学出版会.

古厩忠夫　1997『裏日本——近代日本を問いなおす——』岩波書店（岩波新書）.

古城利明　1977『地方政治の社会学 ── 階級性と公共性の論理 ──』東京大学出版会.

Gamson, William A. 1992 *Talking Politics*, Cambridge University Press.

『原子力 eye』(旧名：『原子力工業』) 日刊工業新聞社.

Goffman, Erving. 1974 *Frame Analysis*, Harper & Row.

Granovetter, Mark. 1978 "Threshold Models of Collective Behavior", *American Journal of Sociology*, 83 (6) : 1420-1443.

Habermas, Jürgen. 1973 *Legitimationsprobleme im Spätkapitalismus*, Suhrkamp Verlag. =1979　細谷貞雄訳『晩期資本主義における正統化の諸問題』岩波書店.

Hampton, William. 1991 *Local Government and Urban Politics*, Longman. =1996　君村昌監訳『地方自治と都市政治 第 2 版』敬文堂.

花田達朗　1996『公共圏という名の社会空間 ── 公共圏、メディア、市民社会 ──』木鐸社.

長谷川公一　1991「反原子力運動における女性の位置 ── ポスト・チェルノブイリの新しい社会運動 ──」『レヴァイアサン』8: 41-58.

平岡義和・高橋和宏　1987「地域経済類型と地域権力構造」『総合都市研究』31: 55-70.

広瀬道貞　1993『補助金と政権党』朝日新聞社 (朝日文庫).

ホクギン経済研究所　2000『柏崎刈羽発電所の建設が地域経済に与えた影響調査に関して　新潟県モデル及び圏域モデルに関する報告書』ホクギン経済研究所.

本多勝一　1976→1983「田中圧勝を支えた村の心理と論理」『ルポルタージュの方法』朝日新聞社 (朝日文庫).

本間義人　1999『国土計画を考える ── 開発路線のゆくえ ──』中央公論社 (中公新書).

五十嵐敬喜・小川明雄　1997『公共事業をどうするか』岩波書店 (岩波新書).

今井一　1997『住民投票 ──20 世紀末に芽生えた日本の新ルール ──』日経大阪 PR.
──────　2000『住民投票 ── 観客民主主義を超えて ──』岩波書店 (岩波新書).

猪口孝　1983『現代日本政治経済の構図 ── 政府と市場 ──』東洋経済新報社.

猪瀬直樹　1997『日本国の研究』文藝春秋.

井上繁　1995「ヨーロッパ統合と都市間競争の動態」『都市問題』86(5): 15-26.

鎌田慧　1996『新版　日本の原発地帯』岩波書店 (同時代ライブラリー).
──────　2001『原発列島を行く』集英社 (集英社新書).

柏崎市　1990『柏崎市新長期発展計画 ── 基本計画　平成 3 年度〜平成 7 年度〜──』.

柏崎市史編さん委員会　1990『柏崎市史』(上・中・下).

柏崎市商工会議所　1981『明日への創造 ─ 柏崎・刈羽原子力発電所立地地点からの報告』.
──────　1990『明日への創造 II ─ 柏崎・刈羽原子力発電所立地地点からの報告』.

春日雅司　1996『地域社会と地方政治の社会学』晃洋書房.

河村望・高橋和宏編著　1990『地方の政治と地方の文化——地域社会の近代化と伝統——』行人社.

剣持一巳　1982『ルポ・原発列島』技術と人間.

Kim, Hyojpung and Bearman Peter S. 1997 "The Structure and Dynamics of Movement Participation". *American Sociological Review* 62: 70-93.

北原鉄也　1983「地方政治家における政治化とその社会経済的背景——愛媛県下市町村会議員調査——」(上・下)『都市問題研究』387: 101-115/ 388: 110-131.

小林伸雄　1983『ドキュメント　巻町に原発が来た』朝日新聞社.

小林良彰・石上泰州　1990「ケーススタディー自治体財政の現状と要因分析2　新潟県柏崎市——原子力発電所誘致——」『地方財務』1990: 62-80.

児玉英靖　1998「日本における原子力発電所立地受入れの政治過程——関西電力大飯発電所増設をケースとして——」『政策科学(立命館大学)』5-2 (11号) : 29-49.

Koopmans, Ruud. 1993 "The Dynamics of Protest Waves: West Germany, 1965 to 1989 ", *American Sociological Review* 58: 637-658.

小山直嗣・村山富士子　1979『日本の伝説——越後の伝説——』角川書店.

Kuroda, Yasumasa 1974 *Reed Town, Japan: a study in community power structure and political change*. =1976　秋元律郎・小林宏一訳『地方都市の権力構造』勁草書房.

桑原正史　1995「自主管理の住民投票から条例制定へ」『月刊むすぶ』298: 29-35.

————　2000「巻原発問題の経緯とゆくえ」『技術と人間』2000年3月 : 62-70.

————・三恵　2003『巻原発住民投票への軌跡』七つ森書館.

久世公堯　1983『地方都市論——地方の時代の都市振興戦略——』ぎょうせい.

Lesbirel, Hayden. S. 1998. *NIMBY Politics in Japan: energy siting and the management of environmental conflict*, Ithaca: Cornell University Press.

Lumis, Douglas. 1989 *Radical Democracy*, Cornell University Press. =1998　加地永都子訳『ラディカル・デモクラシー——可能性の政治学——』岩波書店.

Machimura, Takashi. 1998 "Narrating a 'Development' Story for 'Beyond Development': Power and Discourse in the Politics of the Spectacular Event", *Paper Presented at the International Conference "City, State and Region in a Global Order: Toward the 21st Century"*, Hiroshima Dec 20.

Macy, Michael W. 1990 "Learning Theory and the Logic of Critical Mass", *American Sociological Review*, 55: 809-826.

————　1991 "Chains of Cooperation: Threshold Effects in Collective Action", *American Sociological Review*, 56: 730-747.

巻町　1961～『広報まき』.

————　1968～『巻町の統計』(隔年刊).

————　1990『第三次巻町総合計画』.

―――　1994『巻町史　通史編』(上・下).

―――　1995『フランスにみる発電所と地域の共生―――「巻町議会議員等原子力問題海外調査」報告書―――』.

間宮陽介　1996「政治空間の形成と民主主義―――丸山真男の民主主義論―――」『思想』867: 146-163.

丸山真男　1961『日本の思想』岩波書店 (岩波新書).

Marwell, Gerald and Pamela Oliver 1993 *The Critical Mass in Collective Action: A Micro-Social Theory*, Cambridge University Press.

舛添要一　1996「『民意を問う』の落とし穴―――巻原発「住民投票」は『駄々っ子の甘え』である」『諸君！』28: 66-73.

松原治郎・似田貝香門　1976『住民運動の論理―――運動の展開過程・課題と展望―――』学陽書房.

松井克浩　2002「基底的社会関係とその変容」伊藤守ほか『地方における新しい社会的関係の形成の文法の解明に向けて』科学研究費報告書.

松島信生　1981「【巻発】私たちの闘いはこれからだ」『いま原発「現地」から』野草社

三上直之　1996『政治的公共圏の可能性』東京大学文学部社会学科提出卒業論文.

三島吉郎　1985「巻町の自治体運営と地場産業」『原子力発電と金権支配』日本科学者会議第 11 回原発問題全国シンポジウム報告集.

三輪茂雄　1982『鳴き砂幻想―――ミュージカル・サンドの謎を追う―――』ダイヤモンド社.

宮崎省吾　1975『いま、「公共性」を撃つ―――「ドキュメント」横浜新貨物反対運動―――』新泉社.

宮本憲一　1973『地域開発はこれでよいか』岩波新書.

―――　1989『環境経済学』岩波書店.

―――編　1989『公共性の政治経済学』自治体研究社.

水木揚　1998『田中角栄―――その巨善と巨悪―――』日本経済新聞社.

Moore, Barrington Jr., 1966 *Social Origins of Dictatorship and Democracy: Lord and Peasant in the Making of the Modern World*, Allen Lane. =1986　宮崎隆次・森山茂徳・高橋直樹訳『独裁と民主政治の社会的起源―――近代世界形成過程における領主と農民―――』(Ⅰ・Ⅱ) 岩波書店.

守友裕一　1985「ポスト原発下の地域振興の模索―福島県田村郡都路村農業調査報告―」『東北経済 (福島大学東北経済研究所)』78: 1-75.

森元孝　1996『逗子の市民運動―――池子米軍住宅建設反対運動と民主主義の研究―――』御茶の水書房.

村松岐夫・伊藤光利　1986『地方議員の研究―日本的政治風土の主役たち』日本経済新聞社.

長岡市教育委員会　1975『米百俵　小林虎三郎の思想』.

長洲一二　1978「「地方の時代」を求めて」『世界』1978 年 10 月号.
─────・中村秀一郎・新野幸次郎編　1982『地方の時代と地域経済』ぎょうせい.
中筋直哉　1997「構造分析から社会過程分析へ」蓮見音彦・似田貝香門・矢澤澄子
　　編『現代都市と地域形成──転換期とその社会形態──』東京大学出版会.
中村良平　1995『いま都市が選ばれる──競争と連携の時代へ──』山陽新聞社.
中野実　1988「地方の時代の地方政治像──わが国地方政治研究の最近動向──」
　　『レヴァイアサン』2: 163-174.
中澤秀雄・成元哲・樋口直人・角一典・水澤弘光　1998「環境運動における『抗議
　　サイクル』形成の論理──構造的ストレーンと政治的機会構造の比較分析──」
　　『環境社会学研究』4 号 : 142-157.
中澤秀雄　1999「社会運動の『組織 - 機会』論と日本の住民運動──「政治過程アプ
　　ローチ」の前提をどう考えるか──」『ソシオロゴス』23: 196-211.
─────　2001「環境運動と環境政策の 35 年──「環境」を定義する公共性の構造
　　転換──」『環境社会学研究』7: 85-98.
日本原子力産業会議　1968『原子力施設立地への提言──立地問題特別委員会報告
　　書──』.
─────　1970『原子力発電所と地域社会──立地問題懇談会地域調査専門委員会
　　報告書──』.
日本都市センター　1979『新しい都市経営の方向』ぎょうせい.
日本都市学会編　1983『地方の時代と都市（日本都市学会年報 16）』ぎょうせい.
新潟県企画調整部統計課　1994『新潟県の人口移動──新潟県人口移動調査結果報
　　告──』.
新潟日報報道部　1990『新潟をどうする──新時代の視点』新潟日報事業社.
─────　1997『原発を拒んだ町 : 巻町の民意を追う』岩波書店.
新潟日報社編　1983a『角栄の風土』新潟日報事業社.
─────　1983b『ザ・越山会』新潟日報事業社.
西尾勝　1979「過疎と過密の政治行政」『55 年体制の形成と崩壊（年報政治学）』岩波
　　書店.
─────　1999『未完の分権改革──霞が関官僚と格闘した 1300 日──』岩波書店.
似田貝香門・蓮見音彦編　1993『都市政策と市民生活 - 福山市を対象に』東京大学
　　出版会.
小椋惇夫　1967『水倉庄六翁伝』（非売品）.

Oliver, Pamera E., Gerald Marwell, and Ruy Teixeirra, 1985, "A Theory of the Critical Mass:
　　Interdependence, Group Heterogeneity, and the Production of Collective Action."
　　American Journal of Sociology 91: 522-56.
Olson, Mancur. 1963 *The Logic of Collective Action*, Harvard University Press.= 1983　依田博・
　　森脇俊雅訳『集合行為論──公共財と集団理論──』ミネルヴァ書房.

文 献　257

小内透　1996『戦後日本の地域社会変動と地域社会類型──都道府県・市町村を単位とする統計分析を通して──』東信堂.

大西輝明　1998「メディア報道の推移に伴う原子力世論の変容」『日本原子力学会誌』40(7): 563-571.

─────　2003「住民投票時の情報環境と民意の変容」『社会情報学研究』7: 27-42.

齋藤純一　2000『公共性』岩波書店.

西塔雅彦　1996「原子力発電立地の現状」『Energy』29 (10) : 22-26.

佐々木信夫　1990『都市行政学研究』勁草書房.

佐藤俊一　1988『現代都市政治理論──西欧から日本へのオデュッセア──』三嶺書房.

─────　1997『戦後日本の地域政治──終焉から新たな始まりへ──』敬文堂.

佐藤智雄編　1961『地方都市──糸魚川市の実態──』東京大学出版会.

佐藤康行　2002『毒消し売りの社会史──女性・家・村──』日本経済評論社.

資源エネルギー庁　1997『豊かな暮らしに向けて──電源立地の概要──』.

資源リサイクル推進協議会編　1997『「環境首都」フライブルク』中央法規.

清水修二　1991「電源立地促進財政制度の成立──原子力開発と財政の展開──」『商學論集』59 (4) : 139-160/ 59 (6) : 153-170.

─────　1992「電源立地促進財政の地域的展開」『福島大学地域研究』3 (4) : 611-634.

新藤宗幸　1998『地方分権』岩波書店.

─────ほか編　1999『住民投票』ぎょうせい.

篠原一　1985『ライブリー・ポリティクス──生活主体の新しい政治スタイルを求めて──』総合労働研究所.

Skocpol, Theda (ed.) 1984 *Vision and Method in Historical Sociology*, Cambridge University Press. =1995　小田中直樹訳『歴史社会学の構想と戦略』木鐸社.

杣正夫編　1985『日本の総選挙 1983 年－田中判決批判選挙の総合分析－』九州大学出版会.

曾野綾子　1996「住民投票──契約を忘れた民主主義──」『文芸春秋』74 (12) : 94-98.

Stoker, Gerry. 1995 "Regime Theory and Urban Politics", in David Judge, Gerry Stoker, and Harold Wolman (eds.), *Theories of Urban Politics*, Sage.

Stone, Clarence N. 1989 *Regime Politics: Governing Atlanta, 1946-1988*. University Press of Kansas.

成元哲　1998「『リスク社会』の到来を告げる住民投票運動──新潟県巻町と岐阜県御嵩町の事例を手がかりに──」『環境社会学研究』4: 60-76.

成元哲・角一典　1998「政治的機会構造論の理論射程」『ソシオロゴス』22: 102-123.

高畠通敏　1986 → 1997『地方の王国』岩波書店.

高島民雄　1996「巻原発をめぐる住民投票と町政」『LOPAS』9: 3-12.

高寄昇三　1981『地方政治の保守と革新』勁草書房.

武田広昭　1973『巻町双書20　三根山藩』巻町役場.

田中圭一ほか　1998『新版　新潟県の歴史』山川出版社.

Tarrow, Sydney. 1994 *Power in Movement: Social Movements, Collective Action and Politics*, Cambridge University Press.

土田昭司　1997「パブリックアクセプタンスと公的規制・情報公開」『日本リスク研究学会誌』8（1）: 96-104.

筒井清忠編　1997『歴史社会学のフロンティア』人文書院.

内仲英輔・坂東愛彦　1979『美濃部都政──その到達点と限界──』朝日新聞社内報告.

渡辺登　1997「地方における『市民』の可能性──新潟県巻町における市民自治の試みから──」『都市問題』88（2）: 3-22.

Whyte, William F. 1943 *Street Corner Society: The Social Structure of an Italian Slum*, The University of Chicago Press. =1974　寺谷弘壬訳『ストリート・コーナー・ソサイエティ──アメリカ社会の小集団研究──』垣内出版.

矢部拓也　2000「地方小都市再生の前提条件──滋賀県長浜市第三セクター『黒壁』の登場と地域社会の変容──」『日本都市社会学会年報』18: 51-66.

山川充夫　1987「ポスト電源開発の動き──福島県広野町の場合──」『東北経済（福島大学東北経済研究所）』81: 1-65.

山本英治編　1982『現代社会と共同社会形成──公共性と共同性の社会学──』垣内出版.

山﨑朗　1998『日本の国土計画と地域開発──ハイ・モビリティ対応の経済発展と空間構造──』東洋経済新報社.

柳田国男　1929 → 1991「都市と農村」『柳田国男全集29』ちくま書房（ちくま文庫）.

矢澤澄子　1973「地域権力構造論」綿貫譲治編『社会学講座7　政治社会学』東京大学出版会.

横倉節夫　1989「市民的公共性と合意形成・情報民主主義」宮本憲一編『公共性の政治経済学』自治体研究社.

横田清編　1997『住民投票Ⅰ──なぜ、それが必要なのか──』公人社.

横田尚俊　1999「『都市成長主義』、地域間競争と地方都市」『地域社会学会年報第11集』79-99.

横山桂二・大原光憲　1966『現代日本の地域政治』三一書房.

吉田昭一　1984『評伝　柏崎市長小林治助──燃える男の軌跡──』評伝柏崎市長小林治助刊行会.

吉田威夫　1999「プルサーマル反対に商工会議所かく戦えり」『エネルギーフォーザフューチャー』1999No.2: 14-21.

芳川廣一　1996『落葉土に帰るの記』（自費出版）.

Appendix 1　調査記録

*1998 年 9 月までは共同調査、その後は単独調査

1996 年 3 月　似田貝香門・成元哲・中澤・三上直之 (巻町第 1 回調査)
　　23 日　高島民雄氏 (実行する会)　24 日　桑原正史氏 (住みよい巻町をつくる会)
　　25 日　田畑護人氏・菊池誠氏 (実行する会)　25 日　中村正紀氏 (反対会議)

1996 年 8 月　似田貝・成・中澤 (巻町第 2 回調査)
　　8 日　笹口孝明氏 (実行する会・町長)、田畑氏、中川一好氏 (新潟日報記者)、高島氏
　　9 日　菊池氏、中村氏、赤川勝矢氏 (共有地主会・実行する会)　10 日　桑原氏

1997 年 3 月　成・中澤 (巻町第 3 回調査)
　　21 日　高島氏、田畑氏　22 日　相坂功氏 (青い海と緑の会)、苅部久子氏 (原子力
　　　　　発電所と放射線障害を考える新潟県医師・歯科医師の会)
　　23 日　秋田周氏 (新潟大学教授)、中川氏　24 日　桑原氏

1997 年 7 月　似田貝・中澤 (巻町第 4 回調査)
　　21 日　高島氏　22 日　田畑氏　23 日　笹口氏

1998 年 9 月　成・中澤 (巻町第 5 回調査)
　　19 日　菊池氏、赤川氏、原崇氏 (新潟日報記者)　21 日　高島氏、田畑氏
　　22 日　笹口氏、苅部氏　23 日　桑原氏

1998 年 9 月　(柏崎第 1 回調査)
　　24 日　「地域共生フォーラム」出席　25 日　阿部新一氏 (反原発三団体)
　　26 日　羽生修吾氏 (実現する会)

1998 年 11 月　(柏崎第 2 回調査)
　　4 日　新潟県交通資源対策課、柏崎刈羽原子力発電所
　　5 日　羽生氏・本間保氏 (実現する会)　6 日　武田英三氏 (元市議会議長)
　　7 日　品田庄一氏 (エネルギーフォーラム)　8 日　矢部忠夫氏 (市議)・武本和幸氏
　　　　　(反原発三団体)
　　9 日　柏崎商工会議所　10 日　柏崎市役所原子力安全対策課・企画調整課

1999 年 2-3 月　(柏崎第 3 回調査)
　　26 日　武田氏、羽生氏　27 日　斉藤昭浩氏・笠原浩栄氏 (反原発三団体)

260

28 日　矢部氏、武本氏、品田氏　1 日　鈴木啓弘氏 (新潟日報記者)
2 日　科学技術庁連絡調整官事務所、柏崎商工会議所内藤信寛専務理事
3 日　柏崎市役所原子力安全対策課・企画調整課

1999 年 4-5 月　(巻町第 6 回調査)
30 日　笹口氏、菊池氏　1 日　高島氏、土田誠氏 (町議・元議長)　2 日　桑原氏
4 日　田畑氏、山賀小七氏 (元町議会議長・元原懇副会長)

1999 年 7 月 -8 月　(巻町第 7 回調査・柏崎第 4 回調査)
7 月 26 日　斉藤氏・阿部氏　27 日　羽生氏・本間氏　28 日　柏崎市役所
8 月 6 日　新潟県立図書館　7 日　吉田町立図書館

2000 年 3 月　(巻町第 8 回調査)
17 日　菊池氏　18 日　田畑氏　18 日　高島氏

2000 年 9 月　(柏崎第 5 回調査)
6 日　品田氏・内藤氏　7 日　矢部氏　8 日　武本氏
8 日　柏崎市役所原子力安全対策課・企画調整課

2002 年 3 月　(巻町第 9 回調査)
19 日　桑原氏、高島氏　20 日　田畑氏、菊池氏　21 日　山賀氏

2003 年 3 月　(巻町第 10 回調査)
14 日　笹口氏　15 日　高島氏　16 日　田畑氏
17 日　石田三夫氏 (原懇会長)

2004 年 3 月　(巻町第 11 回調査)
20 日　笹口氏、高島氏　21 日　田畑氏　22 日　石田氏

2004 年 9 月　(巻町第 12 回調査)
10 日　巻町役場 (議会記録の閲覧)　11 日　大沢喜一町議、大越茂町議
12 日　田畑夫妻、石塚又造氏 (実行する会)　13 日　巻町役場 (議会記録の閲覧)
14 日　吉田町図書館 (西蒲新報の閲覧)

2004 年 9 月　(巻町第 13 回調査)
27 日 -29 日　巻町役場 (議会記録の閲覧)

261

Appendix 2　巻原発関連年表 (1969-2004)

＊データ　　N；新潟日報
ソースの　　中；中村正紀『小さな町の大きな選択－巻原子力発電所建設反対住民投票までの
凡例　　　　　27年間－』1996.12,（有）ミュートス
　　　　　　角；斉藤文夫『巻町双書15集　写真集　角海浜』巻町役場発行 (1970年3月)
　　　　　　菅；菅井益郎「住民が決定する巻原発－民主主義の原点に立ち返る－」『技術と人間』
　　　　　　　　1995.11,（株）技術と人間
　　　　　　小；小林伸雄『ドキュメント　巻町に原発が来た』1983, 朝日新聞社
　　　　　　秋；秋田周「地方自治における住民参加の研究－住民投票の問題を中心に－」『法
　　　　　　　　政理論』新潟大学, 第28巻第4号,1996.3
　　　　　　新；新潟日報報道部『原発を拒んだ町－巻町の民意を追う－』1997, 岩波書店
　　　　　データソースの記載がないものは原則として翌日の新潟日報報道によるが、一部
　　　　　ヒアリングによる。

年	月	日	データソース	記事
江戸期			角	角海浜は戸数250を数える。慶長の初め頃、能登から転住した人々によって村をなしたと伝えられている。耕地の少ない角海浜では、大工、木挽、その他の職で出稼ぎに出、残る者で漁業、製塩を営んでいたものと考えられる。
1965			小	土地ブローカーが保養地造成（観光施設建設）のふれこみで用地の買収を始める。
1969	4	5	中	仙台通産局発電課長が来県、現地視察。
	5	12	小	県が巻町に立地説明。
	5	13	小	高野助役が角海浜の山添区長に対して県の説明を伝える。角海浜はこの時点で8世帯13人。
	5	29	中	新潟県企業振興課員が現地視察。
	6	3	新	**新潟日報が東北電力の巻原発建設計画を報道。**
	6	15	中	角海浜原発三団体連絡協議会結成（社会党、地区評、巻労連）。
	7	8	中	原子力平和利用調査連絡協議会発足。
	8	6	小	**「原発阻止町民会議」（共産党系）発足。**
	8	11	中	巻町議会が原発調査研究特別委員会設置。
	8	26	中	町長を会長とする巻町原子力平和利用調査会設置。
	9	18	小	**「巻原発設置反対会議」（社会党系）結成。**
	11	27	中	東北電力から地質基盤並びに海象調査について町へ協力を要請。

年	月	日	データソース	記事
	11	27	中	巻町議会原発調査研究特別委員会、浦浜地区住民との懇談会。
	12	1	小	角海浜臨時部落総会、原発立地を承認。
	12		小	「巻原発をつくらせない会」結成。
1970	1	25	小	東北電力の請負業者が地質基盤調査を開始する。
	2		中・小	巻町漁協（五ヶ浜、角田浜、越前浜、四ツ郷屋の約 670 世帯、2500 人弱）が総会を開催し「安全性がはっきりせず、生活権が脅かされる」として原発反対を決議。
	6	23	中	巻町議会原発対策特別委員会設置。
	10		中	巻町漁協が東北電力の第 1 次海象調査実施に同意。
	11	10	小	第 1 次海象調査を開始（19 日まで）。

第 1 期（原発計画の進展、3 章 1 節参照）

年	月	日	データソース	記事
1971	5	17	中・管	東北電力が建設計画を正式発表し、県と町に申し入れ。計画の概要；4 基計 400 万ｋｗ、78 年に着工、82 年に運転開始。1 号機は、出力 82 万 5 千ｋｗ、沸騰水型軽水炉（BWR）。
	8		小	五ヶ浜を守る会結成。
	10	27	管	五ヶ浜を守る会副会長が「巻原発を作らせない会」に共有地地主会所有地（50 坪ほど）を譲渡。
1972	1		小	五ヶ浜に原発反対派区長誕生。
	11		中	巻町議会・原発調査研究特別委員会が先進地視察報告書をまとめる。
	11	17	小	「原発設置反対新潟県連絡会議」結成（事務局は県評）。（1977 年、柏崎・巻原発設置反対県民共闘会議となる）
	12	26	小	五ヶ浜公民館でシーサイドライン迂回路について説明会、「反対会議」「作らせない会」が抗議。
1973	2	14	小	五ヶ浜を守る会会長遠藤正経死去。
	4	22	小	五ヶ浜を守る会副会長阿部五郎治死去。
	4		中	東北電力、巻町漁協に第二次海象調査協力要請。
1974			N96-09-27朝	県道五ヶ浜線（1993 年 4 月に国道 460 号昇格）改良事業（シーサイドライン迂回路建設）が始まる。
	7	28	小	角海浜廃村。2 世帯 4 人が離村し無人となる。
	8	4	N94-02-26朝	巻町長選。村松治一（無保新）：9825 票、江端一郎（無保現）：7188 票。
	9		中	松村町長、議会で「安全性の確認のない限り任期中に誘致しない」と表明。
1975	2	15	小	巻漁協の総会。第二次海象調査に対して賛成 38、反対 36。

Appendix 2　巻原発関連年表 (1969-2004)　263

年	月	日	データソース	記事
	2	24	中・管	松村町長、反対派と「安全性が確認されない限り誘致決議はしない」と確約書をかわす。
	5	21	小	巻漁協臨時総会、第二次海象調査を認める決議。
	8		中	角海浜で気象観測塔工事始まる。
	8		中	巻町議会、原発対策特別委員会設置。
1976	1	23	中	巻町漁協、東北電力の第二次海象調査の漁業補償に調印。
	4	10	小	**東北電力が計画の具体的資料をはじめて町に提出。1号機82万5千kwで、最終的には4基400万kw。81年に1号炉着工、85年に運転開始。**
	4	20	小	東北電力が議会原発対策特別委員会に対して説明会の開催を予定するも、反対派の阻止行動で流会。
	7	27	中	巻町漁協、第二次海象調査の迷惑料配分決定。角田1360万、四ツ郷屋1150万、越前浜900万、五ヶ浜1710万。
	8	6	小	東北電力が議会原発対策特別委員会への説明会を開催。
	9	6	中	間瀬漁協、第二次海象調査に合意。迷惑料2700万円で妥結。
	10	17	小	巻原発推進連絡協議会が原発推進の署名活動を開始。
	11	12	中	反対派、原発反対署名行動に入る。
1977	2	15	中	**巻原発推進連絡協議会、町長・議長に対して建設同意を求める請願、署名12027人分を添える。**
	3	4	中	巻町議会「原発推進請願」採択。
	3	10	中	「反対会議」、町長・議長に対して原発建設反対の請願署名を提出。11552名（町内6013名、町外5539名）。議会は不採択。
	6	17	中	村松町長、後援会役員会において、建設に同意の用意があると表明。
	8	27	小	**「柏崎・巻原発設置反対県民共闘会議」結成。**
	11	30	小	巻署に対して、町議らが東北電力から買収供応を受けたとする告発。
	12	4	小	**巻原発反対共有地主会が結成される。**
	12	19	管	**巻町議会が原発誘致（「1号炉建設に同意する決議」）を決議。**
	12	19	中	岩室村議会原発建設同意を決議。
1978	2	16	中	巻漁協、原発対策委員会設置。
	4	12	新	東北電力が電力施設計画で1号機を81年着工、86年運転開始と発表。
	5		中	東北電力からの供応告発事件で巻署が巻町議ら4人を書類送検（新潟地検は不起訴）。
	8	7	N94-02-26朝	巻町長選。高野幹二（無保新）〈監視体制強化・安全協定〉：8058票、村松次一（無保現）〈再選したら首長同意〉：7611票、船岡満（無革新）〈原発阻止〉：2491票。町長に高野幹二氏当選、船岡氏惜敗。（高野派逮捕21名を含め100人以上の検挙者。県警史上最高。
	8	30	中	東北電力、巻漁協に対してはじめての説明会。

年	月	日	データソース	記事
	9	20		「町長辞職勧告決議案」議会採択。
	12	15	中	**東北電力、巻漁協と間瀬漁協へ補償交渉申し入れ。**
1979	2	4	中	電調審上程阻止、漁業権買収粉砕、巻原発建設絶対反対2.4県民集会開催（2000名）。
	2	26	中	**東北電力、巻原子力準備本部を設置。**
	3	11	中	巻原発反対共有地主会、原発予定地内里道にくい打ち。
	3	28		米国スリーマイル島で原発事故。
	6	25	中	県が巻原発反対共有地主会に浜茶屋建設許可。
	7	7	小	**共有地主会が団結浜茶屋を共有地内に建設。**
	11	20	小	巻町の漁業補償交渉の開始。東北電力が巻町漁協に対し、漁業補償額算定方法について基本的な考えを説明。
	11	23	小	隣村の岩室村の間瀬漁協に対しても、説明会を開く。
1980	3	25	中	「柏崎・巻原発ヒアリング反対闘争委員会」設置。
	7	23	小	東北電力が巻・間瀬漁協に対し、18億8100万円の補償額をはじめて提示。
	9	7	小	東北電力が巻・間瀬漁協に対し、第2回の補償額を提示（23億8300万円）。
	12	3	小	**巻・間瀬両漁協の漁業補償交渉（漁業権放棄）の妥結（3回目の提示で君新潟県知事と県漁業連合会長会談による政治決着、39億6000万円）。**
	12	16	新	**高野幹二町長が議会で原発建設同意を表明。**
	12	22	中	**巻漁協で臨時総会を開催、原発反対決議取り下げと漁業補償協定書同意を可決。反対派600名の抗議行動。**
	12	23	中	間瀬漁協、臨時総会で漁業補償に同意。
1981	1	8	新	**東北電力と巻町・間瀬両漁協との間で漁協補償協定締結。**
	1	31	中	東北電力が環境影響調査地元説明会を開催（2月7日まで）。反対派の阻止行動（約500名）により初日は6会場中5会場が中止。
	2	18	中	新潟市が東北電力の環境影響調査書に対し質問状を提出。
	4	30	中	新潟市の婦人グループが新潟市に原発ストップを陳情。21182人署名。
	5	10	中	巻原発住民投票要求署名開始（原発反対会議、共有地主会など）。署名は8709名集まり、全有権者の42.4％、世帯数では4669世帯、全世帯数の62.4％に上った。
	8	28	中・管	**第一次公開ヒアリング（デモ隊8000人、警備・機動隊3000人）。**
	11	19	中・小・管	**電調審への上程認可（巻原発計画が「電源開発基本計画」に組み入れられ、1985年着工、1990年2月完成予定）。**
	12	5	小	反対派が巻原発住民投票要求で町長交渉。

年	月	日	データソース	記事
	12	10	小	2回目の町長交渉、高野町長は議会提案を拒否。署名簿は結局提出されず。
1982	1	25	管・中	東北電力が通産省への原子炉(巻原発1号機)設置許可申請書の提出。
	2		中	**巻原発の安全審査手続きが始まる。**

第2期(原発計画の凍結期、3章1節参照)

1982	6			「原発のない住みよい巻町をつくる会」結成。
	6	17	小	高島民雄弁護士が8月の巻町の町長選に立候補を表明。
	8	1	N94-02-26 朝	巻町長選挙。長谷川要一(無保新)〈事故時の補償金制度創設〉:8298票、高野幹二(無保現)〈原発軸に文化都市建設〉:8256票、高島民雄(無革新)〈反原発にしぼり運動展開〉:2358票。長谷川氏当選。
	10			資源エネルギー庁の原発安全審査課長が「用地の取得ができなければ、安全審査の結論は出せない」と発言。
1983	4	13	中	東北電力が用地取得難航等を理由に「施設計画」から巻原発2・3・4号炉を撤回。
	5	24	中	五ヶ浜地区臨時総会で共有地(8000坪)売却を可決。
	9		管	**東北電力が通産省に1号炉の審査中断を申し入れる(原子炉設置許可申請後、1年半あまりたっても用地問題の解決の見通しを得ることができず)。**
	11		管	東北電力が「敷地見直し」の方針(反対派の土地を敷地からはずす見直し作業)を発表。
1984	4	5	中	東北電力、1号機の3年延長を発表。
1986	2			墓地訴訟で東京高裁判決。1176㎡(355坪)が町有地となる。
	4	26		*チェルノブイリ原発事故。*
	8	3	N94-02-26 朝	巻町長選挙(原発は争点から遠のき、代議士代理戦争が鮮明化)。佐藤莞爾(無保新):9517票、長谷川要一(無保現):9268票。「原発慎重」を唱えた佐藤氏当選。
1990	8	5	N94-02-26 朝・管	巻町長選挙。推進派の前町長と現町長が、ともに「原発政策の凍結」を公約にして町長選挙を展開。佐藤莞爾(無保現)〈原発凍結〉:11438票、長谷川要一(無保新)〈原発凍結、社会党と政策協定〉:7419票。佐藤氏再選。
1991	4	7	中	巻原発の建設繰り延べ発表。
	8		中	**東北電力が2つに分かれていた町内の推進団体を一本化、「巻原子力懇談会」を結成。**
1992	8		中	角海浜の民有地の一部(99㎡)を電力が買収。

年	月	日	データソース	記事
	9			町（佐藤町長）が町所有の墓石を撤去するため、改葬広告を新聞に掲載。議会で、無縁墳墓の改葬広告費 3615 千円の予算補正。
	11	7	中	「反対会議」が町長交渉を行い、凍結の確認をする。
1993	3			平成 5 年度一般会計予算に墓地改葬料費 45000 千円計上される。
	4	1		巻・五ヶ浜線、国道（460 号）に昇格。
	4	7		東北電力、繰り延べ発表。1 号機平成 8 年着工、14 年運転開始。
	6	28	管・中	**巻町町議会が「巻原発 1 号機の早期着工促進に関する意見書」案を提出し、17 対 2 で採択（原発早期着工促進決議）。**
	10			東北電力、巻駅通りに電力ふれあい広場（ルミナス）をつくる（カルチャー、文化活動への支援）。また、広報誌発行を始める（げんごん、かくだやま、ほたる、ルミナス）。
	10		中	佐藤町長がフランスに原発視察。
	10		中	「原子力懇談会」主催の各種催し及び見学旅行が頻繁に行われ、東北電力原発推進本部が増強される。
1994	2			町（佐藤町長）が町所有の墓石を撤去。
	3			**佐藤町長が「3 選後は原発凍結を解除し、世界一の原発をつくりたい」と発言。**
	3			反対派の「折り鶴」運動・はがき運動・町議訪問活動などがスタート。
	6		管	8 月の町長選を前に佐藤町長は「原発政策の凍結」の方針の解除を表明。
	8	7		巻町長選挙。佐藤莞爾（無保現）〈原発積極推進〉：9006 票、村松治夫（無保新）〈社会党と政策協定を結んだ慎重派、住民意向調査〉：6245、相坂功（無新）〈共産党や市民新党にいがたなどの推す反原発派〉：4382 票。
	9			町所有地売却反対の署名がスタート。
	10	16	中	巻町議会フランス原発視察（22 日まで）。

第 3 期（「実行する会」の発足と原発住民投票、3 章 2 節以降と 5 章を参照）

1994	10	19	中・管	**「巻原発・住民投票を実行する会」が発足し、町長に巻原発建設の是非を問う住民投票実施を要求。佐藤町長はこれを拒否し、町有墓地の売却方針を明確にする。**
	11			**「住民投票で巻原発をとめる連絡会」（6 団体＝巻原発反対共有地主会、原発のないすみよい巻町をつくる会、折り紙・署名運動グループ、青い海と緑の会、巻原発設置反対会議、巻原発反対町民会議）結成。**
	11		中	五福トンネル開通。
	11	11	新	「実行する会」が自主管理の住民投票実施を発表。
	12	20	中	東北電力、町有地買収の打診。
1995	1	22	中・管	**「巻原発・住民投票を実行する会」が自主管理住民投票実施。**

Appendix 2　巻原発関連年表 (1969-2004)　267

年	月	日	データソース	記事
	2	5		自主管理住民投票終了。有権者数：22939、投票総数：10378（投票率 45.4%）、原発反対：9854（投票数の 94.95%）、原発賛成：474（同じく 4.57%）、その他：50（同じく 0.48%）。
	2	10		東北電力が町に町有地の譲渡を申し入れる。
	2	20	中・N96-9-27朝	**町有地売却問題を諮る臨時町議会（18 ～ 20 日夕方、役場前で 2 名による抗議のハンスト）。20 日から臨時議会を原発反対派の実力阻止で議会は流会。**
	4	11		東北電力、巻原発計画を 16 回目の延期（98 年に着工、2004 年に運転開始）。
	4	23		**町議選（定員 22 名、立候補 33 名→住民投票条例制定派が 12 名当選、原発推進派 10 名当選。）**
	6	19		6 月定例議会スタート。
	6	20	管	住民投票条例案を提示。推進派による条例制定派議員に対する切り崩しにより、住民投票条例制定賛成派の新人議員 2 人が脱落。条例制定派は少数派に転落。
	6	26	中・管	**本会議で住民投票条例案（第 3 条「住民投票は、本条例の施行の日から 90 日以内に、これを実施するものとする」という期限付き条例）を無記名投票で採決。推進派から 1 票投じられ、賛成 11、反対 10 で住民投票条例可決。**
	7	4		佐藤町長は再議に付さないことを表明。
	7	19		住民投票条例が公布、施行される（10 月 15 日までに投票実施予定）。
	7	29		条例を修正するための、推進派による直接請求運動がスタート。
	8	8		推進派が直接請求の署名を提出（2103 名分内有効 2006 名）。
	8	17	中	町（佐藤町長）が住民投票条例の規則を公布。
	8	31	中	6 団体町長交渉。
	9	4	中	条例制定派議員町長交渉。
	9	12	中	住民グループ「住民投票の実施を求める会」が現行条例どおりの投票実施を求める請願を議会に提出。
	9	18	中	原発推進団体「巻原子力懇談会」が原発建設促進請願を議会に提出。
	9	19	中	巻町議会 9 月定例会、開会。
	10	3	中・管	**本会議で住民投票条例改正案（第 3 条「住民投票は、町長が議会の同意を得て実施するものとする」に）可決（10 対 10 の可否同数、土田議長による議長裁決）。**
	10	4		改正された住民投票条例公布。
	10	14		改正された住民投票条例施行。

年	月	日	データソース	記事
	10		秋・管	「住民投票で巻原発をとめる連絡会」は、佐藤町長に住民投票条例の実施を迫り、時期を明確にしないなら町長解職請求を行うことを表明。これに対し、町長は条例がある限りいつかは実施するとしつつ、その時期については明言を避ける。
	10	28	中・管	**「巻原発・住民投票を実行する会」は佐藤町長のリコール宣言、直ちに署名代理人の募集活動に入る。「連絡会」もこれに合流して活動を開始。**
	10	31	管・中	新潟地裁は、「実行する会」に体育館を貸さなかったために同会が町当局を訴えていた訴訟で、佐藤町長の地方自治法違反を認め、「実行する会」に対して 30 万円の損害賠償金を支払うよう命じる判決。
	11	14	管・中	佐藤町長リコール署名集め開始。
	12	8	秋・中	**1 万 231 人分の町長リコール署名を町選管に提出。**
	12	8	新	福井県敦賀市の動力炉・核燃料開発事業団高速増殖原型炉もんじゅでナトリウム漏れ事故が発生。
	12	15	中	佐藤町長、議会最終日に辞職願を提出、賛成多数で可決。
	12	20	中	笹口「実行する会」代表、町長選に立候補表明。
1996	1	16		巻町長選公示。
	1	21	中	**巻町長選投票。笹口氏当選。有権者数 23065 票、投票総数 10565 票、投票率 45.81%。笹口孝明：8569 票、長倉敏夫：991 票、無効：1005 票。**
	1	23	中	平山郁夫新潟県知事と福島、福井の 3 県知事が橋本首相や関係省庁に原子力政策見直しの至急提案を提出。
	1	26	中	「原発促進議員連盟 (会長・山賀小七議員)」が解散。
	2	1	中	原発推進派町議、新会派「巻町町議会町政クラブ」を発足。
	2	4	中	通産省資源エネルギー庁電源立地対策室西塔雅彦氏が来町。
	2	27	中	巻町議会議長交渉 (6 団体連絡会)。
	3	4	新	3 月町議会、開会。笹口町長が 7 月 7 日の投票実施を求める同意案を提案。
	3	14		原発推進派が 8 月 4 日の投票実施決議案を提案。
	3	21	中	**笹口町長の提案に議会が同意し、住民投票の実施を 8 月 4 日と決定。**
	4	2		東北電力施設計画発表。用地所得困難を理由に巻原発 1 号機の 1 年先送り (17 回目)、着工 1999 年・運転開始 2005 年。
	4	15	中	東北電力、戸別訪問開始。
	4	20		推進派「明日の巻町を考える会」結成 (会長・野崎鐵夫氏)。
	5	11		「住民投票で巻原発をとめる町民集会」6 団体が主催、巻公民館。
	5	17		町主催「原子力発電所問題に関する町民シンポジウム」開催 (巻町文化会館)。
	5	25		「県民ネットワーク」結成、初会合 新潟市・白山会館。

Appendix 2　巻原発関連年表（1969-2004）　269

年	月	日	データソース	記事
	5	29		資源エネルギー庁懇談会始まる（地区別、階層別）。
	6	3		町民会議、巻駅前に事務所を設置。
	6	4		巻町長、西蒲原郡町村会の研修旅行に参加、中部電力浜岡原発視察。
	6	6		資源エネルギー庁「原子力発電に関する連続講演会」を初めて開催。
	6	8		「新潟大学連絡会」が連続講演会を開始。
	6	11		資源エネルギー庁シンポジウム「一日資源エネルギー庁」。
	7	25		住民投票告示。
	8	4		**住民投票。有権者数：23222、投票総数：20503、投票率：88.29%、無効：121、男：9760、女：10743。建設反対：12478 票、建設賛成：7904 票。**
	9	5	新	笹口町長が東北電力新潟支店を訪れ、建設計画撤回を申し入れる。
	9	6		笹口町長、投票結果を伝えるため資源エネルギー庁を訪問し、国の電源開発基本計画から巻き原発を除外するよう申し入れ。江崎長官には面会できず。
1997	3	24	新	**巻町議会が電源立地対策課の廃止案を賛成 11、反対 9 で可決。**
	3	31	新	東北電力が 97 年度電力供給計画で巻原発建設を現行計画から 3 年先送りし、着工予定を 2002 年とすることを発表。18 回目の先送り。
	5	9		**「実行する会」、坂下志町議のリコール運動を開始。**
	9	7		坂下議員のリコール投票の結果、同町議の解職が決定。

第 4 期（町有地売却から合併まで、6 章参照）

年	月	日	データソース	記事
1998	10	27		町議会、老人ホームへの太陽光発電設置を否決。
1999	4	25		町議会選挙、町長派 9、反町長派 13。
	8	23		町議会、町民福祉センターへの太陽光発電設置を否決。
	8	30		笹口町長、炉心予定地付近の町有地を「実行する会」メンバーなど 23 人に売却。
	10	5		前農政課長の田辺新氏が町長選挙に出馬表明。
2000	1	20		町長選挙で笹口町長が再選される。笹口孝明 10102 票、田辺新 9835 票、投票率 85.25‰。
	5	11		町有地売却をめぐり、推進派町民が町長らを相手取り、土地返還を求める住民訴訟を新潟地裁に提訴。
2001	3	16		町有地訴訟で新潟地裁が原告（推進派町民）の請求を棄却。
2002	1	20		笹口町長、合併懇談会で岩室、潟東村長に原発住民投票の実施を要請、両村長は強く反発。
	2	19		巻町、潟東村、岩室村の合併協議が決裂。
	3	17		「町村合併をすすめる町民の会」（高橋勢二会長）結成。
	3	28		町有地訴訟で東京高裁が原告（推進派町民）の請求を棄却。

年	月	日	データソース	記事
	3	29		町議会が町長の辞職勧告決議。
	4	5		巻町・潟東村・岩室村の合併協議打ち切りが決定される。
	5	9		巻町議会で合併をめぐる住民投票案を審議、可決。町長は再議権行使。
	5	20		町議会で再議に付された合併住民投票条例案を採決し、廃案となる。
	6	5		町、三回目の合併問題地区説明会を開催。
	7	22		巻町議会で合併をめぐる住民投票案を審議、可決。町長は再議権行使。
	8	22		町議会、再議に付された合併住民投票条例案を採決し、廃案となる(2度目)。
	11	29		推進派町民が合併住民投票を求める直接請求の署名活動を開始。
	12	18		町議会、笹口町長の不信任決議案を審議、否決となる。
2003	2	4		町議会、3200人の直接請求をうけ、合併をめぐる住民投票案を審議、可決。町長は再議権行使。
	2	13		町議会、再議に付された合併住民投票条例案を採決し、廃案となる(3度目)。
	4	27		町議会議員選挙。町長派議員8、反町長派議員12となる。
	7	7		町議会、再議に付された合併住民投票条例案を採決し、廃案となる(4度目)。
	8	15		笹口町長が三選不出馬を正式表明。
	12	18		町有地訴訟で最高裁判所が上告不受理を決定。
	12	24		*東北電力社長が新潟県知事を訪ね、巻原発計画白紙撤回を報告。*
2004	1	14		巻町長選挙告示、田辺新と高島敦子の両氏が立候補を届け出る。
	1	18		**巻町長選挙で田辺新氏が初当選。**
	8	8		新潟市との合併を問う住民投票。賛成8808、反対5451、投票率58.7%。
	8	10		田辺町長が篠田新潟市長を訪問、合併協議開始を申し入れる。
	10	1		東北電力、巻・岩室に原発協力金の返還を請求しないことを発表。
	10	19		新潟市・巻町合併問題協議会(任意協)が発足。
2005	10	10		巻町と新潟市が合併、巻町は消滅。

網掛けは政治行政の手続きを、中央寄せは反対派・住民投票派の動きを、斜体は巻町外の動きを示す。
ポイントとなる出来事はゴシックで示す。

作成:中澤秀雄、成元哲、三上直之

初版へのあとがき

　本書は 2001 年 3 月に東京大学に提出された博士論文を全面的に書き改めたものである。博士論文の 5 章・6 章・結論にあたる部分は事態の進展を踏まえて完全に差し替え、それに伴い 1 章と全体の構成を組み立て直し、2004 年までの補足調査を踏まえて 2 章・3 章もかなり書き直した。つまり博士論文提出当時の姿を止めているのは 4 章くらいということになる。それにしても、本書はもっと早く出版されてしかるべきだった。それが、お話を聞かせてくれた方々への礼儀であり、暗礁に乗り上げていた巻町の状況を一人でも多くの人に伝える方法だったからである。しかし、2000 年に職を得てのち大学の存立そのものが危うい情勢のもと、目前の教育などに全力投球する必要が生じて、いつも書き直す機会を逸してしまった。そんな中で 2003 年 12 月末に巻原発計画白紙撤回のニュースを聞いて、もっと早くこの本を出すこともできたのではないかと後悔しつつ、何とか時間を捻出して 2004 年秋にようやく草稿を書き上げた次第である（出版の都合で、草稿執筆完了から刊行までには、さらに 1 年を要した）。そのような状況から、詳細に事実を詰めていくような時間がなく、せっかく伺ったお話や頂いた資料のほとんどを生かせないままに終わってしまっているので、なんとか手元にある素材をより体系的に纏められるよう、他日を期したいと思っている。

　新潟に通った経験は、私の生きる姿勢を深いところで変えたように思う。思い返すと、田中角栄がロッキード事件で有罪判決を受け、控訴中のまま 1983 年総選挙が行われたとき、私は東京の小学生だった。理屈だけは達者だった 12 歳は、22 万という空前の角栄票を新聞で知り、クラスメートに対して怒りを述べたものだった。正しくないことをした人が、なぜ圧倒的に支持されるのか。豪雪と孤立の旧新潟三区地域の姿が分かっていたわけでもなく、巨大な地方政治マシーンを理解していたわけでもない私は、なぜそんなことになるのか全く分からなかった。ただし、その頃少年は、「社会」が唯

一の正義や唯一の合理性によって、あるいは自分が当然視している論理によって動くわけでないという現実に、子どもなりに直面してもいた。理系的思考の方が得意だった少年が大学で社会学を選んだ伏線には、思えばそのような社会化過程があったのかも知れない。

　大学院の博士課程にすすんだ1996年春、住民投票の可能性が話題となっていた新潟県巻町に足を踏み入れることになった。当初はこの狭い町と長く関わるつもりはなかった。しかし様々な主体の意図と意欲が交錯し、非人格的なメカニズムをとおして構造が変わってゆく現場を目の当たりにした私は、社会認識を揺るがされ、マスコミの大取材陣が去ったあとも、新潟に通い続けることになった。小学生のころの記憶が甦ってきたのは、新潟市内を走るバスに乗っていたときだったと思う。それまでの2年間で激しい選挙戦、江戸期の地主と豪商の伝統、雪に対する怨念など、越後という地域そのものに深い興味を抱くようになっていたし、22万票の意味も理解できるようになった。巻から70キロほどしか離れていないのに、対照的な選択をして世界最大の原発基地となった柏崎は、そういえば旧新潟三区の中心都市である。2都市の違いは、どこから生まれてきたのだろうか、背景にある社会文化的、政治経済的要因は何か。そのような疑問を持ちながら、かつて角栄少年が上り列車に乗りこんだ柏崎駅に降り立ったのは、プルサーマル問題でこの小都市が揺れていた98年秋のことである。

　こうして、休みを利用して2都市を交互に訪問するうちに、巻と柏崎とは単純な意味での比較対象にはならないということがよく分かるようになった。2つの都市では、たとえば原発という存在が、あるいは反対派と賛成派が、人々にとって持つ意味が全く異なっており、問題の立て方そのものが根本から異なっていた。原発について記述する多くの論者が見通しを誤るのは、中央にいる時点で自らを反対・賛成のどちらかの立場に置いてしまい、その色眼鏡から現地の賛成・反対の構図を理解しようとするからだ。現地の人々が持つ感情や歴史や文化といったものから出発しない限り、問題の構造すら明らかにならないということに私は気づき、その観点から取材と記述を行うようになった。それにしても、日本社会では半ばタブー視されていた（この5

初版へのあとがき　273

年間でずいぶん状況が変わったけれども）「原発」をテーマとすることは、想像されるとおり常に緊張をともなった。私は取材をしながら、自分の立場をどう表明すればよいのか、調査倫理をどう考えるのか、どこまで知らないふりをしてよいのか、いちいち判断を求められた。直截に「君は原発に賛成なのか反対なのか」と迫られたこともある 。そのとき私は、賛成でも反対でもないと返答した。文系の研究者である私は、原子力発電の安全性や核廃棄物処分の方法について、最終的責任を負った発言ができない。あくまでも、それをめぐる社会関係を明らかにし評価することしかできない。

　しかし、このような限定された立場にも関わらず、多くの方々が快く話をしてくれたことに対して、私は繰り返し感謝を述べなければならない。役にも立たない社会学者の卵にこれほど長い時間話をしてくれたのは、それでも自分たちの思いを誰かに託したいという一抹の望みがあったからかも知れない。その思いを裏切ることになっていないだろうかというのが、最大の心配事である。原発反対派もしくは賛成派の一方だけに会う方が楽だし、議論も一貫するのかも知れないが、それは公正ではないと私は感じていた。だが私の力不足から、自分の主張が歪曲されているという不満を持つ調査対象者がいらっしゃるのではないかと心配している。

　いま一度お断りしておきたいが、私は誰かを告発するために書いたのではない。この問題に関わらざるを得なかった主体ごとにそれぞれの論理があり、理想があり、志がある。しかしいずれにもせよ、政策体系と巨大工学は一人一人の意図を超えたところで自らの営みを持続してゆく。個人を越えたところに社会は構造化され、動いてゆくのであって、すべての変動を個人の意図に還元するとか、逆に個人の意識を足しあわせてゆけば社会になると考えるのは誤りである（経済学にいう「合成の誤謬」の逆であろうか）。それなら社会科学は要らない。にも関わらず、「エネルギー問題」を議論する「知識のある」人たちの間に、このような単純な思考がしばしば登場することが、私には不思議でならない。一人一人がエネルギー安保の重要性を忘れているから原発反対運動が高まったり、個々人がエアコンを使うから原発が必要だったりするのだろうか。個人の意識と大状況との間は、そのように簡単に結びつけら

れるのか。法律・都市・経済・技術、個人の意識とは関係なく動いて行く制度やシステムが幾重にも挟まってはいないのか。

　私が本書によって描き出したかったことは、原発をめぐる構造化されたシステムとの関わりの中で生きてきた人々の姿であり、そのシステムが制度疲労を起こしている姿である。それは日本社会がいま途方にくれている行き詰まりの、1つの系をなしている。この大きな転換点においては、「首都」東京と周辺「地方」との、潜在的には深まるばかりの亀裂構造をどう分析し、どのように作り直すのかという問題が隠れた主題であると私は考えている。それは結論で示唆したことである。首都圏で生活している限り、都市システムの頂点に位置する「東京」の異様さは見えにくい。しかしよく考えると、たとえば東京から「下り列車」に乗るという国民的経験は左遷や帰郷、さもなくば都びとの物見遊山という一方通行で非対称的な関係しか意味して来なかった。いま、「上り列車」の英雄が去った日本社会は、向都離村が作り出したシステムを見つめ直すために、一過性でない「下り列車」の思想と行動を必要としているのではないだろうか。

　そもそも地域社会学じたい、同一地点における通時的 (longitudinal) 調査をしたり、長期的に特定の地域と関わったりしていない傾向があったと思う。それに対して、シカゴ学派都市社会学の古典であるホワイトの『ストリート・コーナー・ソサエティ』(White 1943) は現在に至るまで5版を数え、改版のたびに補足調査が行われている。本書が万一、ハーベスト社に負担をかけない程度の読者を得て再版が可能になったならば、ホワイトを見習いたいと思っている。

　私自身は「下り列車」(のちに札幌から新潟への裏日本間移動に変わったが) に乗り続けるなかで、欧米の文献を大量に引用するスタイルから、地域の文脈のひだに入り込むことを大切にする研究スタイルに変化していった。最近の中澤は勉強していないという批判があることは承知しているが、若いときに書物の勉強ではなく、これだけの事件と現場に立ち会い、希望を持って地域を変えていこうとする人々に出会えたことは大きな財産である。「新潟の土の底にはマグマが渦巻いている。生存のためには権力にも敢然として立ち向か

初版へのあとがき　275

うという、農民の反抗精神である。田中 [角栄] はこのマグマに乗っかった」
と水木楊はいう。私が出会ったのも、このマグマではなかったかと思う。

　最後に、お世話になった方々に対する謝辞を述べさせていただきたい。まず
何よりも、私を快く受け入れ、長時間にわたって話を聞かせていただき、さら
に貴重な資料を頂いた柏崎と巻の方々に対して、改めてお礼を申し上げる。こ
のような契機を作り、研究方法を指南し、その上で勝手気ままに行動する私を
暖かく見守って下さった指導教官の似田貝香門教授に対して、まず感謝申し上
げたい。また本書の第 1 稿が成立し、2000 年 3 月に東京大学に提出されてのち
は、副査の先生方に有益なコメントを頂いた。矢澤澄子先生は、多くの時間を
かけて読みにくい原稿に目を通され、構成から表現の細かいところに至るまで
適切な助言をして下さった。松本三和夫先生からは、原子力政策に関わる部分
のほか、全体の目的などについて示唆にとむアドバイスを頂いた。庄司興吉先
生は、時間をかけてばかりいる私を叱咤激励してくださった。そして出版にあ
たっては、ハーベスト社の小林社長に大変お世話になった。
　私は、いろいろな意味で境界的な空間に身を置くことが多い。東大社会学
研究室でもそうであり、理論的な文化資本の残された研究室で先輩方からお叱
りを受け、一方で実証的雰囲気が出来あがりつつある研究室で最初の世代とし
て自由に活動できた。学会・研究会等でも、いろいろと好意的な言葉をかけて
頂いた。一人一人のお名前を挙げることは控えさせていただくが、多くの叱責
と示唆を与えて頂いた諸先生・先輩・友人・知己がなければ、私は独り立ちす
ることはできなかっただろう。深く感謝を申し述べたい。また私事にわたるが、
庶民の家庭から先の見えない研究者の道に進むことを許して下さった父母や、
研究者としてのわがままを許容してくれる家族にも感謝したい。
　これらの方々の支えを得て、恵まれた立場にいることを、つねに自省し、
たゆまず勉強していかなければならないと感じている。

2004 年秋　著者

増補論文： 原発立地自治体の連続と変容

※『現代思想』vol.41(3)pp.234-245 (2013 年 3 月) への掲載論文を一部修正のうえ再録

3.11 から一年ほどの間、「原子力ムラ」と称されるようになった複合体に対峙する報道や論文は当惑するほど大量に出版された。地味に原発立地点の調査を続けてきた者として自明だと思っていたことが、世間にとって新しい発見なのだと驚くことが多かった。それとともに、問題が次第に「中央化」され「文学化」されることにも違和感を覚えていた。

ともあれ本稿は立地点から発想する。筆者は地域社会に生きる人々の幸せを常に議論の立脚点にしている。地域社会における構造化された問題を解きほぐさない限り、最終的な答えは見つからないと考えている (中澤 2012a も参照)。核心は「雇用を失ってまで原発を拒むのか」という選択を迫られている、かのように思いこまされている認識枠組みであり、立地自治体に暮らす人々は時間が積み重なる中でこの認識枠組みを内面化している。社会学者の舩橋晴俊はこのような状態を「構造化された選択肢」と呼ぶ。政治学的に言えば、これは権力の作用の仕方として最も洗練された「三次元的権力」(S. Lukes) に他ならない (2 節で詳述)。

若干、筆者の自己紹介させていただく。地域社会学という学問分野の片隅で、原発立地自治体をめぐる調査研究を続けてきた (中澤 2005 ほか)。『現代思想』2011 年 10 月号に掲載された成元哲氏の論考「巻原発住民投票運動の予言」のバックデータを提供した新潟県巻町 (当時) フィールドワークは、成氏・似田貝香門東大名誉教授・筆者の共同研究として 1996 年 3 月に開始された。それから 15 年以上、中断を挟みながらも巻・柏崎で折々に話を聞き、3.11 後には他の立地自治体にも知り合いができた。このような筆者の立ち位置に着目して「3.11 から 2 年後の立地自治体における問題構造」の報告を依頼さ

れたのが本稿である。

　原発立地自治体に密着した報告をものした優れた書き手は多くいる（ごく一例として、小林 1983; 恩田 1991; 山秋 2007 など）──しかし 3.11 後にも、残念ながら必ずしも注目されていない──なかで拙稿に何ができるか？原発問題が都会の話題としては忌避されてきた 1990 年代から関心を持ち、比較的長い時間軸で変化をモニターできるという意味で、若干の貢献が可能かも知れないと思って本稿執筆を引き受けた（もう一つ引き受けた理由は、上記のような優れた立地自治体調査が知られていないことに、口惜しい思いをしていたから）。3.11 から一年経過した時点での筆者の理論的なまとめは（中澤 2012a）にて行ったが、本稿はより事例に寄り添った形で立地自治体における連続（3.11 前後で変わらない部分）と変容（3.11 によって変わった部分）とを整理した上で、問題を解きほぐす上でどんなコンセプトが必要なのか論じたい。

1　原発立地自治体の変容

　日本に 17 か所ある原発立地点、数か所ある計画点、10 数か所ある立地断念点、1 か所の再処理施設立地点のうち、筆者が直接に関係者の声を聞いているのは 2 〜 3 か所に過ぎない。そのような限定された視野からではあるが、原発関連立地自治体が二分されてきている印象を筆者は持っている。巷間言われるように立地自治体はそもそも過疎に悩むところが多いのだが、その中でも相対的に「豊か」で一定の地域資源を持つ立地点は、ポスト原発へと舵を切りつつある。しかし雇用・財政等の面から完全に原発に依存した構造を持つ場所──相双がもはや原発を考えられなくなった今では、若狭湾沿岸・川内・東通などが該当する──では、舵を切れないまま既存の原発依存構造が持続している。筆者はたまたま、前者のタイプの立地点に関係を持っているので[1]、以下の記述は立地点における「変容」が主題となるが、このような転換を展望しにくい立地点も多いことを、最初に強調しておく。

1. 巻町における「ついてしまった勝負」

　新潟県巻原子力発電所計画は、2003年末に白紙撤回された。1969年の計画表面化から数えて足かけ34年である。この正式撤回にとって決定的なファクターになったのは、1996年8月に実施された原発計画の賛否を問う住民投票であった。その担い手となった「住民投票を実行する会」の革新的な点は先述の成（2011）において議論されているが、既存の原発反対派（巻町においては社共両党に加えて、政党色を持たない反原発住民運動も長い歴史を持つ）とは距離をおいて、住民を信頼し「住民投票」という新しい手法を訴え続けたことがポイントだった。

　住民投票に至る議論の場においては原発の安全性と地域振興とが天秤にかけられるお馴染みの議論が繰り返されたのも事実だ。1996年8月に実施された投票まで非常に多くのビラが全戸に折り込まれ、その時点で日本の原発推進・反対両派が持っていた情報・知見は狭い町内に徹底的に流通した。6割対4割という票数で原発反対の意思が示された後も、推進派は住民投票結果を脇に置いて計画再開を模索し続けたのだが、炉心近くにあった町有地が住民投票結果尊重派に売却され、その売却手法を違法として提訴した裁判でも敗訴して万事休すとなった。提訴却下という最高裁判断が示されたのと同日、地元新聞の新潟日報は「巻原発計画白紙撤回へ」と報道した。

　この最終決着からも10年が経過し、当時巻町の現場にいたジャーナリストたちも会社の幹部クラスになり、また地元で推進・反対両派の先頭に立っていた何人かは鬼籍に入った。したがって福島第一事故のあとも、巻町に注目する人は少ない。私が2011年9月に巻町を訪問した際にも、地元の人々は淡々としており「あまり語ることもない」というスタンスだった。「時々は取材も申し込まれるが、あまりお会いしないようにしています」とキーパーソンたちは言っていた。3.11後に世論が左右に激しく振れている情勢の中で、自分たちの発言が切り取られて一人歩きすることを懼れているようだった。巻は1996年当時にも、外部から文脈を理解しにくい町であったから、その懸念は私にもよく分かる。東京で理解されている理屈と、巻町の現場で聞き取る理屈とは、常に齟齬していた。現場の空気や時間の積み重ねの中でしか

言葉の真のメッセージは理解できないのだと痛感する場面が多かった。この経験こそ、現在の私の研究姿勢のバックボーンになっている。

　私は当時を知る数少ないインタビュアーとして、重い口を開いてもらった。町内で原発推進派の立場をとり続けた石田三夫氏（民間の推進団体であった「原子力懇談会」の会長を永く務めた）は次のように率直に語る。「たまに俺［が原発推進派の元締であったということ］を分からん人は、『巻、良かったね』［原発を拒否しておいて何よりだった］と［声を］掛けてくる。一昨日も、土曜日の日も、［新潟県］燕［市］でそういう声掛けられて来たんだけど、まあそれはそれで良いと。ただ、［中略］やっぱザマアミロみたいな言い方をする人がいるけど、それは俺間違ってると思ってる。あの当時は［推進派も反対派も］それぞれお互いが正しいと思ってやったこと」（［　］内は筆者による補足、インタビューは 2011 年 9 月）。このように、一言でいうと「過去のこと」「ついてしまった勝負」として原発を捉えているのが巻あるいは新潟市の現状である。「やっぱり原発を誘致しておけば良かった」という人は当時の推進派を含めて、誰もいない。

　1996 年当時には、「原発を誘致せず交付金がもたらされないとしたら、元手もないのに、街づくりをどう進めようというのか」という議論がくり返し出てきた。そして原発を拒否する人々に対しては「街づくりのビジョンを示せ、山と海だけでは飯が食えない」という言説が繰り出された。原発立地の可能性が薄らいでいくと見えた 21 世紀初頭に、原発推進派町議たちがそのまま市町村合併推進派になったのには、だから構造的背景があったと言える。外部依存的な思考法ということだ。大きな資本をどこかから導入して、ハードやイベントを導火線としたビッグ・ビジネスを展開しようという発想だ。これに対して、住民投票尊重派は、新潟市のベッドタウン・日帰り観光都市としてのイメージを提示はしたものの、「具体的なまちづくり論議になると、財源問題が蒸し返されてやはり原発が必要という話になる」[2] ために、まちづくりの論点に深入りすることはなかった。ここにも「構造化された選択肢」「二者択一の認識枠組み」が登場することが分かる。

　原発問題が撤回という結果に終わるのと平行する形で、大きな財源に縋り

たい巻町議会は新潟市との合併を決定し、2005年をもって新潟市に編入されている。合併推進派は町立病院赤字問題を始め、諸課題を大・新潟市に依存して解決することを狙ったのである。これも町の世論を二分する選択であったが、「このまま合併しなければ、巻町のみが取り残される」というロジックが使われた（西蒲原郡の他の町村は既に合併を決めていた）。原発反対かつ合併反対派と見られていた町長選挙候補者（高島敦子氏）が2004年1月の選挙で敗北したことで、巻でも合併路線が事実上決まったのだが、選挙直前の2003年12月に原発白紙撤回が発表されていなければ結果は異なっていただろうと言われている。政治とはこういうものである。

　数年経過してみると、合併という選択は推進派当事者にとっても不本意なものに終わった。石田三夫氏は印刷会社（北洋印刷株式会社）の経営者でもあるが、合併によって自治体関係の仕事が激減したという。西蒲原郡（巻町はその中心だった）時代であれば、町村役場が北洋印刷に発注したはずの仕事が、新潟市に併合されてからは遠く離れた市中心部の有力業者に行ってしまう。「私の所自身もこの新潟市との合併で大打撃っていうか、要は官の仕事が極端に減ってきているんだよね。まあ会社を維持するのに四苦八苦している」「仕事が現実に減っていながら、政令指定都市になったことで、事業所税っていう新しい税が掛かってきてるわけ」。しかし「俺たちまた離れて分家するなんてわけにもいかんでしょ」（筆者注：市町村合併のあと、合併行為を元に戻すことは地方自治法上きわめて困難である）と諦めたように語った[3]。

　このように見てくると、1996年から2003年にかけて住民投票派（反原発・反合併派）が主張していたことは、基本的に正しかった。しかし、そのことに勝ち誇る人はおらず、原発反対・合併反対の側にいた商人たちも、商売の規模を縮小せざるを得ず苦労している。もちろん推進派エンドで責任をとる主体も不在である（そもそも推進派のキーパーソンのほとんどは亡くなっている。当時を語れるのは石田氏くらいになってしまった）。旧巻町では得をした人は誰もいない。原発設置というリスクは回避したが、誰一人「勝った」とは言えない。国策とは、それを必死で回避することだけで小さな町の賢人たちが一生を費やしてしまうほど、巨大な存在なのである。

増補論文：原発立地自治体の連続と変容　281

巻町住民投票が示した先見性は、外部の人間が発掘し伝承しなければならない。本稿で論じきることは出来ないが、その一端は3節において「リスク文化」というキーワードによって表現したい。

2. 柏崎市における原発依存度低下

　会田洋・柏崎市長(当時)自身が「全国で一番推進反対の歴史が激しかった場所」と表現する柏崎では、計画表面化以降、40年以上にわたって激しい対立が続いてきた。これは福島第一・第二原発の地元には見られない状況であり、新潟では原子炉が営業運転を始めたあとも反対派が、いわば安全性のチェック機能を果たしてきた部分がある。2003年には推進・反対の両方の立場の団体が代表を推薦する「柏崎刈羽原発の透明性を確保する地域の会」が発足してチェック機能を補完している。これも3節につながる論点である。

　7基の原子炉を持つ柏崎刈羽原発に由来する固定資産税・核燃料税・電源三法交付金等を享受する市財政は、1990年代のピーク時には歳入の35%近くを原発関連に依存していた。しかし、今や財政依存度は15%にまで低下しており、会田市長は原発再稼働を「財政的な観点から判断することはありません」と断言する。「まずは安全性がしっかり確認できるかどうかの一点にかかっていますし、それを市民の皆さんへの説明会とかね、国に責任を持ってやってもらう必要があります」[4]。さらに、長期的には原発のない柏崎への道筋を探るのが彼の基本スタンスである。「今原発が止まっていますけれども、このままの状態でいくということは地域の経済産業が壊滅的な状態になりかねない。まずは安全をしっかり当面確保し、そして地域の経済・産業・雇用を守らなきゃいけないということが当面課題だと。ただ中長期的に見れば国のエネルギー政策も示されますけど、いつまでも原発に頼っているわけにはいかない」。市長の発言は分かりにくく煮え切らないと感じる読者もいるだろう。2012年11月に辛くも三選[5]された会田市長は市内世論の構図を見ながら上記のような発言をしていると推測され、市内で推進反対が二分される基本構図は3.11前と変わっていないことが分かる。例えば柏崎市商工会議所は現在でも原発再稼働推進の立場である。「地域振興・雇用をと

るのか、リスク回避か」という二者択一構造は消えていない。

　だから地元の反対派からは歯がゆさも聞かれる。たとえば武本和幸氏は、新潟大学を卒業直後の 1970 年代前半から柏崎沖の断層及び軟弱地盤の存在を指摘していて、その指摘の正しさは中越沖地震 (2007) で実証された[6]のみならず、柏崎市民は福島第一原発事故を通じて地震による最悪のシナリオを見せつけられることになった。にもかかわらず、武本が正しかったという声は市民の間に高まらない。武本氏は 3.11 直後の 4 月に実施された県議会議員選挙に立候補したが落選した。その直後の市議会議員選挙についても、原発反対派市議の矢部忠夫は次のように述べる。「[2011 年 6 月に]市議会の選挙があったわけですが、今回 30 人の定員を 26 人に変えて、選挙があったわけです。これまで原発の事を言わなかった候補者も、すこし原発のことに触れましたが、あまり正面から原発に切り込んだ候補者はいなかったんですね。私たちの会派の中と、もう 2 ～ 3 人。やっぱり原発問題だけが市議会議員を選択する柱ではないというような、ある意味で当たり前の話ですが、その中でですね、やっぱり目立った変化がなかった」。逆に原発推進の立場をとり続けてきた人はどうか。品田庄一氏 (品田商会社長) は、2011 年の「3 月いっぱいはぼうっとしていた。原子力安全というものに洗脳されていたのかという気持ちが出てきた。最後の砦が溶け落ちるなんて予想もしなかった」し、東電に対しては「30 数年間かかわってきた人間として裏切られた気持ち」を持ったという。それでも現在では国のエネルギー需給状況や、作られる電力の質を考えたときに原発は必要というスタンスを崩していない。「3.11 以降、脱原発派という人がいっぱい出てきて、今の空気の中でいろんなことを言っているが、それは危険なことだ」。こうして推進・反対両派は上記「柏崎刈羽原発の透明性を確保する市民の会」に仲間を送り込み続けている[7]。

　このように見ると、柏崎立地点での問題構造は何も変わっていないように見える。しかし、15 年間観察してきた者からすると、不可逆点を超えて状況が変わっている微候を至るところに読み取れる。まず、地元推進派においてすら、国や事業者に対する信頼が崩れ去っている。今回品田氏は「原子力ムラ」という表現を躊躇いなく口にして事業者・官僚を批判した。「1998 年

頃にインタビューしたときには、国の官僚が信頼できるとおっしゃっていましたが…」と私が質問すると「あのとき私は若かったね」と答えた。したがって、品田氏が原発を支持する根拠は、一国民としてエネルギー政策全体を考慮した結果であり、柏崎にとっての地域振興という論点は後景に退いている。

　このように、推進を支えるロジックが変わった背景には世代交代の影響もある。原子炉誘致を決めた責任者世代の人々は殆ど鬼籍に入るか引退した。品田氏は40歳代にしてエネルギーフォーラムという民間原発推進団体の会長となり、1990年代当時には世代交代の象徴的な人物であった。柏崎市商工会議所会頭もごく最近、伸線機メーカーの社長である西川正男氏 (56歳) に代わった。(株) サイカワは伸線機 (様々な材質の金属線を細線へと圧延する機械) 分野、なかでもボンディングワイヤーと呼ばれる半導体用細線分野では世界シェアを独占しており (関 2001)、補助金に頼らず世界で戦っていける企業である。会頭としては異例の若さであるが、このような独立独歩 (柏崎では数少ない自社一貫生産) の企業をリーダーにしなければ柏崎経済は持たないという危機感のあらわれでもある。西川会頭に「旧産炭地で閉山後の地域振興策について国が長いこと面倒を見たのと同様に、原発立地自治体としても国に面倒を見てもらう仕組みが必要ではないでしょうか」と質問をぶつけると、「これまでは右肩上がりだったが、2011年3月11日のあとには突然右肩下がりという現実を突きつけられ、これまで柏崎が国のエネルギー政策に貢献してきたのに、突然放り出されては困ると思っています」と答えた[8]。慎重な発言であるが、先述の市長発言と同様に、中長期的には原発に依存しなくてもよい構造を柏崎市が展望しはじめている徴候とも読み取れる。私が1990年代に柏崎市を歩いているときには、権力構造を構成する人々から「ポスト原発」の可能性を窺わせる発言を聞くことは、想像だに出来なかった。その意味で柏崎では二者択一の問題構造が融解しはじめている。

　しかし、このように不可逆点を超えた立地自治体は、なお少数派である。福井県おおい町のように議会で再稼働容認を決定したサイト、あるいは議決に至らなくても再稼働を熱望しているサイトは多い。筆者は、おおい町議のA氏に最近お会いして「どこかで舵を切らねばならないとは思っているが、

新しい地域産業の展望が見えないなかで、なかなか踏ん切りがつかない現状だ」という趣旨の話を伺った。踏ん切りをつけ始めた新潟とは異なり、「二者択一」の構造化された選択肢は溶けだす兆しがない。なぜなのか、次節で「主体化」というキーワードを使って問題構造に迫りたい。

2　三次元的権力による構造化・主体化

　解きほぐすべき問題の焦点として、「構造化された選択肢」あるいは「二者択一しかないように思いこまされる認識枠組み」という言い方をしてきた。「地域振興・雇用かリスク回避か」という二者択一の選択肢が否応なく個々人に迫ってくる状態である。それ以外の選択肢は用意されていない（ように見える）。すると既成の地域社会構造の中で暮らす人は、たいていの場合「雇用」を選ぶ。さらに一歩進んで、巻町の石田三夫のように、国に代わって推進の旗を振って他の住民に二者択一を迫る地元リーダーも出てくる。巻町に限らず、たいていの立地点には、このように国の代理人となる推進派が出てくるものだ。どうして、時間の積み重ねの中で、認識枠組みが固定されるのだろうか。あるいは国の代理人が登場するのだろうか。

　違う事例を出してみると分かりやすい。民主党政権 4 年間の失政の象徴ともなった「八ッ場ダム」の事例だ。群馬県吾妻郡長野原町に建設中の八ッ場ダムの総工費は約 5 千億円、1967 年の正式計画発表から 42 年を経てなお「建設中」、その間に当初想定されていた治水・利水需要は満たされ、必要性が薄れているのではないかと問題提起されてきた。民主党は野党時代からこのダムを「ムダな公共事業」の典型として問題視しており、前原誠司は 2009 年 9 月の国土交通大臣就任直後に「マニフェストに書いてありますから事業を中止します」と述べた。

　しかし地元の事情を知らない人々にとって驚きだったのは、地元の首長や議員、水没地区住民で構成する「八ッ場ダム水没関係 5 地区連合対策委員会」委員長といった人々が、この「建設中止」方針を歓迎するどころか、「発言を撤回し、もとの計画通りダムを建設してほしい」と大臣に迫ったことだった。

増補論文：原発立地自治体の連続と変容　285

もともと地元ではダム反対運動の方が優勢だったが、世代交代などを経るなかで条件つき賛成派が次第に優勢になった経緯がある。町と町議会も受け入れに転じ、昭和62年に正式に準備調査受け入れが決定した。地元は賛成派と反対派に分断され、深刻な対立が世代を越えて継続してきた。計画主体の建設省 - 国土交通省は、優柔不断な対応をしたり、約束を反故にしたりということを繰り返し、この分断に加担した（萩原1996）[9]。

　2009年10月10日放送のNHK総合『追跡！ A to Z』では当事者の現在進行形の声を伝えた。父親とともに反対運動を続けてきたものの自分自身は途中で「もう建設を受け入れるしかないのかな」と思い始めたという、ある旅館経営者は反対を貫く父親と衝突し疎遠になっていく。父親の死後、旅館の水没・移転を所与のこととして、新しい建物の建設プランを練っていたという。番組中、この経営者はインタビューに応じて「故郷が水没を免れて、計画撤回を本当は喜ぶべき人々が、喜べないというのは、ひとつの悲劇なんでしょうね」と述べた。この「悲劇」の背景に、「権力」の作用を見て取ることができる。42年間、この地にダムを造るのだという国の意志は固く、日本列島を見渡しても類似の事例には事欠かず、人々はやがてダムはできるのだと観念せざるを得なかった。水没する長野原町の川原湯地区などでは、したがって次第に「ダムができる」前提で新しい生活設計を立てて行く人々が増えていく。これらの人々が最終的にはダム計画を推進し事業者を叱咤激励するような「主体」（subject）となって、「建設中止反対」を叫んだと理解される。

　よく知られているようにM. ウェーバーによれば権力とは、「或る社会関係の内部で抵抗を排してまで自己の意志を貫徹するすべての可能性」（Weber 1922=1972: 86）である。このように他人をその本来の意思に反して動かすとき、暴力や威嚇・脅迫あるいは高額報酬などのあからさまな「アメとムチ」を使うよりも、相手方がむしろ自分から動き出し、権力者が望む行為の担い手になるよう、お膳立てをするほうが効果的で長続きする。露骨な権力を行使された被治者には、自分の心の声に逆らった良心の呵責や、そこまで行かなくても無力感・不信感・反撥などが生まれるからだ。このとき被治者はやがて権力者に逆らうかも知れないし、少なくとも積極的に権力者が望む方向に動

いてはくれない。それに対して、ダム計画推進へと地元住民を態度変容させた旧建設省は高次な権力行使を行ってきたことが分かる。このように、権力者が望む方向に人々の選好自体を変化させてしまうという密やかな権力行使のことを、S. Lukes は「三次元的権力」と呼んだ (Lukes 1974=1995)。あからさまなアメとムチが一次元的権力だとすれば、争点ずらしや議題化回避のように「決定を表面化させない」権力行使が二次元的権力である。三次元的権力はもっと巧妙で高次的なわけで、これこそ日本の官僚支配を支えてきた秘訣だと思う。

　そもそも英語の subject という語には「主語」「主体」という意味とともに、「服属」「臣民」という正反対に見える意味がある。subject という言葉自体に、自律的な意思を持つはずの主体が、いつのまにか誰かに従属する意思を内面化するという過程が埋め込まれているのだ (Butler, 1997)。いったん subject になった住民は、権力意思を自ら推進してくれるので、節目節目でアメとムチを行使したりする面倒はなくなるし、万事につけ話が早くなる。社会学者の町村敬志は、このように地域住民が開発計画を自分のなかで納得し、国家意思の代理人として計画推進を訴えるようになる現象を開発の「主体化」(subjection) と呼んでいる (町村 1996)。こうして八ッ場では、ダム建設を「主体化」した人々こそが、「計画撤回」を打ち出した前原誠司大臣に抗議したのである。親子や地域の人間関係を壊し「開発を主体化」して一生に近い時間が費やされたあげく、梯子を外されたからである。民主党政権の対応は混迷し、最終的には建設へと再度舵を切った。「開発の主体化」という事態を理解せず、あまりにも表面的に対応した結果である。

　「踏ん切りがつかない」ままでいる、各立地点の原発推進派もまた「開発の主体化」に巻き込まれている[10]、というのが本節で言いたいことだ。背後に働く三次元的権力を理解せず、立地点の人々だけを非難しても話は始まらないし、「主体化」に巻き込まれた人々が自ら舵を切るのも容易でないと分かる。舵を切るために必要なことは何か。第一に三次元的権力行使と時間の積み重ねの中で「当然視」されるようになった認識枠組み＝リスク文化を見直すこと、第二に「原発がなくてもやっていけるのか」という恐怖心を克服するだけの

増補論文：原発立地自治体の連続と変容　287

まちづくりの材料を示すこと、である。

3　リスク文化とまちづくり

　柏崎の矢部忠夫は語る。「他の原発の人たちと交流をしたときに、少なくとも世界最大の原発基地が稼働して 20 年もたつ、そういう中においてもなお地元でね、そこそこの反対運動があるっていうことがやっぱり誇ることなんだろうなと、いうような言い方をしてきました」。矢部らの運動は孤立しがちではあったが、原子炉にトラブルが発生するたびに、しばしば内部告発情報も踏まえながら東電に原因究明を申し入れる行動をとってきた。地元新聞紙上でも、これら「反原発三団体」の活動は報じられ続けてきた。2002 年に発覚した東電自主点検記録改ざん事件[11]を典型として、何らかの問題が表面化すると、全号機運転停止といった厳しい対応がとられる土壌になっている。同様に巻町では住民運動が 30 年間以上にわたり、原子力発電所が抱えるリスクについて多くの情報を流通させてきた。「私の原発反対の最も根源にあるのは『大事故の危険』なんです」「もちろん確率はものすごく低いということは当たり前なんですが」という巻町の高島民雄（住民投票運動の知恵袋的存在だった）の発言を成元哲は「リスク社会の到来を告げる」予言として理解したが（成 1998）、この予言は不幸にも的中してしまった。

　私が 1999 年当時に柏崎刈羽原子力発電所広報部を訪ねた時のことを思い出す。東電の担当者は「地元の農家のおばちゃんたちに何気なく聞いてみると、『原発いつ爆発するか分かんねえ。おっかねえ』なんて言われるんですよ」と嘆いていた。地元民の「素朴すぎる」反応は原子炉のイロハも理解していない素人の発言と嘲笑され、啓蒙の対象でしかなかった。教科書通りに原子力工学を教わった東電社員には、水素爆発のシナリオなど想像も出来なかったのである。3.11 直後、原子力安全委員会の斑目春樹委員長もまた「水素爆発は起きません」と当時の菅直人首相に断言していたことが各種の事故調査委員会報告で明らかになっている[12]。こうして、専門科学を勉強したはずの東電社員よりも原子力安全委員長よりも、農家のおばちゃんの直感の方

が正しかったというのが、じつに福島第一原発事故が示した悪夢である。社会的合理性を嘲笑してきた科学的合理性が復讐を受ける。このことを多少の専門用語を使って言い直すならば、自然からかかる外力が、工学システムが想定していた設定閾値を超えたときに、工学がコントロールできない大災害が生まれる（被害が指数関数的に巨大化する）。これは災害科学の基本前提であり、原子炉であれ津波防潮堤であれメカニズムは同じだ。しかし原子力工学者や原子力ムラの運営者たちがこのような勉強をした形跡はなく（日本におけるテクノロジー蛸壺化の一例である）、中越沖地震後に明らかになったように、活断層の評価についても変動地形学の成果を無視してきた（新潟日報特別取材班 2009: 94）。

　福島第一原発の地元である相双郡では原発という夢と人々が共存していたと開沼博は論じている。「原子力はムラを変貌させながらムラに成長の『夢』を見せ続けていた」（開沼 2011: 281 頁）。原発と共存するなかでリスク感覚は極小化されてきた。例えば「東京の人は普段は何にも関心がないのに、なんかあるとすぐ危ない危ないって大騒ぎするんだから。一番落ち着いているのは地元の私たちですから。ほっといてくださいって思います」（ibid: 373）という3.11 以前の富岡町民の発言から、リスクをめぐる想像力のあり様や情報流通の仕方が、新潟と福島とでは相当異なっていた印象を受ける。今となってみると、新潟が保持してきたリスクの感覚や、リスクを回避するための政治・組織・運動の組み立てに学ぶ必要があったことは、少なくない割合の相双住民が感じているのではないか。リスクをめぐる知識や経験、行動・組織・政策といったものの総体は討論や教訓を踏まえながら一つの文化・集合知として成熟していくものであり（津波からの避難行動のように）、リスクを高等数学のみで断言するのも個人の感覚のみに依拠して判断するのも、どちらも盲目的である。

　もう一つ、原発という産業を失ったときのまちづくりをどう考えるか。現実に柏崎市経済・財政が原発への依存度を低めていることを改めて指摘したい。さらに、いまや柏崎市と合併した旧高柳町という過疎地が、条件不利に悩む多くの立地自治体にとって格好のモデルを提供している。高柳町時代は、

増補論文：原発立地自治体の連続と変容　289

柏崎市隣接自治体として電源立地促進対策交付金も得ていたが、この町は柏崎に比べて1桁少ない額の交付金を有効に使い、「住んでよし訪れてよしの町づくり」という魅力的な理念を掲げて居住人口の百倍の交流人口を受け入れてきた（2004年時点で人口2313人の町に、同年には年間26万近くの客がやってきた）。スタート時点でやったことは、ソフトウェア事業であった。町の特徴とは何か、どのような道を選択すればよいのか考えるため、「ふるさと開発協議会」という住民組織を作り1988年からの2年間で200回の視察と会合を行ったという。視察のために千万円単位の予算を組み、茅葺き屋根の民家を改装して宿泊施設とし、1991年からは4年かけて温泉つきの中核宿泊施設「じょんのび村」を建築した（予算は町主体分で40億円）[13]。高柳町が行ったハードウェア面の新規投資は、基本的にこの「じょんのび村」1件だけである。多くの原発立地自治体が過剰なまでに行っている公共事業と比較したとき、この程度のハードでまちづくりが可能なのか、関係者は不思議に感じるだろう。しかし理念が確立され、住民が真に学び動き出すのなら、大きな成果がついてくることを高柳は実証した[14]。

　まとめよう。あらゆる歴史記述において、大事件をまたいだ連続性と断絶性をどのように判定するかが論議の的となる。ポスト3.11という事態が真に到来したのかどうかも、現時点では確定していないと言ってよかろう。本稿においては、断絶を観察しやすい新潟立地点の現状を報告するとともに、転換を展望できない立地点も多いことに注意を促した。後者のような立地点が「構造化された選択肢」しか想定できない「開発の主体化」状況から脱するためには、リスク文化の組み立て直しから始めねばならない。それとともに、高柳ほど先進的でなくても原発なしで十分やっている普通の町村の努力に学び、投資の質量を見直して行かねば未来はない。昭和初期のまちづくりの先駆者、三澤勝衛は「自然・風土に優劣なし」と言った[15]。足下を見つめ学習することで道は開けるのだと、先人・賢人は教えてくれる。

[注]
　1　なお、以下の記述で中心的に扱う新潟県巻町（現在は新潟市西蒲区の一部と

なっている）には 2011 年 9 月に、柏崎市には 2012 年 9 月に訪問して、2004 年までに頻繁にお話を伺った方々に、改めてご意見を聞いている。巻町調査については中澤の単独インタビューである。柏崎調査については、共同インタビューであり初出の際に注において詳細を記す。

2　「住民投票を実行する会」の田畑護人氏の発言、2000 年（本書第 6 章）。

3　これらの発言も先述のように 2011 年 9 月に聞き取ったものである。

4　2012 年 9 月 12 日、市長室における会田洋市長への独自インタビューによる。なお、この際同席したのは中央大学学部生の大澤将成君と船木大路君である。両君にはインタビュー起こしを担当してもらった。本節に引用した矢部氏・品田氏のインタビューについても同時期に行われたものであり、両君が同席している。

5　2012 年 11 月 18 日執行の柏崎市長選挙は、会田洋 26734 票対西川孝純 20968 票という結果で、会田氏が三選された。破れた西川氏は、前の市長である西川正純氏の実弟である。

6　断層問題と言われ、これを検討するために小林治助・柏崎市長（1974 年当時）が立地手続を一時ストップしたこともある。建設された柏崎刈羽原子力発電所では直下岩盤の揺れ加速度の設計用限界地震動（「およそ原発の稼働中には起こり得ない万が一を想定して定める地震動」S2）を 450 ガルと設定した。しかし 2007 年の中越沖地震で観測された 1 号機建屋基礎板上の加速度は 680 ガル、推定解放基盤表面での加速度は 1699 ガルとされている（柏崎市『原子力発電その経過と概要』平成 24 年 3 月）。細かいようであるが、佐藤・矢部編（2012: 109）では 1699 ガルという数値が引用される一方、新潟日報等の報道では 680 ガルの方が引用されている（新潟日報特別取材班 2009: 48）。

7　ちなみに品田氏は、信念を持って反対を続けている矢部・武本両氏を「尊敬している」と言う。このような発言は東京人には理解しづらいだろうが、地域社会という共同の船に乗っている背景があってのことだ。逆に武本和幸氏は、原発誘致の責任者だった故・小林治助市長について、「私心のない人」として信頼していたと言っている。このように、分断のように見えて決定的な分断ではない状況こそ、地域社会が変化する可能性を担保する。

8　2012 年 9 月 14 日、サイカワ社内での会頭への独自インタビューによる。なお、この際同席したのは中央大学学部生の内藤拓真君である。

9　本書は反対派が執筆したものではなく、ダム計画実現のために奔走した地元有力者の回想の書である。その萩原氏の総括は次の通りである。「八ッ場ダムの長い歴史を振り返ってみるとき、政府が決定したダム建設は、その場所に住民が居住していることなど寸分も考えないで通告されるのが通例である。こうして

弱い住民はいつしか生殺しの運命に置かれる」「国家は表面上ダムを強制しない。われわれを大きな力で取り巻いて、住民の疲れるのを待っている」(123)。

10　同趣旨の主張として、開沼博は「地方は原子力を通じて自発的かつ自動的な服従を見せ、今日に至っている」(2011: 358)という。

11　2002年8月29日に原子力安全保安院および東京電力により公表された不正申告案件。その後の調査で、たとえばシュラウドにひびの兆候を発見したにもかかわらず「異常なし」と記録されるなど、複数の不適切な案件が確認された。これにより7つの原子炉は点検補修のため全基停止となり、東京電力は柏崎刈羽なしで翌夏の電力需要を乗り切らねばならなかった。

12　「福島原発事故独立検証委員会」の報告書を引用すれば次の通りである。(3月12日に原発に向かうヘリコプターの中で)「一問一答の形で会話が交わされるが、そのなかの一つが『水素爆発は起こるのか』だった。斑目委員長は『格納容器のなかでは窒素で全部置換されていて酸素がないから爆発はしない』と答えた」(79)。

13　建設費等のデータは、柏崎市高柳町事務所から提供された「旧高柳町の概要」による。なお高柳町のソフト・ハード両面の事業費は電源立地促進対策交付金のみで実施されたわけではなく、さまざまな補助金・自主財源を組み合わせて実施されている。高柳町に1978〜1996年に交付された電源立地促進対策交付金は、累積で17億5100万円であり、同時期の柏崎市への累積交付額231億円と比較すると1桁少ない(柏崎市『原子力発電その経過と概要』平成24年3月発行、による)。

14　高柳町の取り組みについては中澤(2012b)でも別の角度から説明している。

15　『三澤勝衛著作集第3巻　風土産業』農山漁村文化協会、2008年、26頁。

文献

Butler, Judith, 1997, *The Psychic Life of Power: Theories in Subjection*, Stanford University Press.

開沼博　2011『フクシマ論：原子力ムラはなぜ生まれたのか』青土社。

Lukes, Steven, 1974, *Power: A Radical View*, Macmillan =1995 中島吉弘訳『現代権力論批判』未来社。

萩原好夫　1996『八ッ場ダムの闘い』岩波書店。

小林伸雄　1983『ドキュメント　巻町に原発が来た』朝日新聞社。

町村敬志　2006『開発の時間　開発の空間』東京大学出版会。

中澤秀雄　2012a「ポスト3.11(災間期)の社会運動と地域社会の再生」『大原社会問題研究所雑誌』647・648号(2012年9・10月号)。

中澤秀雄　2012b「地方と中央」小熊英二ほか著『平成史』河出書房新社。

福島原発事故独立検証委員会　2012『福島原発事故独立検証委員会調査・検証報告

書』ディスカヴァー・トゥエンティワン。

新潟日報特別取材班　2009『原発と地震：柏崎刈羽「震度7」の警告』講談社。

恩田勝亘　1991『原発に子孫の命は売れない：舛倉隆と棚塩原発反対同盟23年の闘い』七つ森書館。

佐藤和良・矢部忠夫編　2012『東電原発犯罪：新潟・福島からの告発』創史社。

関満博　2001「伸線機で新市場を切り開く四代目」『日経ベンチャー』2001年11月号。

成元哲　1998「『リスク社会』の到来を告げる住民投票運動」『環境社会学研究』第四号。

成元哲　2011「巻原発住民投票運動の予言」『現代思想』2011年10月号。

Weber, Max, 1922, "Soziologische Grundbegriffe" *Wirtschaft und Gesellschaft,* J.C.B.Mohr ＝1972 清水幾太郎訳『社会学の根本概念』岩波文庫。

山秋真　2007『ためされた地方自治：原発の代理戦争にゆれた能登半島・珠洲市民の13年』桂書房。

増補第2版へのあとがき

　十年一昔とはいうが、21世紀に入ってからの社会の変化速度は尋常でない。『加速する社会』(ハルトムート・ローザ)と指摘される通りである。初版脱稿から20年経過して、社会も私自身も、想像もしていなかった地点に到達していることに粛然とする。

　巻町住民投票や、それに連なる1990年代の根源的民主主義の試み(第十堰をめぐる徳島市の住民投票など)は、閉塞した政治に風穴をあけると確かに期待された。しかし、その後進行したのは大都市部において風を誘導し大衆の劣情を煽る政治だった。平成の市町村合併の影響もあり、根源的民主主義は息絶え絶えであると評価せざるを得ない。他方で中央政治においてスキャンダルは繰り返され、2009年の民主党への政権交代もかえって失望を呼んだ。2011年の東日本大震災と福島第一原発事故(3.11)を経て、強引なリーダーが待望される風潮が強まり「一強栄えて吏道滅ぶ」と俚言されたように官僚制も土台が揺らいでいるが、かといって自治体や民に権力移譲がされた訳ではない。国会においても市民社会においても議論のアリーナは空洞化し、相手の立場と論理に敬意を払うようなコンセンサスや公共性も失われた。金融緩和による時間稼ぎが行われ、「今だけ・カネだけ・自分だけ」のメンタリティが残った。2024年時点で目の前に広がっているのは、破壊され尽くした戦後日本型システムの残骸だが、新たな展望は容易に見いだせない。巻町の運動は、決してこのような社会を予言した訳ではなかった。柏崎も中央を信じなくなったが原発と付き合っていくしかない。政治社会学にとって困難なこの時代に、本書は意味を持つのだろうか？ それでも著者は、初版が描きだした「一人一人に向きあい、相手を尊重し議論する」世界が不変の解答だと考える。本書に登場するどの人も、考え抜いた論理を語り、異なった立場に立つ人であっても、人間として対面し相互に信頼するところがあった。喧嘩し泣き笑いし、靴底をすり減らした積み重ねが時代を動かしたのである。そ

して記憶を継承するために、若かった私に洗いざらいのことを語って下さった。語り継ぎという意味でも、本書を絶版のままにしておけなかった。

　3.11 を経て原子力発電というテーマが全くタブーではなくなったのは、本書にとって幸いな変化だった。2010 年代に陸続と出版された原発関連本によって情報は豊富になり、意識的に学ぶ人にとっては議論空間が刷新された。とはいえ、円安でエネルギー価格が高騰すると「原子力発電再稼働」という熟慮なきイメージに世論が支配される点は、21 世紀日本社会の短慮と受動的情報消費、および「今だけ・カネだけ・自分だけ」の風潮を裏書きする。1 次エネルギー供給に占める原子力の割合は、筆者が『環境社会学講座 2 地域社会はエネルギーとどう向き合ってきたのか』(2023 年、新泉社) に寄稿した第 2 章でグラフを示したように、過去のピーク時でも 1 割強に過ぎない。私たちは、「エネルギー = 電気(= 近代化)」という固定観念から自由になってエネルギー設計全体を見直さねばならない地点に居るのだ。ともあれ話を戻すと、タブーがなくなって原子力発電の立地プロセスや社会的意味を追究する研究者が多く輩出され、本書は若い世代に過去の経験を伝達する意味を持つようになった。私自身は以下に記述するように多忙になり、柏崎・巻のフォローアップ調査も本書に収録した補足論文時点 (2011-12 年) の各 1 回しか行っていない。しかし、柏崎でのフィールドワークをもとに上智大学で修士論文執筆中の山田龍之介君など若い世代に、本書の続きの記録を託せるものと思っている。なお、本書に登場した巻町の高島民雄氏も、ご自身で回顧録を出版されている (2016 年) ことを申し添える。

　さて私自身は 20 年間どう過ごしたか。新潟でのフィールドワークが一段落したのち、教員として最初の赴任先である札幌学院大学で社会調査資料の束に出会った。それは北海道大学の故・布施鉄治教授らのグループが、炭鉱が現役だった当時の夕張市で展開した徹底的な調査の個票や関連資料だった。それらを読み込み、夕張市にも通い始めた矢先の 2006 年、過剰債務により夕張市は国から倒産を宣言され (財政再生団体に認定)、2024 年の今でも債務返済中である。旧産炭地はどうしたら再生するのか？ という困難な追究課題を新たに抱えた訳だが、本書第 6 章でも論じた地域再生・まちづくりに通

じるテーマであったし、エネルギーと地域社会をめぐる問題系でもあるから、自分の中では自然な展開であった。この悩みを抱えたまま英国に渡って在外研究中に、ウェールズ Swansea University の炭鉱図書館・アーカイブを見いだして、日英産炭地の比較研究を始めた。帰国後、早稲田大学で常磐炭鉱研究を継続していた嶋﨑尚子らに出会い、2008 年から「産炭地研究会」を組織して、10 数名のチームで国内外の産炭地を飛び回るようになった。15 年間の成果として、例えば青弓社から『炭鉱と「日本の奇跡」』(2018 年)『台湾炭鉱の職場史』(2024 年) を出版し、夕張の労働組合幹部だった笠嶋一氏の日記を翻刻して御茶の水書房から刊行した (2022 年)。布施鉄治氏の夫人だった布施晶子先生は、札幌学院大学学長として産炭地研究会を理解・応援してくださったが、学長職の激務もあって 2011 年に亡くなった。

　教育・実践面では、中央大学赴任三年目に東日本大震災を経験し、震災翌春からボランティア学生を引率して気仙沼・三陸沿岸に通うようになった。2015 年には中大ボランティアセンターを設立して初代のセンター長となり (2021 年 3 月まで)、熊本地震 (2016) や西日本豪雨 (2018)、令和元年台風 19 号 (2019) の被災地にも通った。この展開も 2005 年当時の自分には想像もつかないことだったが、振り返れば 2011 年夏、指導教員 (といっても既に定年退職されていた) の似田貝香門先生に付いていって三陸沿岸を回り、自分の立ち位置から出来ることをしようと思い定めたのが始まりであった。災害社会学研究・ボランティア実践の関係でも多くの人との出会いや気づきがあった。他方、似田貝先生は闘病のすえ 2023 年に他界された。

　最後に私事にわたるが、本書には亡父との記憶も刻みこまれている。勉強が好きだったが家庭の事情で中学校卒業後、直ぐに働きはじめた父は、初版の刊行をことのほか喜び八重洲ブックセンターで 1 部を買い求めた (著者に印税は入らないのに)。先述のように出版後すぐ私は渡英したが、この不在のあいだ「息子が本を出したんです」と周囲に触れ回っていたらしい。私の Visiting Fellow 期間が終了しようとする 2007 年 7 月に地球の裏側から父危篤の連絡を受け、翌々日、何とか東京の病院に辿りついたが会話は出来なかった。結果として初版は、最後の親孝行になった。

こうして振り返ると、多くの方々との出会いと別れを刻み込みながら研究・教育・実践が展開するのだと痛感する。若い私に一期一会の緊張と豊かさとを教えてくれたのは、間違いなく巻・柏崎である。筆者を育てて下さった全ての方々と土地の力に感謝する。今後は、より若い世代に経験と記憶を伝えることを通じて、恩送りをしていきたい。

2024 年初夏　筆者

人名・地名索引 （アルファベット順）

阿部五郎治 ································ 113, 117
阿部熊一 ·································· 123
会田洋 ···································· 281
相坂功 ···························· 126, 127, 129, 152
秋元律郎 ·································· 28
秋田周 ································· 133, 136
荒浜（柏崎市） ························ 60, 65
アトランタ（Atlanta） ················ 27
Curtis, Gerald ···························· 37
江端一郎（町政、町長） ·········· 110, 114
遠藤正経 ·································· 117
遠藤寅男 ····························· 113, 120
福武直 ······························· 35, 59, 74
福山市（広島県） ······················ 38
舟橋晴俊 ·································· 276
古城利明 ·································· 21
五ヶ浜 ···························· 104, 113, 124
長谷川要一（町政、町長） ········· 118, 121
蓮見音彦 ·································· 35
羽入修吾 ·································· 90
平山征夫（知事） ·········· 95, 237, 239, 242
北国街道 ······························ 46, 47
五十嵐光一 ································ 148
五十嵐敬喜 ································ 69
飯塚正 ···································· 72
生田萬 ···································· 46
今井哲夫（助役、市政、市長） ······ 62, 64, 72,
　　　　　　　　　　　　　　171, 174
石田亦男 ·································· 209
石田三夫 ······················ 152, 228, 279, 284
石原慎太郎（知事） ···················· 96
石塚又造 ···················· 109, 142, 207, 240
開沼博 ···································· 288
角田山 ································· 104, 105
角海浜 ····························· 104, 112, 120
刈羽村（新潟県） ······················ 93
柏崎刈羽 ·································· 16

河治忠（町政、町長） ················· 109
菊池誠 ························ 130, 131, 223
君健男（知事） ····················· 112, 117
小林治助（助役、市政、市長）···· 49, 52, 58, 60,
　　　　　　　　　　64, 69, 71, 94, 171, 172
小林伸雄 ·································· 112
国道8号線 ······················· 46, 48, 83
小松甚太郎 ································ 57
近藤元次 ·································· 110
窪川町（高知県） ······················ 133
桑原正史 ······· 106, 129, 132, 133, 138, 178, 210
旧高柳町 ·································· 288
町村敬志 ·································· 286
松井琢磨 ·································· 57
松根宗一（会長） ··················· 57, 172
三根山（藩） ······························ 104
三澤勝衛 ·································· 289
御嵩町（岐阜県） ······················ 14
宮本憲一 ··························· 33, 74, 75
宮下弘治 ·································· 62
水倉庄六 ·································· 109
森元孝 ···································· 39
Muff, Chantal ···························· 200
村松治夫 ·································· 126
村松次一 ··························· 114, 117, 126
長野原町 ·································· 284
長野茂 ·············· 58, 61, 70, 72, 87, 171
長岡（藩） ································ 104
長洲一二 ·································· 22
内藤信寛 ······························ 83, 92
中村正紀 ·································· 138
中村昭三 ·································· 73
日蓮 ······································ 46
新潟市 ···················· 215, 218, 235, 236, 280
西川正男 ·································· 283
西川正純（市政、市長） ········· 73, 93, 95, 290
似田貝香門 ······················· 35, 39, 295

岡村貢 ……………………………… 47
沖縄県 ……………………………… 14
Oliver, Pamera E. ……………………… 203
おおい町 …………………………… 283
大越茂 ……………………………… 131
大沢喜一 …………………………… 204
大島秀一 …………………………… 109
大竹貫一 …………………………… 47
乙川靖衛 …………………………… 158
小沢辰男 …………………………… 109
六ヶ所村 (青森県) ………………… 88
良寛 ………………………………… 46
阪田源一 …………………………… 73
笹口孝明 (町政、町長) … 14, 106, 130-133, 135,
　　137, 144, 145, 150, 174, 218, 223, 228, 229, 239
佐々木虎三郎 ……………………… 104
佐藤完爾 (町政、町長) …… 121, 123, 133, 135,
　　137, 138, 140, 142, 172, 176, 199, 209, 223, 234
佐藤勇蔵 …………………………… 133
品田庄一 ………………… 39, 65, 82, 90, 282
篠原一 ……………………………… 207
Skocpol, Theda ……………………… 166
Stone, Clarence N ………………… 26, 27
成元哲 ……………………………… 276
洲崎義郎 (市政、市長) ………… 48, 53, 93
田畑護人 … 104, 130-132, 152, 204-206, 235, 240,
　　290
高畠通敏 …………………………… 38

高橋清一郎 ………………………… 109
高野幹二 (助役、町政、町長) …… 108, 109, 117,
　　118, 172
高島敦子 ………… 140, 142, 235, 239, 280
高島民雄 (弁護士) …… 119, 120, 127, 129, 130,
　　132, 133, 137, 155, 204, 205, 223, 229, 239, 287
武田英三 …………………… 49, 58, 64, 89
武本和幸 …………… 60, 61, 72, 84, 87, 93, 282
竹内十次郎 ………………………… 127
田辺新 (町政、町長) …………… 215, 240
田辺熊一 …………………………… 108
田中角栄 ……………… 18, 30, 65, 69, 94
Tarrow, Sindney …………………… 176
舘内一郎 …………………………… 57
東海村 (茨城県) ………………… 93, 228
富岡町 ……………………………… 288
Weber, Max ………………………… 285
矢部忠夫 …………………… 62, 82, 287
山賀小七 ………… 106, 107, 153, 209, 232
柳田国男 …………………………… 46
横田尚俊 …………………………… 21
横山作栄 …………………………… 129
米山 (柏崎市) …………………… 46
吉田町 (新潟県) ………… 52, 125, 174
芳川廣一 …………………………… 60-62
吉浦栄一 (市政、市長) ………… 48, 49, 72
逗子市 (神奈川県) …………… 197, 218, 244

事項索引

あ行

青い海と緑の会 ･･････････････････ 127, 178
アクセス（ポイント）･･････････････ 90, 176
新しい社会運動 ･･････････････ 25, 119, 183
安全協定 ･･････････････････････････････90
安全審査 ･･････････････････････････････121
異質性 ･････････････････････････････････92
井戸塀政治家 ････････････････････････････47
インタビュー ･･････････････････････････38
院内主義 ･････････････････････････････199
裏日本（化）･･･････････････････････ 47, 180
運動組織 ･･･････････････････････････････92
越後の毒消し売り ･･････････････････････104
（巻）エネルギー町民懇談会 ･････････････123
エネルギー・にっぽん国民会議････････････95
（柏崎）エネルギーフォーラム ･･････ 65, 283
オイル・ショック ･･･････････････････････65

か行

開発レジーム → レジーム
革新自治体 ･･････････････････････ 6, 22, 49
核燃料サイクル計画 ･････････････････････88
核燃料税 ･･･････････････････････････ 84, 281
柏崎刈羽原子力発電所 ･･･････････････ 95, 287
柏崎刈羽原子力発電所広報部 ･････････････287
柏崎刈羽原発の透明性を確保する地域の会
　････････････････････････････････････281
柏崎市議会 ･･････････････････････････････57
柏崎市原子力安全対策課 ･･･････････････ 87, 95
柏崎市商工会議所 58, 65, 72, 87, 90, 95, 281, 283
柏崎情報開発学院 ･･･････････････････ 73, 84
柏崎市職員労働組合 ･････････････････ 82, 84
柏崎・巻原発設置反対県民共闘会議 ･･････61
価値関心 ･････････････････････････････････7
合併 ････････ 14, 215, 218, 228, 229, 235, 250, 279
　合併懇談会 ･････････････････････････230

合併住民投票 ････････････････ 15, 215, 218
昭和の大合併 ････････････････････････105
町村合併促進法 ･･････････････････････105
平成の大合併 ････････････････････ 218, 229
過程 ････････････ 150, 197-199, 223, 249
ガバナンス ･･････････････････････ 25, 26
観光都市 ････････････････････ 125, 181, 279
議会（政治、制度）････････････ 136, 194, 220
企業城下町 ･･････････････････････････185
機動隊 ･･･････････････････････････ 62, 139
規模（とデモクラシー）････････････ 178, 230
供給の結合性 ･･･････････････････ 209, 212
行政スケジュール（化）････････････ 32, 61
協調主義 ･････････････････････････････22
共有地主会 ･･････････････････････ 119-121
協力金 ･････････････････････ 108, 118, 121
漁業補償 ･････････････････････････････61
亀裂 ････････････････････････････････95
草の根保守主義 ･････････････････････38
区長 ･･･････････････････････････････135
グローバリゼーション ･･････････････････6
郡都（郡役所）････････････ 106, 125, 174
系列 ･･･････････････････････････････187
ゲーム論 ･･････････････････････････244
原子力懇談会（原懇）123, 135, 148, 228, 232, 279
原子力産業会議 → 日本原子力産業会議
原子力政策 ････････････････････････ 14, 32
原子炉設置許可 ･･･････････････････････61
原子炉立地指針 ･･･････････････････････58
原発再稼働 ･････････････････････････281
原発対策特別委員会（巻町議会）･･････ 113, 171
原発のない住みよい巻町をつくる会 →
　　住みよい巻町をつくる会
原発立地三条件 ･････････････････････117
原発レジーム → レジーム
県評（新潟県総評）･･････････････････139
元友会 ･････････････････ 110, 123, 139, 204, 209

権力構造‥‥‥ 111, 124, 139, 187, 211, 220, 251, 283
合意形成‥‥‥‥‥‥‥‥‥‥‥‥ 196, 197, 221
公開ヒアリング → ヒアリング
公共空間‥‥‥‥‥‥‥‥‥‥‥‥‥‥‥‥136
公共圏‥‥‥‥‥‥‥‥‥‥‥‥‥‥‥‥‥197
公共事業‥‥‥‥‥‥‥‥‥‥‥‥ 14, 16, 69
公共性‥‥‥‥‥‥‥‥‥‥‥‥‥‥ 16, 197
　官独占型公共性‥‥‥‥‥‥‥ 17, 209
　レバレッジされた公共性‥‥‥ 18, 24, 233
　ローカル公共性‥‥‥‥‥‥ 19, 233
公職選挙法‥‥‥‥‥‥‥‥‥‥‥‥‥‥144
構造化された選択肢‥‥‥‥‥‥‥‥‥‥276
構造分析‥‥‥‥‥‥‥‥‥‥‥‥‥‥‥35
公的希望‥‥‥‥‥‥‥‥‥‥‥‥‥‥‥202
公的領域‥‥‥‥‥‥‥‥‥‥‥‥‥‥‥148
高度成長‥‥‥‥‥‥‥‥‥‥‥‥‥‥‥4
交付金 → 電源三法交付金
五ヶ浜を守る会‥‥‥‥‥‥‥‥‥‥‥113
国策‥‥‥‥‥‥ 14, 155, 218, 244, 250, 280
小作争議‥‥‥‥‥‥‥‥‥‥‥‥‥‥‥47
55 年体制‥‥‥‥‥‥‥‥‥‥‥‥‥‥4
固定資産税‥‥‥‥‥‥‥‥‥‥‥‥‥‥57
米百俵‥‥‥‥‥‥‥‥‥‥‥‥‥‥‥‥104
根源的民主主義 → 民主主義

さ行

再議‥‥‥‥‥‥‥‥‥‥‥‥‥‥‥‥‥231
財政力指数‥‥‥‥‥‥‥‥‥‥‥‥‥‥180
差異法‥‥‥‥‥‥‥‥‥‥‥‥‥‥‥‥167
笹祝酒造‥‥‥‥‥‥‥‥‥‥‥‥ 131, 228
佐藤家庄屋保存運動‥‥‥‥‥‥‥‥‥‥233
サーベイ調査 (Social Survey)‥‥‥‥‥‥‥39
左翼政党‥‥‥‥‥‥‥‥‥‥‥‥‥‥‥182
参加意識‥‥‥‥‥‥‥‥‥‥‥‥‥‥‥214
三階節‥‥‥‥‥‥‥‥‥‥‥‥‥‥‥‥48
三次元的権力‥‥‥‥‥‥‥‥‥‥ 276, 286
賛同者会‥‥‥‥‥‥‥‥‥‥‥‥‥‥‥131
三法交付金 → 電源三法交付金
閾値 (Threshold)‥‥‥‥‥‥‥‥ 203, 208, 212
資源エネルギー庁‥‥‥‥‥‥‥‥‥‥‥144
下請け企業‥‥‥‥‥‥‥‥‥‥‥‥‥‥82
市町村合併 → 合併
自治省‥‥‥‥‥‥‥‥‥‥‥‥‥‥ 135, 229

地付き‥‥‥‥‥‥‥‥‥‥‥‥‥‥‥‥178
実体‥‥‥‥‥‥‥‥‥‥‥‥‥‥‥ 197, 223
地盤論争‥‥‥‥‥‥‥‥‥‥‥‥‥ 61, 171
自民党‥‥‥‥‥‥‥‥‥‥‥‥‥‥‥‥114
市民ネット → プルサーマルを考える市民
　ネットワーク
社会的亀裂‥‥‥‥‥‥‥‥‥‥‥ 248, 249
社会的罠 (social trap)‥‥‥‥‥‥‥‥‥‥209
社会党・総評‥‥‥‥‥‥‥‥‥‥‥‥‥61
シャッター通り (問題)‥‥‥‥‥‥‥‥‥81
趣意書‥‥‥‥‥‥‥‥‥‥‥‥‥‥‥‥132
集合財‥‥‥‥‥‥‥‥‥‥‥‥‥‥ 209, 211
自由民権運動‥‥‥‥‥‥‥‥‥‥‥‥‥108
住民投票 (条例)‥‥‥‥ 61, 88, 91, 93, 132, 140, 142,
　　145, 155, 156, 194, 197, 211, 240, 249, 278
　住民投票で巻原発をとめる連絡会 →
　　連絡会
　住民投票を実行する会 (実行する会)‥‥‥ 14,
　　15, 130, 132, 142, 149-151, 168, 178, 181, 188,
　　196, 210, 214, 220, 221, 223, 228-230, 250
　住民投票を実現する会‥‥‥‥‥‥ 89, 90
　自主管理住民投票‥‥‥ 133, 139, 204, 210, 221
主体化 (subjection)‥‥‥‥‥‥‥‥‥‥‥286
首都‥‥‥‥‥‥‥‥‥‥‥‥‥‥‥‥‥248
(巻町) 商工会‥‥‥‥‥‥‥‥‥‥‥‥‥129
商工業者‥‥‥‥‥‥‥‥‥‥‥ 86, 111, 124
商工派議員‥‥‥‥‥‥‥‥‥‥‥‥‥‥27
情報公開条例‥‥‥‥‥‥‥‥‥‥‥‥‥229
情報の不完全性‥‥‥‥‥‥‥‥‥ 211, 212
人口移動‥‥‥‥‥‥‥‥‥‥‥‥‥‥‥178
新住民‥‥‥‥‥‥‥‥‥‥‥‥‥‥‥‥178
新都市社会学‥‥‥‥‥‥‥‥‥‥‥‥‥36
推進協 (巻原子力発電所推進連絡協議会)
　‥‥‥‥‥‥‥‥‥‥‥‥‥‥‥‥ 114, 123
スケジュール化‥‥‥‥‥‥‥‥‥ 31, 117
住みよい巻町をつくる会‥‥‥‥ 119, 178, 183
small opportunities‥‥‥ 26, 27, 29, 58, 94, 118, 123,
　　　　　　　　　　　　205, 234, 250
生活クラブ生協‥‥‥‥‥‥‥‥‥‥‥‥207
制裁‥‥‥‥‥‥‥‥‥‥‥‥‥‥‥‥‥209
政治的機会‥‥‥‥‥‥‥‥‥‥ 90, 176, 226
政治文化‥‥‥‥‥‥‥ 124, 142, 178, 194, 251
政治領域‥‥‥‥‥‥‥‥‥‥‥‥‥‥‥136

事項索引　301

政争（の具）‥‥‥‥ 171, 174, 176, 187, 220, 228
成長主義‥‥‥‥ 4, 21, 29, 94, 174, 236, 248, 250
成長マシーン‥‥‥‥‥‥‥‥‥‥‥‥‥‥ 29
政友－民政（対立）‥‥‥‥‥‥‥‥‥‥ 108
選挙違反‥‥‥‥‥‥‥‥‥‥‥‥‥‥‥ 117
全国総合開発計画（全総）‥‥‥‥‥‥‥‥ 20
　3 全総‥‥‥‥‥‥‥‥‥‥‥‥‥‥‥ 20
　4 全総‥‥‥‥‥‥‥‥‥‥‥‥‥‥‥ 20
　5 全総‥‥‥‥‥‥‥‥‥‥‥‥‥‥‥ 20
選択的誘因‥‥‥‥‥‥‥‥‥‥‥‥ 31, 187
族議員‥‥‥‥‥‥‥‥‥‥‥‥‥‥‥‥ 18

た行

代議制‥‥‥‥‥‥‥‥‥‥‥‥‥‥‥ 200
代表性‥‥‥‥‥‥‥‥‥‥‥‥‥‥‥ 151
太陽光発電‥‥‥‥‥‥‥‥‥‥‥‥‥ 152
沢竜会‥‥‥‥‥‥‥‥‥‥‥ 109, 117, 207
だっくら隊‥‥‥‥‥‥‥‥‥‥‥‥‥ 234
脱原発‥‥‥‥‥‥‥‥‥‥‥‥‥‥‥‥ 14
脱物質主義‥‥‥‥‥‥‥‥‥‥‥‥‥‥ 60
団体自治‥‥‥‥‥‥‥‥‥‥‥‥‥‥‥ 36
地域‥‥‥‥‥‥‥‥‥‥‥‥‥‥‥‥‥ 8
　地域エゴ‥‥‥‥‥‥‥‥‥‥‥ 17, 155
　地域開発‥‥‥‥‥ 8, 20, 21, 35, 60, 75, 94
　地域開発と原子力発電所を考える会‥‥ 65
　地域権力構造‥‥‥‥‥‥‥‥‥ 25, 184
　地域振興計画‥‥‥‥‥‥‥‥‥‥‥ 118
　地域政治‥‥‥‥‥‥‥‥‥‥‥‥‥‥ 9
チェルノブイリ事故‥‥‥‥‥‥‥‥‥ 170
地区推薦‥‥‥‥‥‥‥‥‥‥‥‥‥‥ 139
地区労‥‥‥‥‥‥‥‥‥‥‥‥‥‥‥ 178
地方‥‥‥‥‥‥‥‥‥‥‥‥‥‥‥‥‥ 8
　地方議会‥‥‥‥‥‥‥‥‥‥‥‥‥‥ 38
　地方（小）都市‥‥‥‥ 6, 9, 36, 72, 81, 155
　地方政治‥‥‥‥‥‥‥‥‥‥‥‥‥‥ 37
　地方制度改革‥‥‥‥‥‥‥‥‥‥‥‥ 24
　地方の時代‥‥‥‥‥‥‥‥‥ 22, 24, 38
　地方の政治化‥‥‥‥‥‥‥‥‥‥‥‥ 37
　地方分権関連法‥‥‥‥‥‥‥‥‥‥‥ 24
　地方分権推進委員会‥‥‥‥‥‥‥‥‥ 24
中越沖地震‥‥‥‥‥‥‥‥‥‥‥ 282, 288
中央と地方‥‥‥‥‥‥‥‥‥‥‥‥‥‥ 9
中心商店街再活性化事業‥‥‥‥‥‥‥‥ 74

中選挙区制‥‥‥‥‥‥‥‥‥‥‥‥‥ 110
長期振興交付金‥‥‥‥‥‥‥‥‥‥‥‥ 84
長期発展計画（柏崎）‥‥‥‥‥‥‥‥‥ 72
町政クラブ‥‥‥‥‥‥ 140, 143, 149, 152, 228
町村合併 → 合併
町民会議‥‥‥‥‥‥‥‥‥‥‥‥‥‥ 113
町民参加‥‥‥‥‥‥‥‥‥‥‥‥ 151, 229
町有地‥‥‥‥ 120, 121, 139, 145, 218, 223, 226, 228,
　　　　　　　　　　　　　　　　　 236-239
町立病院‥‥‥‥‥‥‥‥‥‥‥‥‥‥ 235
直接請求‥‥‥‥‥‥‥‥‥‥‥‥‥‥ 140
通産省‥‥‥‥‥‥‥‥‥‥‥ 67, 73, 87, 148
テクノポリス構想‥‥‥‥‥‥‥‥ 20, 73, 84
手続き（論）‥‥‥‥‥‥‥‥‥‥ 197, 221
田園都市‥‥‥‥‥‥‥‥‥‥‥‥‥‥‥ 48
電源
　電源開発基本計画‥‥‥‥‥‥ 14, 18, 117
　電源開発促進税‥‥‥‥‥‥‥‥‥ 18, 67
　電源開発促進対策特別会計‥‥‥‥ 18, 67, 70
　電源開発調整審議会（電調審）‥‥‥ 14, 32, 61,
　　　　　65, 117, 118, 121, 169, 173, 218
　電源三法‥‥‥‥‥ 18, 31, 65, 66, 70, 95, 118
　電源三法交付金‥‥‥‥ 58, 71, 74, 82, 84, 86, 93,
　　　　　　　　　　　　　　　　 121, 279
　電源立地対策課‥‥‥‥‥‥‥‥ 14, 150, 151
同意決議‥‥‥‥‥‥‥‥‥ 107, 114, 171, 181
東京電力‥‥‥‥‥‥‥‥ 57, 59, 172, 226
統治者（governing elite）‥‥‥‥ 26, 79, 80, 171, 187,
　　　　　　　　　　　　　　　 194, 195
統治連合（governing coalition）‥‥‥ 123, 142, 143,
　　　　　　　　　　 172, 174, 187, 221
東北興産‥‥‥‥‥‥‥‥‥‥‥‥‥‥ 112
東北電力‥‥‥ 57, 108, 113, 120, 138, 144, 156, 172,
　　　　　　 218, 223, 226, 236-239
道路三法‥‥‥‥‥‥‥‥‥‥‥‥‥‥‥ 69
毒消し売り → 越後の毒消し売り
（原発）特別委員会 → 原発対策特別委員会
特別会計‥‥‥‥‥‥‥‥‥‥‥‥‥ 18, 69
都市‥‥‥‥‥‥‥‥‥‥‥‥‥‥‥‥‥ 8
　都市間競争‥‥‥‥‥‥‥‥‥‥‥ 22, 23
　都市間比較‥‥‥‥‥‥‥‥‥‥ 170, 248
　都市区分‥‥‥‥‥‥‥‥‥‥‥‥‥‥ 9
　都市経営（論）‥‥‥‥‥‥‥‥ 22, 23, 36

都市計画学会······················48
都市体系···························9
都市的生活様式··················249
土地収用·························226
土地買収 → 用地買収
土地返還訴訟····················120
トラブル······················63, 93

な行

内発的対応··················79, 250
内発的発展······24, 33, 36, 220, 233, 240, 244
新潟産業大学······················73
(旧) 新潟三区··················49, 52
新潟大学·························233
新潟日報·······33, 39, 221, 238, 278
西蒲選挙······109, 136, 139, 143, 173, 198, 205,
214, 221, 232, 251
(日本) 原子力産業会議·······59, 65, 69, 77, 82
日本石油··················48, 57, 180
日本都市センター·················22
二六会··············140, 152, 204, 228
認知の解放··················202, 214
ネオ・コーポラティズム············36
ネットワーク················195, 212
農村 (農業) 都市··············52, 180

は行

買収供応··················109, 143
白紙撤回·············4, 15, 236, 238, 239
パトロン‐クライアント関係··········26
バランス・シート·················175
反原発三団体·····················61
反対会議··············113, 114, 117
反体制·························124
反対6団体·······················142
(公開) ヒアリング···········32, 62, 118
非争点化·························129
ビール券 (戦争)·················114
フィールドワーク···················6
福島第一原発事故·················282
プルサーマル計画······4, 74, 88, 90, 91, 93, 211
プルサーマルを考える市民ネットワーク
··························89, 90, 179

フレーム·····················127, 211
分権と競争·············25, 244, 248
ベッドタウン·····················125
保安林伐採阻止闘争··········62, 169
補助金·······················23, 53

ま行

巻原子力懇談会 → 原子力懇談会
巻原子力発電所建設反対町民会議 → 町民会議
巻原子力発電所推進連絡協議会 → 推進協
巻原子力発電所設置反対会議 → 反対会議
巻史学会·························106
巻ビジョン研究会··············233, 235
巻モンロー (主義)··········106, 155
町議会 → 議会
まちづくり·······156, 219, 232-236, 244, 250
水倉組·························180
三根山藩·························104
民意·················127, 130, 214, 248
民主主義········14, 51, 194, 199, 214
間接民主主義··············135, 196
根源的民主主義······196, 199, 204, 214, 218,
219, 223, 233, 235, 244, 249
自由民主主義·················200
多元的民主主義···············200
名望家·····················108, 154
メディア·························233

や行

八ッ場ダム·························284
誘致決議····················31, 169
有力者層 (local elite)·········25, 26, 31
用地買収··················58, 166, 173

ら行

ライブリー・ポリティクス·············207
ラピカ···························93
陸の孤島··········25, 49, 51, 60, 94, 172
理研·························53, 66
リコール··········142, 150, 195, 226, 230
リスク··················31, 67, 249
リスク文化·························286

リゾート開発……………………………23
臨界量（critical mass）……………… 194, 203
歴史社会学…………………………………166
歴史的経路………………… 16, 167, 233, 244
レジーム………… 28, 136, 143, 188, 221
　原発レジーム ……30, 32, 74, 123, 129, 136, 139,
　　　　　　　　　　　　　　172, 182, 183
　地域開発レジーム …… 29, 30, 53, 60, 154, 172,
　　　　　　　　　　　　　　182, 187

内発的発展レジーム……………… 28, 154
名望家レジーム…… 28, 49, 111, 136, 149, 172,
　　　　　　　　　　　　　　182, 183
レバレッジ ……………………… 18, 233, 235
連絡会（巻）………………………………132
ローカル……………………………………… 8
　ローカル政治 ………………………9, 111, 185
　ローカルレジーム ……… 21, 25, 94, 139, 150,
　　　　　　　　　　　　168, 204, 206, 248

著者

中澤 秀雄

1971 年　生まれ。

2001 年　東京大学大学院人文社会系研究科博士課程修了、博士 (社会学)。

2006 年　本書初版により日本社会学会第 5 回奨励賞、東京市政調査会第 32 回
　　　　　藤田賞 (当時)、日本都市社会学会第 1 回若手奨励賞を受賞。

札幌学院大学社会情報学部専任講師、千葉大学文学部准教授、中央大学法学部
教授等を経て

現在　上智大学総合人間科学部社会学科教授。

主著　『環境の社会学』(共著) 有斐閣、2009 年。
　　　　『炭鉱と「日本の奇跡」─石炭の多面性を掘り直す』(編著) 青弓社、2018 年。
　　　　『戦後日本の出発と炭鉱労働組合─夕張・笠嶋一日記 1948-1984 年』(共著)
　　　　御茶の水書房、2022 年。
　　　　『台湾炭鉱の職場史』(共著) 青弓社、2024 年。
　　　　Key Texts for Japanese Sociology (editor), Sage, 2025(forthcoming).

住民投票運動とローカルレジーム[増補第 2 版]
──新潟県巻町と根源的民主主義の細道, 1994-2004──

2024 年 9 月 20 日　　増補第 2 版第 1 刷発行　　　　　　　　　　　〔検印省略〕
　　　　　　　　　　　　　　　　　　　　　　　　　　定価はカバーに表示してあります。

著者ⓒ中澤秀雄／発行者 下田勝司　　　　　　　　　　　印刷・製本／中央精版印刷

東京都文京区向丘 1-20-6　　郵便振替 00110-6-37828　　　　　　　 発 行 所
〒 113-0023　TEL (03) 3818-5521　FAX (03) 3818-5514　　　　 株式
会社 東信堂
　　　　　Published by TOSHINDO PUBLISHING CO., LTD.
　　　　　1-20-6, Mukougaoka, Bunkyo-ku, Tokyo, 113-0023, Japan
　　　　　E-mail : tk203444@fsinet.or.jp http://www.toshindo-pub.com

ISBN978-4-7989-1918-8 C3036　ⓒ Hideo Nakazawa

東信堂

住民投票運動とローカルレジーム[増補第2版] —新潟県巻町と根源的民主主義の細道、1994-2004 　中澤秀雄　五八〇〇円

自治と参加の理論 —住民投票制度と辺野古争訟を中心として 　武田真一郎　四六〇〇円

異説・行政法 —後衛の山から主峰を望む 　武田真一郎　三三〇〇円

吉野川住民投票 —市民参加のレシピ 　武田真一郎　一八〇〇円

生協共済の未来へのチャレンジ 　生協共済研究会編　二三〇〇円

二〇五〇年 新しい地域社会を創る —「集いの館」構想と生協の役割 　公益財団法人生協総合研究所編　一五〇〇円

歴史認識と民主主義深化の社会学 　庄司興吉編著　四二〇〇円

主権者の社会認識 —自分自身と向き合う 　庄司興吉　二六〇〇円

主権者の協同社会へ —新時代の大学教育と大学生協 　庄司興吉　二四〇〇円

社会学の射程 —ポストコロニアルな地球市民の社会学へ 　庄司興吉　三二〇〇円

地球市民学を創る —地球社会の危機と変革のなかで 　庄司興吉　三二〇〇円

社会的自我論の現代的展開 　船津衛　二四〇〇円

階級・ジェンダー・再生産 —現代資本主義社会の存続メカニズム 　橋本健二　三三〇〇円

現代日本の階級構造 —理論・方法・分析 　橋本健二　四五〇〇円

自立支援の実践知 —阪神・淡路大震災と共同・市民社会 　似田貝香門編　三八〇〇円

[改訂版]ボランティア活動の論理 —ボランタリズムとサブシステンス 　西山志保　三六〇〇円

自立と支援の社会学 —阪神大震災とボランティア 　佐藤恵　三三〇〇円

NPO実践マネジメント入門【第3版】 　パブリックリソース財団編　二八〇〇円

個人化する社会と行政の変容 —情報・コミュニケーションによるガバナンスの展開 　藤谷忠昭　三八〇〇円

コミュニティワークの教育的実践 　高橋満　二〇〇〇円

NPOの公共性と生涯学習のガバナンス 　高橋満　二八〇〇円

※定価：表示価格（本体）＋税

〒113-0023　東京都文京区向丘1-20-6　　TEL 03-3818-5521　FAX03-3818-5514
Email tk203444@fsinet.or.jp　URL:http://www.toshindo-pub.com/

東信堂

福島「オルタナ伝承館」ガイド	本田 宏史 編	一〇〇〇円
「地域の価値」をつくる――倉敷・水島の公害から環境再生へ	除本 理史編著	一八〇〇円
放射能汚染はなぜくりかえされるのか――地域の経験をつなぐ	河除 本理史編著 / 北本 理史監修 / 石田 正也編著	二〇〇〇円
多視点性と成熟――学び・交流する場所の必要性	除藤林本 川理美理史 編著 賢帆史 編著	九〇〇円
福島復興の到達点――原子力災害からの復興に関する10年後の記録	内田 樹	四三〇〇円
福島原発事故と避難自治体――原発避難12市町村長が語る復興の過去と未来	川﨑 興太	七八〇〇円
原発事故避難者はどう生きてきたか――被傷性の人類学	竹沢尚一郎	二八〇〇円
災害公営住宅の社会学	吉野英岐編著	三二〇〇円
原発災害と地元コミュニティ――福島県川内村奮闘記	鳥越皓之編著	三六〇〇円
原発避難と再生への模索――「自分ごと」として考える	松井克浩	三二〇〇円
故郷喪失と再生への時間――新潟県への原発避難と支援の社会学	松井克浩	三二〇〇円
被災と避難の社会学	関 礼子編著	二三〇〇円
初動期大規模災害復興の実証的研究	小林秀行	五六〇〇円
震災・避難所生活と地域防災力――北茨城市大津町の記録	松村直道編著	一〇〇〇円
地域自治の比較社会学――日本とドイツ	山崎仁朗	五四〇〇円
日本コミュニティ政策の検証――自治体内分権と地域自治へ向けて	山崎仁朗編著	四六〇〇円
自治体行政と地域コミュニティの関係性の変容と再構築――「平成大合併」は地域に何をもたらしたか	役重 眞喜子	四二〇〇円
社会制御過程の社会学	舩橋晴俊	九六〇〇円
組織の存立構造論と両義性論――社会学理論の重層的探究	舩橋晴俊	二五〇〇円
「むつ小川原開発・核燃料サイクル施設問題」研究資料集	茅金舩野山橋 恒行晴秀孝俊 編著	一八〇〇〇円

※定価：表示価格（本体）＋税　　〒113-0023　東京都文京区向丘1-20-6　　TEL 03-3818-5521　FAX03-3818-5514
Email tk203444@fsinet.or.jp　URL:http://www.toshindo-pub.com/

東信堂

まちづくりブックレット

№	書名	著者	価格
1	自治会・町内会と都市内分権を考える	名和田是彦	一〇〇〇円
2	宮崎市地域自治区住民主体のまちづくり	宮崎市地域振興部地域コミュニティ課・地域まちづくり推進室	一〇〇〇円
3	横浜の市民活動と地域自治	石井大一朗編著	一〇〇〇円
4	地元コミュニティの水を飲もう―ポストコロナ時代のまちづくりの構想	鳥越皓之	一〇〇〇円
5	熟議するコミュニティ	伊藤雅春	一〇〇〇円
6	子ども会と地域コミュニティの関係を考える	コミュニティ政策学会中部支部	一〇〇〇円
7	新たな時代への地域運営組織を考える―守る・攻める・創る 江の川流域の取組から	中国地域研究支部編集委員会	一〇〇〇円
8	まちづくりにおける「対話型市民参加」政策の見た夢と到達点―京都市二〇一〇年代の「カフェ型事業」の経験から	谷亮治・深川光耀・江藤慎介・篠原幸子・乾亨	一〇〇〇円

コミュニティ政策叢書

№	書名	著者	価格
1	日本コミュニティ政策の検証―自治体内分権と地域自治へ向けて	山崎仁朗編著	四六〇〇円
2	高齢者退職後生活の質的創造―アメリカ地域コミュニティの事例	加藤泰子	三七〇〇円
3	原発災害と地元コミュニティ―福島県川内村奮闘記	鳥越皓之編著	三六〇〇円
4	自治体行政と地域コミュニティの関係性の変容と再構築―「平成大合併」は地域に何をもたらしたか	役重眞喜子	四二〇〇円
5	さまよえる大都市・大阪―「都心回帰」とコミュニティ	鰺坂学・徳田剛・西村雄郎・丸山真央 編著	三八〇〇円
6	地域のガバナンスと自治―平等参加・伝統主義をめぐる宝塚市民活動の葛藤	田中義岳	三四〇〇円
7	地域自治の比較社会学―日本とドイツ	山崎仁朗	五四〇〇円
8	米国地域社会の特別目的下位自治体―生活基盤サービスの住民参加実際のガバナンス	前山総一郎	三六〇〇円
9	住民自治と地域共同管理	中田実	三四〇〇円
10	自治体内分権と協議会―革新自治体・平成の大合併・コミュニティガバナンス	三浦哲司	三二〇〇円
11	神戸市真野地区に学ぶこれからの「地域自治」―地域のことは地域で決める、地域の者は地域で守る	乾亨	五二〇〇円

※定価：表示価格（本体）＋税　〒113-0023　東京都文京区向丘1-20-6　TEL 03-3818-5521　FAX03-3818-5514
Email tk203444@fsinet.or.jp　URL:http://www.toshindo-pub.com/